SOCIAL RESPONSIBILITY OF PUBLIC INSTITUTIONS

: FROM CSR TO ESG

공공기관의 사회적 책임

: CSR에서 ESG까지

SOCIAL RESPONSIBILITY OF PUBLIC INSTITUTIONS
: FROM CSR TO ESG

공공기관의 사회적 책임

김석은 지음

CSR에서 ESG까지

한양대학교 출판부

최근 기업과 공공기관 운영에서 가장 주목받는 개념 중 하나가 바로 ESG다. 환경(Environment), 사회(Social), 지배구조(Governance)를 뜻하는 ESG는 기업은 물론 정부, 공공기관, 대학, 시민단체 등 거의 모든 조직의 운영 원칙으로 채택되고 있다. 유엔글로벌컴팩트(UNGC)와 국제표준화기구(ISO) 등 국제기구 또한 모든 기관이 사회적으로 책임 있는 행동을 하도록 요구하고 있으며, 제품 및 서비스의 환경적 책임, 지역사회 기여, 인재 및 인권 경영, 투명한 지배구조와 리스크 관리 등 다양한 측면에서 ESG 이행을 강조하고 있다. 이제 ESG는 더 이상 선택이 아닌 반드시 실천해야 하며, '잘해야 하는' 의무적 활동으로 자리잡고 있다. 기업의 영역을 넘어 공공부문으로 확산되었으며, 국경을 초월한 국가 간 협약과 경쟁, 나아가 현대 사회의 운영 방식 전반을 규정하는 기준이 되고 있다.

하지만 ESG는 어느 날 갑자기 등장한 개념이 아니다. 그 기원은

19세기 말과 20세기 초, 대기업의 탄생과 함께 시작된 기업의 사회적 책임(Corporate Social Responsibility, CSR) 활동에 뿌리를 두고 있다. 어려움에 처한 사람들을 돕는 박애주의 전통을 계승한 아시아 기업인들, 그리고 서구의 대기업 및 비영리조직들의 자발적 사회공헌 활동에서 비롯되었다. 이러한 박애주의적 CSR 개념은 1950년대 들어 학계의 주목을 받기 시작했으며, 1962년 레이첼 카슨의 책 「침묵의 봄」이 환경 문제의 심각성을 경고한 이후 국제사회의 주요 아젠다로 자리잡았다. 이후 유엔책임투자원칙(PRI), 파리협정, 기후변화 관련 재무정보공개 협의체(TCFD) 권고안, 그리고 최근 EU의 탄소국경조정제도(CBAM) 도입 등 국제사회의 일련의 움직임은 ESG가 더 이상 선택이 아닌 필수 과제임을 분명히 보여주고 있으며, 한국 역시 이러한 변화의 흐름에서 자유로울 수 없음을 시사하고 있다.

많은 기업은 이미 자체적으로 사회공헌 프로그램을 운영하거나 비영리조직과 협업하며 책임경영을 위해 노력해 왔다. 우리나라 공공기관 또한 2005년부터 지속가능경영보고서를 발간하기 시작했으며, 이는 2007년 유엔글로벌컴팩트의 권고 이전부터 이루어진 선제적 조치였다. 이후 2007년 「공공기관의 운영에 관한 법률」 제정을 통해 공기업과 준정부기관의 경영실적을 매년 평가하는 체계가 마련되었으며, 2011년에는 공공기관의 사회공헌 지표가 개발되고 2012년부터 경영평가에 공식적으로 반영되었다. 문재인 정부는 사회적 가치 실현을 국정운영의 핵심 이념으로 삼고, 공공기관에도 적극적인 동참을 요구했다. 그러나 2020년을 기점으로 ESG 개념이 확산되면서, 사회적 가치는 빠르게 ESG 체계로 통합·대체되었다.

ESG 시대의 도래는 기록적인 폭염, 홍수, 대형 화재 등 기후변화 위기의 심화와 더불어, 불안정한 국제정세로 인한 에너지 위기 및 경영 리스크 증가에 기인한다. 이에 따라 많은 기업과 기관이 생존을 위한 위기 대응 역량을 강화하면서 ESG의 중요성이 더욱 부각되고 있다. 시장형 공기업을 중심으로 사회적 가치 추진체계에서 ESG 추진체계로의 전환이 가속화되고 있으며, ESG 전담 조직과 ESG 위원회 신설이 활발하게 이루어지고 있다. 또한 이사회와 감사위원회는 독립성·전문성·다양성을 강화하는 방향으로 재편되고 있다. 기업과 공공기관뿐만 아니라 대학과 시민단체 역시 ESG 위원회를 운영하거나 자체 ESG 연구소를 설립하는 등, 이제 ESG는 모든 조직이 필수적으로 다루어야 할 핵심 과제로 자리잡았다.

기업은 고객의 수요와 지불 능력에 맞춰 공급량을 조절할 수 있는 반면, 공공기관은 비탄력적인 수요와 가격 규제 속에서 가시적인 성과를 내기 위해 지속적으로 고군분투해 왔다. 더욱이 정권이 바뀔 때마다 공공기관은 선진화, 녹색성장, 공정사회, 창조경제, 사회적 가치, ESG 등 변화하는 국정과제에 맞춰 사업 운영 방향을 조정해야 했으며, 서비스 공급 가격 결정 과정에서도 소외되어 왔다. 사회적 책임에 대한 요구는 공공기관의 본래 설립 목적인 국민경제 발전과 반드시 일치하지 않을 수 있다. 설립 목적이 유지되는 한, 사회적 책임 활동은 기존 업무에 추가적인 부담으로 작용할 가능성이 크다. 더욱이 공공기관은 애초에 공익 실현이라는 사회적 책임을 수행하기 위해 설립된 조직이기 때문에, ESG와 같은 새로운 논의가 불필요하다는 시각도 존재한다.

공공기관 임직원들은 사회적 책임 활동의 개념과 필요성, 준비 방법에 대한 기초적인 이해가 부족한 상태에서, 변화하는 정부 정책에 수동적으로 대응해 왔다. ESG 시대를 맞아 추진 체계를 정비하고 전담 조직과 인력을 확충하고 있지만, 여전히 다양한 도전에 직면하고 있다. 국내외 ESG 공시기준과 평가지표가 난립하고 있으며, 트럼프 정부의 재출범과 함께 파리협정 탈퇴, 석유 시추 재개 및 다양성 정책 폐기 등의 정책 변화, 불안정한 국제정세로 인한 에너지 위기와 인플레이션, 그리고 AI 시대의 도래로 급증하는 에너지 수요 등이 ESG 추진속도를 늦추고 있다. ESG를 선도해온 EU조차도 친환경 정책을 보완하기 위해 화석연료 사용을 재검토하는 등 ESG 목표와 현실적인 경제 상황 사이에서 균형을 찾으려는 움직임을 보이고 있다.

이 책은 CSR에서 사회적 가치, 나아가 ESG로 이어진 공공기관 사회적 책임의 변화 과정을 분석하고, 향후 책임경영의 방향을 모색하는 데 그 목적이 있다. 새로운 정권이 들어설 때마다 ESG도 CSR이나 사회적 가치처럼 결국 대체될 것이라는 수동적인 태도를 벗어나, 공공기관이 책임 있는 경영 주체로서 경제·사회·환경이라는 상충할 수 있는 가치들의 조화로운 융합을 고민할 수 있도록 기초적인 이해를 제공하고자 한다. 설령 ESG라는 개념이 사라지고 새로운 개념으로 대체된다 하더라도, 경제·사회·환경의 조화를 통한 지속가능한 발전은 모든 기관이 직면해야 할 핵심 과제로 남을 것이다.

이러한 문제의식에도 불구하고, 지금까지 사회적 가치나 ESG에 관한 연구는 적지 않았지만, 사회적 책임 활동의 역사와 개념을 체계적으로 조망하고 이를 공공기관 운영과 연계하여 해석한 연구는 드물었다. 이 책이 ESG를 연구하는 학자는 물론, 공공기관에서 ESG를 담당하는 실무자들에게도 사회적 책임 경영을 이해하는 데 유용한 참고서가 되기를 바란다. 또한 행정학과 경영학 분야의 학부 및 대학원 과정에서 부교재로 활용하기에도 적합할 것이다.

전체 구성은 총 3부 9장으로 이루어져 있다.

1부에서는 기업에서 시작된 사회적 책임 활동의 등장 배경을 설명하고, CSR에서 ESG로 이어지는 공공기관의 사회적 책임 활동 변화 과정을 분석하기 위한 분석틀을 제시한다. 제1장에서는 19세기 중반 간디의 신탁사상에서 출발한 사회적 책임 개념이 박애주의에 기반한 대기업들의 사회공헌으로 확산된 과정을 다룬다. 2000년대 이후 사회적 책임의 범위가 기업을 넘어 정부, 공공기관, 시민사회까지 확대되면서, 사실상 모든 기관이 사회적 책임에서 자유로울 수 없게 된 과정을 분석하고, 공공기관의 사회적 책임이 갖는 중요성을 논의한다.

제2장에서는 공공기관 사회적 책임 활동의 변화 과정을 분석하는 틀을 소개한다. CSR을 기반으로 한 초기 접근에서 지속가능경영과 사회적 가치 구현으로의 전환, 그리고 최근 ESG 열풍에 이르기까지의 흐름을 신제도주의적 관점에서 고찰한다.

2부에서는 우리나라 공공기관 사회적 책임 활동의 변화 과정을 제도적 맥락과 제도 변화 결정 요인에 따라 태동기(1953-1999년), 확산기(2000-2016년), 전환기(2017-2022년), 혼돈기(2023년-현재)로 구분하여 설명한다. 제3장 태동기(1953-1999년)에서는 공공기관의 사회적 책임 경영이 도입되기 이전, 기업의 자발적 자선 활동에서 시작된 CSR의 발전 과정을 다룬다. 1953년 보웬이 기업 윤리 개념을 정립한 것을 계기로 1960-1970년대에는 환경 보호와 지속가능한 발전에 대한 논의가 본격화되었다. 1987년 브런트란트보고서와 1992년 리우 지구정상회의를 통해 지속가능발전 개념이 확립되었으며, 1997년 국제보고기준

(GRI)의 도입은 오늘날 ESG 성과 평가의 기틀을 마련했다. 그러나 이 시기 한국의 공공기관은 대기업과 함께 국가 경제 발전을 주도하는 데 역량을 집중했으며, 사회적 책임 경영에 대한 논의는 아직 본격적으로 이루어지지 않았다.

제4장 확산기(2000-2016년)에서는 책임경영에 대한 국제적 관심과 요구가 유엔을 중심으로 더욱 체계화되면서, 우리나라를 포함한 전 세계 국가와 기업으로 확산된 과정을 설명한다. 특히 2007년 유엔글로벌컴팩트는 기업뿐만 아니라 정부와 모든 공공기관에도 사회적으로 책임 있는 행동을 요구하며, 공공기관의 사회적 책임 경영이 본격적으로 논의되는 계기를 마련했다. 바로 직전 해인 2006년 발표된 유엔책임투자원칙(PRI)은 ESG 경영 수준이 투자 결정의 핵심 요인이 됨을 모든 기관에 인식시켰다. 이후 RE100 이니셔티브, 유엔지속가능발전목표(UN SDGs), 파리협정에 이르기까지 지속가능발전에 대한 글로벌 관심이 높아지면서, 공공기관의 사회적 책임 경영에도 직접적인 영향을 미쳤다.

제5장 전환기(2017-2022년)에서는 국제 사회의 ESG 경영 트렌드 변화와 국내 공공기관의 사회적 책임 변화를 심층적으로 분석한다. 주주 자본주의에서 이해관계자 자본주의로의 전환, 기후변화 관련 재무정보 공개 협의체(TCFD) 권고안 발표, EU 택소노미 도입 등 일련의 제도 변화를 상세히 다룬다. 또한 국내 공공기관들이 ESG 경영을 도입하게 된 배경을 살펴본다. 구체적으로, 공공기관 ESG 평가, 중대성 평가, 사회적 책임의 범위 확장, 조직 내부 임직원에 대한 책임 강화 등의 변화에 주목한다.

제6장 혼돈기(2023년-현재)에서는 국내·외 환경 변화 속에서 ESG

경영의 도전과 과제를 조명한다. 2020년대 초 ESG가 국제적 투자 기준으로 자리잡았으나, 불안한 국제정세, 원자재 및 에너지 가격 상승, 인플레이션 심화 등 경제 전반의 충격으로 인해 ESG 선도국인 유럽과 미국에서도 관심이 다시 화석연료로 이동하는 경향이 나타나고 있다. 국내에서도 윤석열 정부 출범 이후 정책 기조가 사회적 가치에서 경제적 가치 중심으로 이동하며, 공공기관의 ESG 경영이 흔들리고 있다. ESG 개념의 지속가능성에 대한 논란이 커지는 가운데, 공공기관은 재무성과와 공공성의 목표를 조화롭게 추구해야 하는 복합적 과제에 직면해 있다.

3부에서는 공공기관 사회적 책임 활동 변화 과정을 분석한 결과를 바탕으로, 전략적이고 지속가능한 ESG 경영을 위한 12가지 핵심 조건을 제시하고, ESG 전환기에 공공기관이 지향해야 할 ESG 경영의 방향성을 제시한다. 제7장에서는 공공기관의 전략적 ESG를 위한 4S 모델(Strategic, Systemic, Surveying, and Sharing)을 소개한다. 4S 모델을 통해 내부 역량과 환경 분석을 기반으로 ESG 목표를 설정하고, 전담 조직 및 예산을 확보하며, 이중중대성 평가를 통해 평가 지표를 개발하고 피드백을 강화하는 동시에, 성과의 공유와 확산을 통해 지속가능성을 높이는 총체적 접근을 강조한다.

제8장에서는 최근 제기되고 있는 ESG 종말론을 심층적으로 고찰하고, 그 배경과 논란을 분석한다. 특히 ESG 경영의 한계와 실효성에 대한 우려를 검토하며, 공공기관이 ESG를 실질적으로 적용할 수 있는 방향을 모색한다. ESG가 공공기관의 본래 목적이자 핵심 가치인 공익 실현과 상충하지 않도록 하기 위해, 과도한 의무화나 형식적인 접근을 지양하고 실효성 있는 실행 방안을 마련해야 함을 강조한다.

제9장에서는 공공기관의 ESG 경영 방향을 제시하며 이 책을 마무리한다. 공공기관의 ESG는 단지 재무적 리스크 관리나 정치적 논쟁의 도구가 되어서는 안 되며, 국민의 복지와 공익을 최우선으로 하여 사회적 신뢰를 구축하고 실질적인 혜택을 제공해야 한다. 동시에 ESG의 지속가능성을 확보하기 위해서는 건전한 재정 관리와 국민경제 발전이라는 본연의 역할을 충실히 수행해야 한다. 지속가능한 발전은 재정적 안정과 사회적 책임이 균형을 이룰 때 가능하기 때문이다.

차례

I

공공기관 사회적 책임의 등장

공공기관의 역할은 공공서비스 제공을 넘어 사회적 책임을 강조하는 방향으로 변화해 왔다. 국민경제 발전이라는 설립목적에 더해 지속가능성, 윤리성, 사회적 가치 실현이 중요한 요소로 자리잡았기 때문이다. 공공기관의 사회적 책임은 투명성 강화, 공정한 운영, 환경보호, 지역사회 기여 등의 다양한 측면을 포함하며, 사회적 약자를 배려하는 정책을 강조한다. 이는 공공기관이 규제 준수를 넘어, 적극적으로 사회문제 해결에 기여해야 함을 의미한다.

공공기관의 사회적 책임 경영의 변화 과정은 역사적 제도주의에 근거하여 분석하였다. 각 시기의 제도적 맥락은 거시적 환경과 아이디어로 구분하여 설명하고, 제도 변화의 결정요인은 자율적 규범과 강제적 규제, 위기 요인, 기관 목표와 행위자 간 상호작용으로 나누어 살펴보았다. 공공기관의 사회적 책임 경영은 제도적 맥락 속에서 자율적 규범과 강제적 규제, 단절적 위기 요인, 기관 목표와 행위자의 상호작용에 의해 시기별로 변화해 왔다. 하지만 ESG는 기존 개념(CSR, 지속가능성, 사회적 가치)을 단순히 대체한 것이 아니라, 강조하는 관점이 다를 뿐 이를 포함한 채 점진적으로 진화해 왔다. 장기적으로 ESG가 다른 개념으로 변화하더라도, 기존 사회적 책임 요소들은 재배열의 과정을 거치며 점진적으로 발전해 나갈 것이다.

제1장

공공기관과 사회적 책임 : 개념과 발전 과정

공공기관 사회적 책임의 필요성

기업에서 시작된 사회적 책임은 1997년 외환위기 이후 공공부문으로 확대되기 시작했다. 정부가 공정사회 구축과 경제 안정화 정책을 추진하는 과정에서 공공기관의 역할을 강화한 데 따른 것이다. 당시 정부와 기업만으로는 복잡하고 자원 집약적인 사회문제를 해결하기 어렵다는 인식이 확산되었다. 서구에서는 이와 맞물려 정부·민간기업·제3섹터 간 협업을 강조하는 뉴거버넌스 이론이 주목받기 시작했다. 이에 따라 정부는 운영의 효율성이 높은 공공기관을 활용하여 공공서비스 제공 방식을 개선하고, 지역사회 공헌을 통해 사회적 가치를 높이는 방안을 모색했다. 〈그림 1-1〉에서 보는 바와 같이, 시장형 공기업뿐만 아니라 정부 위탁사업을 운영하는 준정부기관 및 국책연구기관 등 기타 공공기관 역시 규모나 업무방식의 차이는 있으나, 국민경제

발전과 공공을 위한 필수서비스 제공이라는 목표 아래 경제적·사회적 가치를 동시에 추구하고 있다.[1]

그림 1-1 경제적·사회적 가치로 본 공공기관의 분류

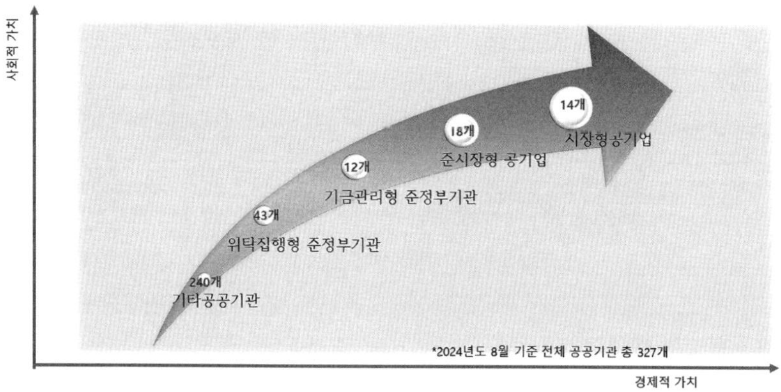

출처: 공공기관 경영정보 공개시스템(ALIO: 알리오)

공공기관으로서 수익성(경제적 가치)과 공공성(사회적 가치)은 모두 중요한 가치이지만 그동안 정부 정책의 향방에 따라 두 가치의 우선순위가 달라진 것은 사실이다. 고도성장 시기엔 수익성이 강조되었고, 민주정부 이후에는 공공성이 더 큰 비중을 차지했다. 문제는 수익성과 공

1 2007년 1월 제정된 「공공기관의 운영에 관한 법률」 제4조에 따르면 공공기관은 정부의 투자·출자 또는 정부의 재정지원 등으로 설립·운영되는 기관으로서 기획재정부 장관이 매년 지정한 기관을 말하며 공기업, 준정부기관, 기타공공기관으로 분류된다. 그중 공기업은 직원 정원이 300명, 총수입액 200억 원, 자산규모가 30억 원 이상이면서, 자체수입액이 총 수입액의 2분의 1 이상인 공공기관을 말한다. 한국전력공사나 한국가스공사와 같이 총 수입액 중 자체 수입액이 85% 이상인 시장형 공기업과, 그 이하인 한국조폐공사와 같은 준시장형 공기업으로 나뉜다. 준정부기관은 공기업이 아닌 공공기관 중에서 기획재정부 장관이 지정한 기관으로 국민체육진흥공단과 같이 기금을 관리하는 기금관리형 공공기관과, 한국국제협력단처럼 정부업무를 위탁받아 행하는 위탁집행형 공공기관으로 구분된다(알리오).

공성의 두 가치가 때때로 상충할 수 있다는 점이다. 가치들 간의 갈등은 사회적 책임 활동의 전략적 방향을 설정하고, 전략적 과제를 결정하는 데 혼란을 초래할 수 있다. 경제적 가치를 달성하기 위한 수익사업이 사회적 가치를 희생시키거나, 사회적 가치 실현을 위해 공공기관의 부채가 증가하는 경우가 발생할 수 있기 때문이다. 공공기관은 기관의 가치와 지역사회의 가치를 동시에 향상시키는 방향으로 투자를 해야 한다. 이를 위한 공동가치 창출 전략은 기업에만 해당되는 것이 아니라, 공익을 목적으로 하는 공공기관에게도 필수적인 전략이다.

정부가 공공기관을 사회적 책임 활동의 주체로 내세우는 이유는 여러 가지이다. 우선 공공기관이 국민경제에서 차지하는 비중을 볼 때 사회적 책임 활동이 미치는 파급 효과가 클 것으로 기대되기 때문이다. 공공기관은 정부를 대신해 국가 기간산업을 육성하고 국민생활에 필요한 공공서비스를 공급하는 국가경제의 중요한 공적 인프라로서 사회·경제적 파급효과는 막대하다. 2024년 기준 327개의 공공기관이 정부 예산의 1.5배가 넘는 1,000조 이상의 자산과 42만 명이 넘는 인력을 거느리고 가스, 전기, 수도, 철도, 공항, 항만 등 국민생활과 직결되는 중요한 필수 공공재를 공급하고 있다. 공공기관은 또한 대규모 투자가 필요한 분야에서 여러 산업 생태계의 최상위에 있기 때문에 공정거래를 위한 일종의 '룰메이커'로 경제행태나 거래형태를 바꿀 수 있다(청와대, 2019). 이러한 역량으로 볼 때 효과적인 사회적 책임 활동은 지역발전과 사회의 불균형을 해소하는 원동력이 될 수 있다.

둘째, 공공기관이 본래 가지고 있는 공공성에 대한 불신이 존재한다. 공공기관은 본래 사업 자체가 공공성을 띠고 있으며, 그동안 민간부문과 협력하여 일자리 창출, 중소기업 지원, 기관 특성에 맞는 사회공헌 활동을 수행하고, 정부의 경영평가를 통해 이를 점검 받아왔다. 그러나 민간기업과 달리 공공기관은 독과점 성격을 띠고 있어, 사회적 역할에 대한 책임이 더욱 강조되어야 한다(장우진·김영학, 2010). 공공기관의 부채는 해마다 국민의 부담을 가중시키고 있으며, 과도한 복지혜택, 방만한 경영, 권력형 채용비리, 예산 낭비 및 재정건전성 악화 등 공공기관의 무책임한 행동에 대한 반성은 공공기관 설립의 목적이었던 국민경제 발전보다 '공공성' 회복에 더 큰 비중을 두게 된 계기가 되었다(이창원, 2009, p. 154). 무엇보다도 공익을 위한 기관이 사익을 추구할 때, 그 비난의 화살은 공공기관을 넘어 감독기관인 정부로 향할 수 있다. 예를 들어 브라질 최대 공기업인 페트로브라스의 부패 사건은 집권 노동자당 정치인들에 대한 뇌물과 리베이트를 포함하여, 룰라 대통령의 뒤를 이은 호세프 정부를 탄핵시키는 결과를 초래했다.

셋째, 점점 더 복잡하고 해결하기 어려운 사회문제들은 이제 기업뿐 아니라 정부와 공공기관까지 문제 해결의 주체로 나설 것을 요구하고 있다. 국가균형발전, 사회적 약자 채용, 중소기업 지원, 저출산 및 청년 실업 문제, 지역 일자리 창출 등은 어느 한 주체만으로는 해결이 어려운 구조적 문제들이다. 정부는 행정적 한계와 절차적 제약으로 인해 문제 해결에 많은 시간이 소요되고, 기업이 이를 주도할 경우 공공성과 사회적 책임이 약화될 우려가 있다. 공공기관은 정부와 민간의 중간적 위치에서 공공성, 자본력, 그리고 기업의 효율성을 결합할 수 있는 고유한 장점을 갖고 있으며, 이를 통해 사회적 가치와 경제적 가치를 조화롭게 추구할 수 있는 주체로 주목받고 있다.

하지만 가장 현실적인 이유는 공공기관의 사회적 책임은 이미 선택이 아니라 의무이기 때문이다. 국내외의 압력 속에서 사회적 가치나

ESG 활동은 공공기관 경영평가의 중요한 부분을 차지하고 있으며, 평가 결과는 임원들의 성과급 지급, 다음년도 평가 면제 조치, 기관장이나 상임이사의 해임 건의 등 공공기관 운영에 직접적인 영향을 미친다. 세계적인 ESG 열풍에 발맞춰 이미 다수의 공공기관은 ESG 전담기구를 만들고, ESG 이행 보고서를 발간하기 시작했다. 미국의 다국적 투자기관인 블랙록(BlackRock) 등 글로벌 자산운용사와 투자은행들의 ESG 이행에 대한 압박, 에너지 위기와 기후변화, 더욱 깐깐해지는 윤리적 소비자들을 만족시키기 위해 공공기관들에게도 ESG는 더 이상 선택이 아니라 필수가 되었다. 특히 ESG에 민감한 유럽에 지사를 두고 있거나 해외 투자와 관련된 공기업의 경우 그 나라 정부가 요구하는 ESG 공시기준에 따라야 하는 부담감이 클 수밖에 없다. ESG에 대한 요구는 이제 환경과 사회에 대한 관심과 더불어 지배구조의 투명성·공정성의 중요성을 환기시키고 있다. 국제적인 ESG 기준을 따르지 않을 경우 투자유치 실패와 시장 경쟁력 저하로 기관의 생존이 달린 문제가 되었기 때문이다.

개념의 혼재[2]

지난 20년간 사회적 책임은 CSR, 지속가능성(Sustainability), 공동가치창출(Creating Shared Value: CSV), 사회적 가치(Social Value: SV), ESG 등 다양한 용어로 불려 왔다. 새로운 정부가 들어설 때마다 '녹색성장',

2 이 절은 김석은(2024). pp.121-4를 수정·보완하여 작성되었다.

'공정사회', '사회적 가치' 등 새로운 구호로 포장되며 혼재되어 사용되었고, 각 용어에 내재된 가치 간 충돌도 지속되어 왔다. 특히 ESG를 비롯한 비재무적 지표 중심의 사회적 책임 활동은 경제적 가치를 소홀히 함으로써 경영 부실을 초래할 수 있다는 우려를 낳았다. 아울러 또 다른 구호로의 전환 가능성 속에서, 공공기관 임직원들은 변화에 수동적으로 대응하는 모습을 보여 왔다. 이로 인해 공공기관들은 사회적 책임을 수행하는 역할과 범위, 활동의 기간과 규모, 대상 및 제공 방식에 대한 충분한 이해 없이, 정부의 경영평가 지침에 맞춰 유사한 프로그램을 개발하고 시행하는 경향을 보이고 있다.

〈표 1-1〉은 CSR, CSV, 지속가능성(Sustainability), 사회적 가치(SV), ESG 개념의 차이를 비교한 것이다. 이러한 개념들은 시기별로 명확히 구분되지 않은 채 혼용되어 사용되고 있으며, 아직까지 합의된 정의가 존재하지 않는다. 또한 한 개념이 다른 개념의 결과물로 이어지는 경우도 있어, 이들을 특정 시기로 구분하여 단정 짓기도 어렵다.

표 1-1 CSR, CSV, Sustainability, SV, ESG의 비교

구분	핵심 요소	초점	목표
CSR	사회·경제·환경	사회적 가치	이미지, 평판, 수익
CSV	사회·경제	사회 + 경제적 가치	공동가치창출
Sustainability	사회·경제·환경	환경 + 경제의 조화	모든 세대의 번영
SV	사회·경제·환경·문화	공동체를 위한 가치	지속가능한 공동체
ESG	환경·사회·지배구조	지배구조	투자가치 상승

1) CSR

CSR은 기업이 법적·윤리적 기준을 준수하면서, 경제적 이익뿐 아니라 사회와 환경에 대한 책임을 자발적으로 수행하는 경영 철학이다. CSR이란 용어는 보웬(1953)에 의해 본격적으로 사용되고 연구되기 시작했지만, 이후 개념적 확장과 논쟁을 거치며 다양한 용어와 관점으로 발전해 왔다. '사회'를 제외하고 기업의 책임에만 충실하자는 '기업의 책임(corporate responsibility)', 기업뿐 아니라 모든 조직이 사회적 책임이 있음을 강조한 '사회적 책임(social responsibility)', 반기업적 정서에 대해 기업의 전략적 대응을 강조한 '사회적 대응(social responsiveness)', CSR 활동의 결과를 강조한 '사회적 성과(social performance)' 등이 대표적이다. 이들 용어들은 각각 강조점은 다르지만, 사회·경제·환경이라는 지속가능성의 핵심 요소를 공통적으로 내포하고 있다는 점에서 지속가능성과 본질적 차이는 크지 않다.

2010년에 발표된 국제표준화기구의 ISO 26000는 책임성, 투명성, 윤리적 행동, 이해관계자의 이익 존중, 법 준수, 국제규범 준수, 인권 존중 등 사회적 책임 7대 강령을 채택하고, 개별 7대 강령에는 다수의 하위조항들이 구체적으로 명시되었다.[3] 흥미로운 점은, 이들 7대 강령이 이미 ESG의 핵심 요소를 포괄하고 있다는 사실이다. 다만 ISO 26000은 환경이나 노동 관행보다는 인권 보호와 지역사회 발전 등 '사회(Social)' 영역에 상대적으로 더 많은 비중을 두고 있다. 이와 비교하면, ESG는 기존의 CSR 개념과는 이해관계자 범위와 초점 면에서 차별성을 보인

3 제4장 〈표 4-4〉 참조.

다. 예컨대 CSR에서는 소비자나 지역사회와 같은 좁은 범위의 이해관계자를 중심으로 논의되었지만, ESG는 소비자, 지역사회, 투자자, 임직원, 국내외 주주, 공급망 내 협력사와 경쟁사 등 훨씬 광범위한 이해관계자를 포괄한다. 이런 점에서 ESG는 지역사회보다는 투자자, 경영 리스크 관리, 이윤 창출과 관련된 이해관계자에게 상대적으로 더 큰 비중을 두고 있다는 차별성을 지닌다.

2) CSV

CSR이 전 세계적으로 확산된 이후, 학계와 실무계에서 가장 큰 관심사는 사회적 가치 활동이 수익으로 연결될 수 있는지에 대한 문제였다. 노벨 경제학 수상자인 밀턴 프리드먼(Milton Friedman)은 기업의 유일한 사회적 책임이 주주의 이익을 극대화하는 것이라고 주장한 반면, 미국 유기농 식료품점 홀푸드마켓의 공동 창립자 존 매키(John Mackey)는 기업이 단순히 이윤 추구에 그치지 않고, 이해관계자의 이익도 고려해야 한다고 강조했다.[4] 이 유명한 Friedman-Mackey 논쟁은 여전히 지속되

4 Friedman-Mackey 논쟁은 기업의 존재 목적과 사회적 책임에 대해 상반된 견해를 제시한 대표적 사례다. 프리드먼은 1970년 뉴욕타임스 매거진 기고문에서 기업의 유일한 사회적 책임은 주주의 이익을 극대화하는 것이라고 주장했다. 반면, 매키는 이해관계자 자본주의 관점에서 기업은 직원, 고객, 지역사회, 협력사 등 다양한 이해관계자들에게 책임을 지며, 사회·환경적 가치를 창출함으로써 장기적으로 더 높은 고객 충성도와 이익을 실현할 수 있다고 반박했다(Mackey & Sisodia, 2014). 여기서 간과해서는 안 될 점은 프리드먼의 주주자본주의 역시 윤리적 경영을 강조했다는 것이다. 그는 기업의 사회적 책임이 수익 극대화라고 주장하면서도, 그 과정은 법과 윤리적 관행에 기반해야 한다고 주장했다(Friedman, 1970). 개인의 이기심이 경제 발전을 이끈다고 설명했던 아담 스미스 역시, 「국부론」이 출간되기 17년 전 발표한 「도덕감정론」에서 경제 행위는 사회적 질서를 해치는 이기적 행동이 아니라, 타인의 감정을 존중하는 윤리적 틀 안에서 정당화될 수 있어야

고 있으며, 그 핵심에는 수익 창출이 없거나 오히려 저해될 경우 CSR의 지속가능성이 낮아진다는 우려가 내재되어 있다. 예를 들어 수익과 연관성이 없는 많은 CSR 활동(예: 김장 나누기, 연탄 배달, 지붕 개량 공사)은 비용으로 간주되어 기업 내 의사결정에서 후순위로 밀릴 수 있기 때문이다.

공공기관은 기업과 마찬가지로 자신의 사업영역에서 최소한의 경제적 이익을 추구해야 할 책임이 있다. 적자가 계속되는 공공기관은 존속할 수 없는 만큼, 경제적 책임은 최소한의 생존요건이라 할 수 있다. 일부 공공기관이 정부로부터 재정적 지원을 받는다고 하더라도 지출이 예산의 한도를 초과하지 않도록 관리해야 한다. 정부가 공공기관에 대한 경영평가를 하고, 공공기관경영정보시스템(ALIO)을 통해 경영실적을 공개하는 것은 그만큼 공공기관의 경제적 책임 이행이 중요하기 때문이다.

포터와 크레이머는 경제적·사회적 가치의 갈등 논쟁에 대한 대안으로 공동가치창출(CSV)을 제시하였다(Porter & Kramer, 2011). CSV는 경제적 가치와 사회적 가치를 동시에 창출하는 것을 목표로 하는 경영 접근법으로, CSR, 지속가능성, ESG처럼 기업 운영의 방향을 설정하는 관리 개념과는 구별된다. 포터와 크레이머는 기관의 사회·환경 투자가 경제적 가치를 증진시키는 방식으로 이루어진다면 CSV가 가능하다고 주장한다. 예를 들어 도요타의 프리우스 하이브리드 자동차는 환경친화적이면서(사회적 가치) 동시에 높은 수익성을 창출한(경제적 가치) 사례로 꼽힌다. IBM은 공공기관과 협력하여 교통, 에너지, 환경 관리 등의 문제를 해결하는 '스마트 시티' 솔루션을 개발했다. 빅데이터

한다고 강조했다. 이는 마키아벨리식 수단과 방법을 가리지 않는 이윤 추구와는 구별되는 접근으로, 아담 스미스가 경제학자이기 이전에 윤리학자였음을 보여주는 대목이다.

와 AI를 활용해 도시의 운영 효율성을 높이고, 시민들의 삶의 질을 개선하는 한편, IBM의 기술 서비스 매출을 확대하는 성과를 거두었다. 이처럼 CSV 사례들은 CSR을 넘어 기업의 핵심사업과 연계하여 사회적 가치 창출과 동시에 수익 모델을 구축하는 방식을 보여주고 있다.

3) 지속가능성

지속가능성(Sustainability)이란 용어는 1987년 세계환경개발기구회의에서 발간한 브런트란트보고서(Bruntland Report)에서부터 사용되기 시작했다. 환경파괴 없는 경제성장으로 미래세대의 번영을 가로막아서는 안 되며, 모든 세대가 다 같이 잘살자는 경제·사회·환경의 조화를 지향한다. 어느 특정 시기에 유행하기보다는 지속적으로 다른 개념들과 혼재되어 사용되어 왔으며, 환경문제가 불거질 때마다 관심을 받고 있다. 1987년 회의 결과에 의거 2022년 7월 제정된 「지속가능발전기본법」 제2조 1항에서는 지속가능성을 "현재 세대의 필요를 충족시키기 위하여 미래세대가 사용할 경제·사회·환경 등의 자원을 낭비하거나 여건을 저하시키지 아니하고 서로 조화와 균형을 이루는 것"으로 정의하고 있다.

〈그림 1-2〉에서 볼 수 있듯이, 지속가능성은 경제·사회·환경이 조화를 이루는 세상을 목표로 한다는 점에서 CSR과 큰 차이가 없어 보이나 접근 방식에서는 차이가 있다. CSR은 경제성장이 초래할 수 있는 환경 파괴와 부의 양극화 등의 문제를 경계하며, 기업이 자율적으로 규제를 마련하고 자정 노력을 기울이는 데 초점을 맞춘다(Lutkevich, 2023). 반면, 지속가능성은 현재 세대의 경제성장 방식을 환경 파괴를

그림 1-2 지속가능발전의 3요소

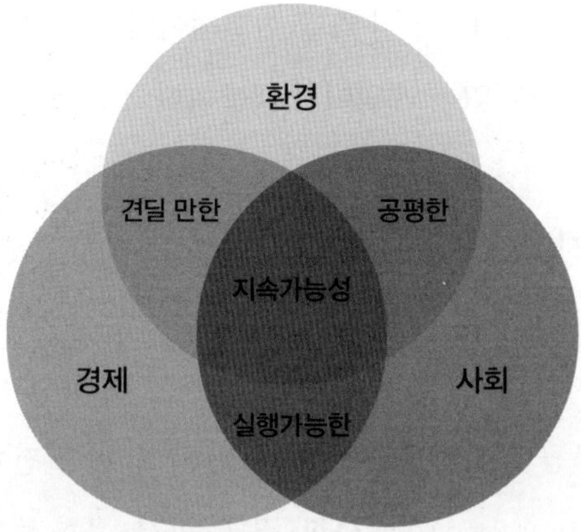

출처: 나무위키. https://namu.wiki/w/지속가능발전

최소화하는 방향으로 설계하여, 미래 세대를 포함한 모든 세대가 지속적으로 번영할 수 있도록 하는 것을 목표로 한다.[5] 즉, CSR이 경제성장과 환경보호를 대립적인 관계로 보고 기업이 사회와 환경에 미칠 부정적 영향을 최소화하는 윤리적 행동을 강조한다면, 지속가능성은 경제성장과 환경보호가 충분히 양립할 수 있으며, 이를 통해 현재와 미래 세대가 함께 번영할 수 있는 사회를 구축할 수 있다고 믿는다. 경제성장이 병행되어야만 환경 및 사회적 가치 활동이 단기적인 유행이 아니라 지속적으로 이어질 수 있다고 보는 관점이다. 오늘날 CSR, CSV, 사

5 세계적인 건축가이자 디자이너인 윌리엄 맥더너(William McDonough)는 2002년 출간한 저서 「요람에서 요람까지(Cradle to Cradle)」에서, 생산 공정에서 발생하는 폐기물을 새로운 원료나 연료로 재활용하면 경제적 발전과 환경보호를 동시에 실현할 수 있으며, 생산 전 과정을 친환경적으로 만들면 정부의 규제조차 불필요해질 수 있다고 주장한다. 에너지 손실을 최소화한 패시브하우스나 완전히 분해되어 새롭게 제작될 수 있는 운동화가 그 예이다(McDonough & Braungart, 2002).

회적 가치, ESG 등의 개념이 확산되고 있음에도 지속가능성이 함께 논의되는 이유는, 지속가능성이 가장 현실적이며, 공공과 민간을 막론하고 폭넓게 적용할 수 있는 개념이기 때문이다.

4) 사회적 가치

사회적 가치란 "경제뿐 아니라 사회·환경·문화 등을 포함하는 모든 영역에서 공공의 이익과 공동체의 지속가능한 발전에 기여하는 핵심 가치"이다(기획재정부, 2020). 사회·경제·환경·문화적 가치가 함께 창출될 때 나오는 시너지가 결국 공동체 발전에 기여하게 된다는 뜻으로 CSR, 지속가능성, ESG가 추구하는 궁극적인 가치를 말한다. 환경보호, 안전한 근무환경, 윤리적 생산 활동 등으로 개인과 공동체가 질 높은 삶을 영위할 때 사회적 가치가 높아진다고 본다.

문재인 정부에서 강조했던 '사회적 가치'는 이미 그 이전부터 유럽에서 나타나기 시작했다. EU 및 회원 국가들은 2010년에 일자리, 노동권보장, 사회통합, CSR에 관한 사회책임조달지침을 제정하고, 영국은 2012년 「사회적가치법」을 제정하여 공공기관이 위탁·조달하려는 서비스에 사회·경제·환경적 가치를 고려하도록 명문화하였다(탁현우, 2019). 우리 정부도 2014년부터 「사회적가치기본법」, 「사회적경제기본법」, 「사회적경제기업제품 판로지원법」 등 3대 기본법 제정을 추진하여 사회적 가치를 실현할 수 있는 법적 근거를 마련하고자 하였지만 국회의 문턱을 넘지 못했다. 특히 「사회적경제기본법」은 19대 국회부터 21대 국회까지 총 11차례 발의되었으나, 국회의 무관심으로 자동 폐기되었다. 2024년 7월 다시 이 법안이 발의되었지만, 22대 국회에서 통과

표 1-2 공공기관의 13가지 사회적 가치

1	인간의 존엄성을 유지하는 기본 원리로서 인권의 보호
2	재난과 사고로부터 안전한 근로·생활환경의 유지
3	건강한 생활이 가능한 보건복지의 제공
4	노동권의 보장과 근로조건의 향상
5	사회적 약자에 대한 기회제공과 사회통합
6	대기업, 중소기업 간의 상행과 협력
7	품위 있는 삶을 누릴 수 있는 양질의 일자리 창출
8	지역사회 활성화와 공동체 복원
9	경제활동을 통한 이익이 지역에 순환되는 지역경제 공헌
10	윤리적 생산과 유통을 포함한 기업의 자발적인 사회적 책임 이행
11	환경의 지속가능성 보전
12	시민적 권리로서 민주적 의사결정과 참여의 실현
13	그밖에 공동체의 이익실현과 공공성 강화

출처: 희망제작소. (2019). 공공기관 사회적 가치 안내서. p.98.

되긴 요원해 보인다.

사회적 책임이 제도적 관점에서 실천적 행동규범이라면 사회적 가치는 마땅히 나아가야할 행동의 기준이라 할 수 있다. 문제는 설립목적과 차별화된 사회적 가치가 무엇인지, 기관 고유목적 사업 집행의 경제적 효율성과 견주어 어느 정도까지 사회적 가치를 추구해야 하는지, 기존의 사회적 책임과 무슨 차이가 있는지 모호하다는 것이다(허경선, 2020). 경영평가 항목에서 사회적 가치 부분의 배점을 확대한 것으로 미루어 볼 때 기존 사회적 책임 활동의 확장판과 같아 보이지만 사회적 책임 역시 궁극적으로 사회적 가치를 추구하는 활동이므로 사실상 용어의 차이에 지나지 않아 보인다.

〈표 1-2〉에서 보는 것처럼 사회적 가치의 범위가 너무 광범위하여, 가스, 전기, 수도, 항공, 산업안전, 연금관리 등 다양한 사업을 수행하고

있는 개별 공공기관의 특성에 일률적으로 적용하기엔 무리가 있다. 실제 정부는 '사회적 가치 구현'을 위한 지표를 공공기관의 규모나 특성과는 상관없이 모든 기관에 일률적으로 적용함으로서 중복 프로그램으로 인한 자원의 낭비를 초래하였고, 평가결과를 임원 인사나 직원들의 성과급과 연결하는 처벌위주의 평가시스템을 유지해왔다. 그 결과 사회적 가치 활동보다는 경영평가를 잘 받기 위한 활동, 다른 기관과 차별되고 특색 있기보다는 매우 일반적인 사업들로 동형화(isomorphism)의 과정을 거치며 비슷비슷한 사업 위주로 운영되어 왔다(허경선, 2020).

5) ESG

정부는 ESG를 "환경 경영, 사회적 책임, 건전하고 투명한 지배구조에 초점을 둔 지속가능성을 달성하기 위한 기업 경영의 3가지 핵심요

표 1-3 ESG 개념과 3가지 핵심 요소

개념	환경 경영, 사회적 책임, 건전하고 투명한 지배구조에 초점을 둔 지속가능성을 달성하기 위한 기업 경영의 3가지 핵심요소
환경 (E: Environment)	기업의 경영활동 과정에서 발생하는 환경 영향 전반을 포괄하는 요소들이 포함되며, 최근 기후변화와 관련된 탄소중립, 재생에너지 사용 등이 중요한 요소로 부각
사회 (S: Social)	임직원, 고객, 협력회사, 지역사회 등 다양한 이해관계자에 대한 기업의 권리와 의무, 책임 등의 요소가 포함되고, 최근 인권, 안전·보건 등에 대한 이슈가 화두
지배구조 (G: Governance)	회사의 경영진과 이사회, 주주 및 회사의 다양한 이해관계자의 권리와 책임에 대한 영역으로 이사회의 다양성, 임원 급여, 윤리경영 및 감사기구 등이 강조

출처: 관계부처합동 (2021). K-ESG 가이드라인 v1.0. p.6.

소"라 정의하고 E, S, G 각각의 개념을 따로 정하고 있다(관계부처합동, 2021, p. 6). 〈표 1-3〉은 정부 관계부처합동 회의에서 정의한 ESG의 개념과 3가지 핵심 요소를 나타낸 것이다. '사회적 가치' 활동과 다른 점은 '환경', '사회' 외에 독립성·전문성·다양성을 갖춘 조직의 '지배구조'가 중요한 한 축으로 제시되었다. 기존의 사회·환경적 책임을 넘어 기후변화 위기, 에너지 위기, 공급망 위기 등으로 인한 경영 리스크를 줄이기 위해 이사회의 투명성과 공정성, 이해관계자들의 권리 존중, 윤리경영 등 대내외 경영의 책임성을 강조한다(박재현 외, 2022). 기업이 정의하는 ESG도 정부와 크게 다르지 않다. 환경과 사회에 기여하고 지배구조를 효율화하여, 장기적으로 기업의 가치를 올리고 지속가능성을 추구하는 활동(강원·정무권, 2020; 박재현 외, 2022)으로, 환경·사회·지배구조를 기업 가치를 높이기 위한 전략 실행에 영향을 미치는 요소로 본다(한국거래소, 2021).

ESG는 비록 기후변화 등 환경 리스크에 초점을 두고 있는 듯하지만, 실상 기후변화 등으로 인해 발생할 수 있는 경영 리스크 관리를 통한 기업의 투자가치 상승을 목표로 한다는 점에서 투명하고 공정한 지배구조에 초점을 두고 있다. 따라서 공공기관보다는 투자유치가 절실한 민간기업에 적합한 개념이다. 기후변화에 관심을 두는 이유는 환경보호보다는 기후변화로 인한 곡물값 상승, 공급망 관리의 문제, 에너지 위기, 소비감소 등 기업 운영에 직간접적으로 부정적 영향을 미칠 수 있기 때문이다. 따라서 기후변화위기 대응능력에 따라 투자자의 눈에 기업의 투자가치가 변할 수 있다. 기후변화위기 대응능력을 판단하는 척도로 지배구조의 독립성·전문성·다양성을 평가한다. 결국 ESG의 핵심은 직접적인 기후변화에의 대응능력이 아니라, 대응능력을 통해 얻어지는 기업의 투자가치를 제대로 평가하는 데 있다(서진석a, 2021. 4).

기업과 공공기관의 사회적 책임 차이

공공기관은 국가의 중요한 공공서비스를 전달하는 정책수단으로 설립되어 민간기업과 같은 이윤추구 활동 뿐 아니라 소득재분배, 환경보호, 복지, 고용 등 사회의 불균형 해소와 환경보호를 위한 다양한 활동을 하고 있다(유훈 외, 2010). 공공기관에 대한 정보를 알기 쉽게 알려주기 위해 정부가 만든 공공기관 알리오플러스(www.alioplus.go.kr/)에 따르면 공공서비스를 공급하는 이유는 "손익계산에 근거하여 사업성 여부를 고려하는 민간 부문에 맡겨서는 적정한 수준의 서비스가 제공"될 수 없기 때문이라고 설명하고 있다. 국민생활의 필수재인 철도·도로·전기·가스·수도 등 접점에 있는 공공서비스의 안정적이고 적정한 수준의 공급을 위해선 이윤 창출이 목적이 아닌 공익 실현에 초점이 맞춰져 있기 때문이다.

공공을 위한 서비스 전달 과정에서 기업과 공공기관의 사회적 책임 활동의 차이를 구분하기란 쉽지 않다. 하지만 활동의 동기나 방식, 수단, 통제, 책임의 범위, 성과측정 및 보고 방식 등 여러 면에서 공공기관은 기업과는 다른 접근법을 취하고 있다. 두 조직 간의 차이를 이해함으로써 더 효과적인 정책 설계, 활동 평가, 협력 모델 개발이 가능해지며, 궁극적으로 사회적 책임 활동의 성과를 극대화할 수 있다. 〈표 1-4〉는 사회적 책임 활동에 있어 기업과 공공기관의 차이를 비교한 것이다.

표 1-4 민간기업과 공공기관의 사회적 책임 접근법의 비교

구분	민간기업	공공기관
목적	이윤창출, 경쟁력 강화, 기업 이미지 상승, 고객 확보	공익의 실현(사회적 약자 보호, 일자리 창출, 동반성장, 지역균형발전 등)
사회 가치 창출 방식	자발적·창의성	법적의무·정책기반 활동
사회 가치 창출 수단	자원봉사, 기부, 파트너십, 기술지원, 환경친화적 생산, 지배구조 강화	자원봉사, 기부, 가격조절, 중소기업지원, 사회형평적 고용, 지역발전사업, 환경친화적 생산·전달, 지배구조 강화
정부와 관계	자율적 협력관계(파트너)	상하관계(대리인)
사회와의 관계	상호의존	일자리 창출, 공공서비스 전달자, 봉사자
성과측정 및 보고 방식	재무(매출, 비용절감, 경쟁력 강화), 비재무(브랜드 가치, 직원만족도) 평가지표	정량(정책목표 달성정도), 정성(지역사회 기여 정도, 친환경 노력 정도) 평가 지표
책임의 범위	주주, 협력사, 소비자, 시민단체, 정부, 국제협약	기획재정부, 주무부처 및 감독기관, 지역사회, 국민, 국제협약
확산 형태	자발적·모방적·규범적	강제적·모방적·규범적

출처: 김석은(2024). p.121.

우선, 기업의 사회적 가치 투자는 주로 이윤 창출, 경쟁력 강화, 그리고 기업 호감도 상승을 통한 고객 확보와 같은 경제적 동기를 기반으로 이루어진다. 반면, 공공기관은 수익보다는 공익 실현을 사회적 책임 활동의 최우선 목표로 삼는다. 국민의 안전과 복지 증진에 중점을 두는 것처럼 말이다. 예를 들어 한국전력공사(한전)가 전기료 청구서를 활용해 미아 찾기 및 예방 활동을 수행하는 것은 공공의 이익을 위해 자체 자원을 적극적으로 활용하는 대표적인 사례다. 국민의 생명과 안전을 보호하는 공익적 목적을 가지며, 경제적 성과보다는 사회적 가치를 실현하는 데 초점을 맞춘다. 공공기관은 사회적 책임의 일환으로 사회형평적 채용, 일자리 창출, 중소기업과의 동반성장, 지역 균형발전 등 다양한 활동을 통해 국민의 삶의 질을 향상시키고 지속 가능한 사회를 조성하는 데 기여한다. 이러한 활동들은 직접적인 수익 창출과는 거리가 있을 수 있지만, 장기적으로 공공의 복리를 증진하고 사회적 신뢰를 구축하는 데 중요한 역할을 한다.

한전 전기료청구서 활용 미아 찾기·예방활동

한전은 1999년부터 매월 발송하는 전기요금 청구서와 전국 공공기관 등에 배포되는 사외보의 빈 여백에 3명의 미아 사진과 연락처를 게재하여 미아 찾기·예방 캠페인을 벌이고 있다. 1999년 당시 전기요금 청구서는 월 발행 매수가 648만 매라는 것을 추정하면 공공기관의 주요활동과 사회공헌 활동이 잘 부합되면서 적은 비용으로 최대 효과를 이끌어 낸 대표적인 사례가 아닐 수 없다. 한전의 미아 찾기 캠페인은 한 해 약 4,500여 명에 이르는 미아 발생에도 불구하고 부모와의 상봉 사례가 150건에 불과하다는 점에 주목하여 시작된 것으로 알려져 있다. 특히 IMF 외환위기 이후, 실종아동을 찾는 기관들에 대한 정부 및 기업의 지원이 축소되거나 중단되어 이들 기관이 큰 어려움을 겪고 있는 상황을 확인한 것이 계기가 되었다. 캠페인 이후 2020년까지 총 118명의 어린이가 부모의 품으로 돌아갈 수 있었다. 또한 2004년부터 어린이날 행사에서 약 309만 개의 미아예방 물품과 전국 초등학교 및 아동복지 기관에 이름표, 스마트 밴드 등의 물품을 후원하고 있다. 스마트 밴드의 경우 모바일앱을 이용하여 안전구역 설정 후 해당구역 이탈 혹은 진입 시 알림을 통해 미아 예방을 방지할 수 있도록 도와준다. 본래 설립목적인 전기사업의 일환으로, 매월 발송하는 전기요금 청구서를 이용해 더 많은 어린이들이 안전하게 가정으로 돌아가고 건강하게 자랄 수 있도록 사회 환경을 조성하는 작은 아이디어이지만 임팩트가 큰 의미 있는 사례이다.

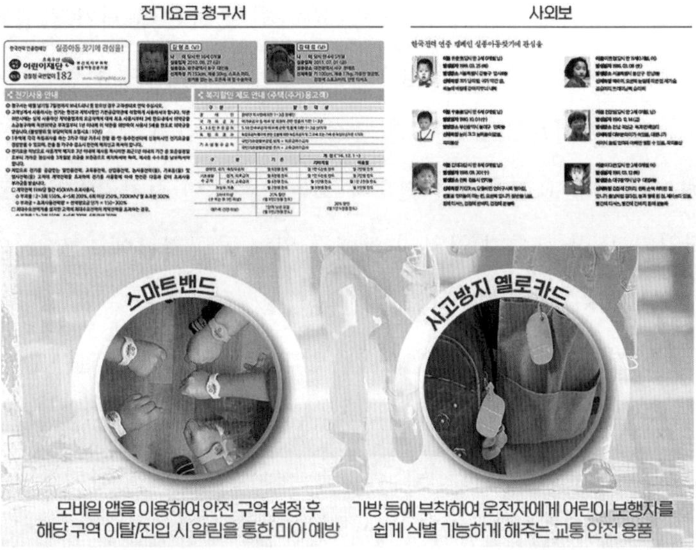

출처: 한전 홈페이지 https://home.kepco.co.kr/

둘째, 사회 가치 창출 방식과 수단에서도 차이가 있다. 기업이 자발적이고 창의적인 프로그램 개발을 강조하는 반면, 공공기관의 활동은 법에 의해 강제되는 경우가 많으며, 정부권장정책의 일환으로 시행된다. 기업이나 공공기관 모두 자원봉사, 기부, 파트너십, 기술지원, 환경친화적 생산, 지배구조 강화 등 사회책임 활동을 위한 여러 수단을 사용하지만, 공공기관의 경우 가격 규제로 인한 서민경제 지원, 동반성장을 위한 중소기업 지원, 지역인재를 비롯한 소수자 고용을 강제하고 있다. 예를 들어 자연독점화 되기 쉬운 사업을 대상으로 독점적 사업권을 인정하는 대신 그 서비스를 대다수 국민이 이용하는 데 불편이 없도록 정부가 공급량, 서비스 가격 등에 대해 관리·통제한다. 전력사업의 경우 시장에 맡긴다면 생활에 필수적인 전기가 매우 높은 가격으로 공급되어 저소득층이 전기를 소비하지 못하는 문제가 발생할 수 있다. 따라서 정부가 전력운용 계획이나 전력요금 등에 관여한다(김유현 외, 2018). 한전은 2023년 5월 누적 적자를 줄이기 위해 전기요금을 30원 인상할 필요성을 주장했으나 표심을 걱정한 정치권의 반대로 무산되었다. 또한 소수자 일자리 확대를 위해 공공기관에는 3.8%의 장애인 의무고용률이 적용된다(한국장애인고용공단, 2024).

셋째, 기업의 경우 정부와 자율적인 파트너십 관계에 있는 반면, 공공기관은 수많은 관리감독 기관의 통제 아래 공공서비스를 전달하는 정부의 대리인이다. 물론 기업도 3.1% 장애인 고용률 부과의무나 공정거래법 준수와 같이 국가의 통제에서 벗어날 순 없지만 그 통제의 범위와 정도는 확연히 다르다. 〈표 1-5〉는 공공기관 ESG 활동에 영향을 미치는 관리·감독기관 및 주요 역할을 제시한 것이다. 기획재정부의 공공기관 경영평가 및 고객만족도 평가, 중소벤처기업부의 동반성장 평가, 국민권익위원회의 청렴도 평가,[6] 감사원의 회계감사 및 직무감찰,

6 공공기관의 청렴도 평가란 공공기관을 이용하는 민원인, 공공기관 소속직원, 전문가 집단을 대상으로 정책고객들의 입장에서 공공기관의 부패행위와 업무처리의 능률성·민주성을 측정한 결과를 말한다. 정부는 다양해진 부패유형과 새로운 법·제도를 반영하여 2021년 조사방법을 전면 개편하였다. 설문조사와 정량·정성평가 방법으로 중앙행정기관, 지방자치단체, 교육청, 및 공직유관단체 등을 대상으로 종합청렴도를 산출한다. 종합청렴도는 외부업무 및 조직 내부 운영전반에 대해 민원인 등 업무상대방·내부 직원을 대상으로 부패인식 및 경험을 측정하는 청렴체감도(60%), 기관의 반부패주친 및 노력과 내부 구성원이 기관의 반부패 시책 효과성 체감 정도를 평가하는 청렴노력도(40%),

국회의 국정감사, 고용노동부의 지역균형인재 고용영향평가, 환경부와 국무조정실에서 시행하는 온실가스 감축 이행실적 평가 등 여러 감독기관과 자체 평가들이 있으며, 공공기관은 이들 평가들에 맞춰 ESG 경영을 설계하고 시행한다. 따라서 기관의 설립목적보다는 각종 평가에서 유리한 고지를 점하는 것이 우선되기 때문에 기관의 특성에 맞는 ESG 경영의 폭은 제한될 수밖에 없다.

표 1-5 공공기관 ESG에 영향을 미치는 관리감독기관 및 주요 역할

기관	주요 역할
기획재정부	공공기관운영위원회 관장. 대통령의 국정목표와 정책기조를 감안하여 경영공시, 경영실적 평가를 포함한 운영 전반에 관한 사항을 심의·의결, 고객만족도 조사
주무부처	공공기관의 지정, 사업 감독, 경영관리, 공공기관 운영위원회 지정위원
국회	국정감사
감사원	회계감사 및 직무감찰
국민권익위원회	청렴도 조사
국가인권위원회	인권영향평가
공정거래위원회 중소벤처기업부	동반성장평가
교육부 고용노동부	지역균형인재 고용영향평가
국회 예산분석실 공공기관평가과	공공기관 운영 전반에 관해 연구·분석·평가를 통해 공공기관 운영 지원과 감독 역할

부패행위 징계, 감사·기소·재판 결과 등 기관별 부패사건 발생 현황을 감점으로 평가하는 부패실태(10%)로 구성된다. 기관 별 등급은 유형별 평균 점수와 표준편차를 이용하여 1-5등급으로 발표한다(국민권익위원회, 2024).

기관	주요 역할
기획재정부 고용노동부 국토교통부 과학기술정보통신부 등	공공기관 안전관리등급제 및 안전활동수준 평가 관리감독('안전경영책임 보고서' 평가 포함), 장애인 고용촉진 및 직업재활법에 의거 장애인 고용률 점검
환경부 국무조정실	온실가스종합정보센터 '온실가스 감축 이행실적 평가' 보고서 작성
국내·외 투자자	글로벌 자산운용사, 글로벌 투자은행, 국내 투자자 등. 글로벌 ESG 공시기준(예. 국제보고기준(GRI)이나 국제지속가능성기준위원회(ISSB)의 ESG 공시기준)
지역사회 및 일반 국민	지역사회 주민, 일반국민 참여 및 호감도
이사회·감사실	전략설정 및 관리감독, 임원보수결정, 성과에 대한 책임

출처: 김석은(2025). p.148.

ESG가 확산된 2021년 이후 안전한 근무환경이 주요 현안으로 떠올랐다. 2021년 신설된 '공공기관 안전관리등급제'는 기존 고용노동부와 안전보건공단에서 평가하는 '안전 활동 수준 평가'와 흡사해 서류를 이중으로 준비해야 하는 번거로움이 있을 뿐 아니라, 기획재정부 공공안전정책팀이 주관하지만 고용노동부, 국토교통부, 과학기술정보통신부 1급 공무원이 당연직 심사위원으로 있고, 그 외에 심사 보조기관으로 한국산업안전보건공단, 국토안전관리원, 한국생명공학연구원 국가연구안전관리본부를 포함하는 등 평가 주체가 달라 서류작업에 과도한 시간을 투자하게 된다(김용훈 외, 2021).

넷째, 기업은 지역사회와 상호의존적인 관계에 있다. 기업 활동의 주요 자원(물적, 인적, 정보 등)은 지역사회로부터 얻어지며, 기업의 성장과 지속가능성은 지역사회의 구매력에 달려 있기 때문이다. 이해관계자 이론을 처음 소개한 프리맨(Freeman, 1984)은 지역사회 구성원들이 기업의 주요 이해관계자라고 주장하며, 이들은 기업이 어떤 제품을 어떻게 생산하고, 어떤 가격으로 판매하며, 직원들을 어떻게 대우하고, 지역사회에 어떤 방식으로 기여하는지에 대해 알 권리가 있다고 강조한다.

공공기관은 기업처럼 지역사회와 상호의존적인 관계를 맺고 있지만, 그 역할은 일자리 창출이나 사회적 약자 보호 등 공공서비스의 전달자이자 봉사자로서의 책임에 더 중점을 둔다. 예를 들어 한전의 전기료 청구서를 활용한 미아 찾기 및 예방 활동은 이러한 공공기관의 역할을 보여준다. 미국의 대표적인 공공기관인 TVA는 대공황에 대응하기 위해 일자리 창출을 목적으로 설립되었으며, 우리나라의 공공기관도 매년 2만 명 가량의 신규 채용을 진행하는 최대 고용주 중 하나이다. 하지만 공공기관의 지역사회 공헌 활동에도 불구하고, 한국행정연구원의 2021년 공공부문 부패인식 변화 조사에 따르면, 75%에 달하는 응답자가 공기업 및 공직유관단체의 부패를 가장 심각하게 느끼고 있었다(한국행정연구원, 2021). 따라서 공공기관의 사회적 책임 활동은 부정적인 이미지를 개선하고 국민의 신뢰를 증진시킬 수 있는 중요한 수단이다.

다섯째, 성과 측정 및 보고 방식에서 기업과 공공기관은 뚜렷한 차이를 보인다. 기업도 재무적 가치와 비재무적 가치를 모두 고려하지만, 그 중에서도 매출 증가나 경쟁력 강화를 중심으로 한 재무성과에 더 많은 비중을 둔다. 수익률과 연계되지 않는 사회적 책임 활동은 지속가능하지 않기 때문이다. 예를 들어 파타고니아와 같은 기업은 사회적 책임과 수익을 동시에 이뤄내는 사례로 잘 알려져 있지만, 반대로 사회책임 활동이 재정적 어려움을 초래한 기업들도 많다. 오랫동안 지역 경제 발전과 환경 보호에 앞장서 온 팀버랜드(Timberland)는 재정 상황 악화로 여러 공장을 폐쇄하게 되었다. 그럼에도 불구하고, 수익률 외에 비재무적 지표의 중요성은 점차 커지고 있다. 사회적 책임 활동은 기업의 브랜드 가치를 높일 뿐만 아니라, 직원들의 직무 만족도와 조직 헌신도를 향상시키고(Bolton et al., 2011; Tsai & Huang, 2008), 사기를 진작시키며(Brieger et al., 2020), 이직 의도를 줄이고(Bode et al., 2015), 조직 이미지 향상을 통해 우수한 인재를 유치할 수 있는 중요한 인적자원 관리 도구가 될 수 있기 때문이다(Greening & Turban, 2000).

공공기관은 사회적 책임 활동의 성과를 측정하기 위해 정량평가지표(정책 목표 달성 정도)와 정성평가지표(전략 수립 및 실행 노력 정도)를 종합적으로 검토한다. 정량평가지표의 예로는 온실가스 배출량, 에너지 소비량, 환경 관련 투자 금액, 친환경 인증 제품 구매 비율, 사회적 채용률, 사회적 경제 기업과의 거래 비율, 이사회 구성의 다양성, 이사회 독립성, 감사위원회 출석률 등이 포함된다. 정성평가지표로는 환경 경영 전략 및 정책의 명확성, 탄소중립 목표 및 달성 계획의 구체성, 직원 복지 및 근무환경 개선 노력, 지역사회와의 협력 및 기여 사례, 윤리경영 정책의 구체성 및 실행 여부, ESG 관련 이사회 내 논의 빈도와 결과, 이해관계자와의 소통 수준 등이 있다. 정량평가지표는 성과 평가 및 보고에 주로 사용되며, 정성평가지표는 정책 방향성을 설정하거나 성과를 질적으로 평가하는 데 유용하다.

여섯째, 사회적 책임 활동의 범위는 2019년 비즈니스라운드테이블에서 이해관계자 자본주의로의 이행이 선언된 이후 크게 확대되었다. 기업의 경우 기존의 주주, 소비자, 시민단체뿐만 아니라, 자사 직원의 인권 및 인재 경영, 협력사에 대한 공정하고 윤리적인 대우, 회사가 위치한 지역 주민, 그리고 각종 국제협약 준수까지 책임의 범위가 확장되었다. 공공기관은 지역사회와 전 국민, 기업과 마찬가지로 국제협약 준수까지 책임의 범위가 확대되었으나, 여전히 주무부처 및 감독기관에 대한 책임이 더 직접적이고 우선적이다.

마지막으로 사회적 책임 활동의 확산 과정을 살펴보면, 기업은 주력 사업과 연계된 사회공헌이나 ESG 프로그램을 자발적으로 기획하고 실행한다. 일부 기업은 경쟁적으로 유사한 프로그램을 도입하거나 수익 창출을 목적으로 접근하기도 하지만, 지역사회 발전에 기여해야 한다는 규범적 인식도 자리잡고 있다. 반면, 공공기관은 정부의 경영평가라는 제도적 압력에 의해 사회적 책임 활동이 강제적으로 확산되는 특징이 있다. 규모가 작은 기관은 대형 기관의 활동을 모방하는 경우도 있으며, 점점 더 지역사회 발전을 위한 중요한 행동 규범으로 받아들이기도 한다. 다만 공공기관은 정치적 영향력에서 자유롭기 어려운 구조적 한계를 가지고 있으며, 이로 인해 지배구조의 독립성·전문성·다양성 확보가 민간기업에 비해 더욱 어려운 과제로 남아 있다.

제2장

이론적 배경과 분석틀[7]

이론적 배경

공공기관의 사회적 책임은 기업의 사회적 책임(CSR) 개념을 기반으로 발전해 왔다. CSR의 근거이론으로는 이해관계자 이론, 기업시민론,[8] 사회계약론,[9] 제도주의 이론 등이 있으며, 기업이 단순한 이윤 추구를 넘어 사회적 책임을 수행해야 한다는 철학을 내포하고 있다. 이러한 CSR 개념은 공공기관에도 적용될 수 있으며, 공공기관은 사회적 가치 실현과 공공이익 증진을 최우선 과제로 삼아야 한다는 점에서 기업보

7 이 장은 필자의 논문(김석은, 2024)을 바탕으로 수정·보완하여 작성되었다.

8 기업시민론은 기업에 시민적 인격을 부여한 개념으로, 기업이 단순한 이윤 창출을 넘어 사회의 구성원으로서 윤리적 책임을 수행해야 한다는 경영철학(송호근 외, 2023).

9 기업은 사회와의 암묵적인 계약(social contract)에 의해 존재하며, 사회가 기대하는 책임을 다해야 한다는 주장(Donaldson & Dunfee, 1999).

다 더 높은 수준의 책임이 요구된다. 오늘날 공공기관의 사회적 책임은 법적·행정적 의무를 넘어, 공공서비스의 질적 향상과 지속 가능한 사회발전을 위한 전략적 관리 요소로 자리잡아가고 있다.

이들 이론 중 이해관계자 이론(Stakeholder Theory)은 공공기관의 사회적 책임을 설명하는 핵심 이론으로 자리매김해 왔다. 공공기관의 사회적 책임은 국민의 세금으로 운영된다는 특성상, 정책 결정과 행정 서비스 제공 과정에서 다양한 이해관계자의 요구와 기대를 반영해야 한다는 점에서 정당화된다. 법적 책임 수행에 그치지 않고, 국민, 지역사회, 시민단체 등 주요 이해관계자의 의견을 적극 수렴해 정책과 서비스 개선에 반영할 필요성이 강조된다(Freeman, 1984). 이는 공공의 이익과 기관 운영 목표 간의 조화와 균형을 지향해야 한다는 공공기관 운영 원칙과도 밀접하게 연관된다. 그러나 공공기관이 사회적 책임을 수행해야 하는 근본적 이유나, 사회적 책임 이행이 조직 운영에 필수적 요소로 작동하는 메커니즘에 대한 이론적 설명에는 한계가 있다(Campbell, 2007, p. 949).

공공기관은 법률에 의해 설립되고 정부의 감독을 받으며 공공재를 생산·제공하는 정치적 산물로서, 제도주의 이론(Institutional Theory)은 공공기관의 사회적 책임을 정당화하는 중요한 이론적 기반을 제공한다. 공공기관은 정부, 기업, 시민사회 등 다양한 주체들과 긴밀한 네트워크를 형성하며, 광범위한 자원을 활용해 공공재를 제공하는 과정에서 상당한 영향력을 행사한다. 따라서 공공기관은 정책 전달자에 그치는 것이 아니라, 이해관계자의 요구를 수용하고 기관의 목표와 가치를 사회에 확산시키며 적극적으로 상호작용하는 역할이 요구된다.

제도주의 이론은 공공기관을 하나의 사회적 제도로 보고, 이들이 사회에 직·간접적으로 영향을 미치며 권력을 행사한다고 본다(Brammer et al., 2012, p. 6; Ismail, 2009, p. 202). 권력은 필연적으로 책임을 수반하며, 권력과 책임 간 불균형이 발생할 경우 다른 사회적 제도가 개입하여 이를 조정하고 균형을 유지하려는 움직임이 나타난다. 예를 들어 정부가 근로기준법을 통해 노동시간을 규제하거나, 장애인 고용을 의무화하는 조치 등이 이러한 맥락에서 이해될 수 있다(Davis, 1960, p. 71). 또한 소비자는 서비스 이용 과정에서 불만을 제기하거나, 기관 감시, 정보 공유 등을 통해 공공기관의 책임성을 높이려는 압력을 행사할 수 있다.

보웬(1953)에 의해 기업의 사회적 책임이 강조된 이후, 사회적 책임은 기업을 넘어 정부, 공공기관, 비영리 조직까지 모든 조직이 준수해야 할 원칙으로 점차 제도화되어 왔다. 유엔글로벌컴팩트(UN Global Compact), 국제표준화기구의 ISO 26000, 유엔지속가능발전목표(UN SDGs) 등은 모든 조직이 사회적 책임을 이행하도록 유도하는 국제적 기준으로 작용하고 있다. 이러한 국제적 흐름은 한국 공공기관에도 영향을 미쳐, 정부는 2005년부터 지속가능경영보고서 발간을 권장하고, 2012년부터 공공기관 경영평가에 사회공헌 지표를 포함하는 등 공공기관의 사회적 책임을 제도화하기 위한 노력을 지속해왔다.

제도주의 이론이 공공기관을 사회적 제도로 보고 이들의 권력과 책임을 강조해온 반면, 이후 발전된 신제도주의 이론(Neo-Institutional Theory)은 공공기관의 사회적 책임 활동을 조직이 외부 환경의 요구에 적응하고 정당성을 확보하는 과정으로 설명한다(DiMaggio & Powell, 1983; Meyer & Rowan, 1977). 신제도주의는 특히 동형화(isomorphism)라는 개념을 통해, 공공기관이 사회적 책임 경영을 수용함으로서 사회의 기대에 부응하고 다른 조직들과 유사한 형태로 변화함으로써 생존과 지속가능성을 확보한다고 본다. 이 과정에서 공공기관은 사회적 책임 수행의 이론적 정당성을 강화하게 된다.

한국 공공기관은 필수 공공재를 공급하는 조직으로서의 도덕적 의무를 넘어 서비스 품질 향상, 적법한 예산 사용, 윤리적 행태 준수, 사회문제 해결자로서의 역할을 수행해야 한다. 이에 따라 한국 공공기관의 사회적 책임 활동은 글로벌 규범과 정부의 정책적 압력에 대응하는 과정에서 동형화 현상을 보여 왔다. 유형별로는, 기획재정부의 경영평가 기준에 따른 강제적(coercive) 동형화, 공공기관이 사회적 책임을 자율적 규범으로 수용하는 규범적(normative) 동형화, 그리고 소규모 기관이 선도 기관의 사회적 책임 활동을 모방하는 모방적(mimetic) 동형화로 나타났다(백경민, 2013; 윤언철 · 유규창, 2017).

동형화 과정은 국제협약과 국내 법·제도의 정비를 통해 사회적 책임 활동이 법적 규제, 평가지표, 국제협약 등의 형태로 제도화되면서 공공기관의 운영 방식과 의사결정 과정 전반에 영향을 미치고 있다. 이렇듯 신제도주의 이론은 기존의 정적인 제도 개념을 넘어, 제도를 동태적으로 분석하며 개인 및 집단과의 상호작용 속에서 제도의 독립적 기능과 그 변화 과정을 탐구한다. 신제도주의 이론은 제도가 개인과 집단의 행동에 미치는 영향 방식에 따라 합리적 선택 제도주의, 역사적 제도주의, 사회적 제도주의로 구분된다.

합리적 선택 제도주의는 제도를 개인의 선택을 제한하거나 유도하는 구조적 장치로 이해하며, 개인은 제도의 틀 안에서 자신의 이익을 극대화하려는 전략적 행동을 수행한다고 본다. 예를 들어 공공기관의 지속가능경영보고서 작성 의무는 공공기관들의 사회적 책임을 유도하는 제도적 장치로 작용하지만, 많은 기관들은 이를 경영평가 점수를 올리기 위한 수단으로 활용하고 있다.

역사적 제도주의는 제도의 변화가 시간에 따라 점진적 혹은 단절적으로 발생하며, 과거의 제도적 선택이 새로운 제도 형성에 중요한 영향을 미친다는 경로의존성(path dependence)을 강조한다. 예를 들어 복지제도는 정권 교체나 사회적 위기와 같은 역사적 계기를 통해 강화되거나 약화될 수 있지만, 일단 형성된 기본 틀은 장기간 유지되는 경향이 있다.

사회적 제도주의는 제도를 단순한 규칙이나 규제로 보기보다는 사회적 관행, 규범, 인식의 틀로 이해한다. 개인과 집단의 행동은 제도적 규범과 사회적 맥락 속에서 형성되며, 제도는 문화적·사회적 영향을 받아 변화·발전한다고 본다. 따라서 제도는 합리적 이익 극대화 논리 외에도 사회적 정당성 확보, 문화적 기대 수용, 사회적 압력 대응과 같은 복합적 요인에 의해 작동한다. 예를 들어 유엔지속가능발전목표(UN SDGs) 중 성평등 목표 설정은 정책적 선택에 그치지 않고 국제사회가 공유하는 가치와 규범에 기반한 것으로, 각국은 이에 대한 규범적 압력을 받으며 성평등을 촉진하는 제도를 도입하게 된다.

분석틀

공공기관의 사회적 책임 변화는 역사적 제도주의의 맥락에서 설명될 수 있으며, 이와 함께 합리적·사회적 제도주의의 관점도 중요한 이론적 틀을 제공해 왔다. 예를 들어 탄소세 부과를 옹호하는 국가들은

ESG라는 제도를 활용하여 다른 나라에 무역 장벽을 강화하고 자국의 이익을 극대화하려는 경향을 보인다. 마치 합리적 선택 제도주의 모델에서 설명하는 행위자의 전략적 행동과 유사하게 작동하고 있다. 탄소세는 전기요금과 제품 가격 상승을 초래하여 오히려 경제적 취약계층에 더 큰 부담을 전가할 수 있으며, ESG 준비가 미흡한 개발도상국에게 국제 협약 준수 요구는 국제 경쟁에서 불리한 요인으로 작용할 수 있다.[10] 최근 남미 가이아나에서 유전 개발이 시작되자, 영국 BBC 기자는 환경 파괴의 위험성을 경고했다. 이에 대해 가이아나 대통령은 산업혁명을 통해 환경을 훼손하며 성장한 선진국들이 과거의 책임은 외면한 채 개발도상국의 성장 의지를 억제하려 한다며 강하게 반박했고, 이 영상은 전 세계적으로 큰 화제가 되었다.[11]

사회적 제도주의 관점은 공공기관의 사회적 책임 활동 전반에서 쉽게 찾아볼 수 있다. 필자가 만난 많은 공공기관의 ESG 담당자들은 취약계층의 연금 가입 확대, 온실가스 및 에너지 목표 관리, 협력사와의 동반성장과 같은 활동을 형식적인 의무가 아니라 실천해야 할 중요한 사회적 규범으로 인식하고 있었다. 이처럼 공공기관의 사회적 책임 활동은 규제의 형식으로 강제적으로 도입되고 확산되었으나, 점차 지역사회 발전을 위한 보편적 가치로 받아들여지고 있다. 즉, 제도는 합

10 「냉정한 이타주의자」의 저자인 윌리엄 맥어스킬은 '공정무역 커피를 사는 것이 과연 가난한 사람들에게 얼마나 도움을 줄까'라는 질문을 던진다. 공정무역 기준은 까다롭고 비용이 많이 들어 멕시코나 코스타리카처럼 어느 정도 경제력이 있는 나라는 몰라도 에티오피아 같이 더 못사는 나라는 공정무역에서 요구하는 기준을 통과하기 어렵다. '그럼 최빈국의 비공정무역 커피를 사는 것이 더 옳은 일이 아닌가'라는 근본적인 질문을 던진다.

11 "환경 파괴해놓고"…가이아나 대통령, BBC와 언쟁 화제 #소셜픽 / JTBC. 2024. 4월 1일. https://www.youtube.com/watch?v=-YYjXPHJ_qE

리적 이익을 추구하거나 과거의 선택에 의존하는 것이 아니라, 사회적 기대에 부응하려는 신념이 기관의 정체성으로 자리잡는 규범적 동형화 과정의 일환으로 볼 수 있다.

역사적 제도주의는 제도를 형성하는 거시적 환경, 국가의 성격과 구조, 정치 이데올로기 및 아이디어 등 제도적 맥락에 주목한다(방민석·김정해, 2003). 제도적 맥락 속에서 개인의 행위는 일정한 규칙성을 가지며 제약을 받게 되고, 이는 행위자의 선호, 전략, 그리고 행동 방식에 영향을 미친다. 다만 제도는 단지 외부적 요인에 의해 결정되는 것이 아니라, 행위자의 능동적인 전략과 상호작용의 결과로 변화할 수도 있다. 이런 의미에서 제도는 독립변수이면서 동시에 종속변수로 작용한다(김선명, 2007; 하연섭, 2006; 하태수, 2001). 제도적 맥락에서 형성된 제도는 내·외부적 위기나 정당성에 대한 도전에도 쉽게 변하지 않고 지속성을 유지하는 경향이 있다(North, 1990). 그러나 거시적 환경의 변화는 때로는 자발적, 때로는 강제적인 압력을 발생시키며, 단기적 위기에 대한 저항 과정에서 행위자 간의 상호작용을 제약하거나 촉진하는 요인으로 작용한다. 이러한 과정에서 제도 변화는 점진적이거나 단절적인 형태로 나타날 수 있다.

이 책에서는 공공기관의 사회적 책임 활동이 CSR에서 ESG로 진행되는 변화 과정을 방민석·김정해(2003)의 분류에 따라 제도적 맥락과 제도 변화의 결정요인으로 나누어 분석한다. 제도적 맥락은 제도 형성에 영향을 미치는 거시적 환경과 아이디어로 구성된다. 거시적 환경은 공공기관을 포함한 모든 조직의 사회적 책임 활동에 영향을 미치는 국내외적 요인으로, 사회적 책임에 대한 정책적 관심, 국제협정의 형성 및 강화, 기후 및 에너지 위기, 전쟁 등으로 인한 국제정세의 불확실성 가속, 그리고 새로운 글로벌 표준에 대한 요구 등을 포함한다. 이러한 환경적 변화는 정부, 공공기관, 기업 등의 행위자들에게 가치, 이념, 신념, 그리고 합의된 표준 등의 형태로 영향을 미친다(김선희, 2020; 박정원·박수경, 2021; 하연섭, 2006).

특히, 하연섭(2006)은 제도 변화의 원인이 외부 요인이 아니라 내부 요인에 의해 결정된다고 보며, 아이디어의 중요성을 강조한다. 그는 아이디어를 "정책 문제의 해결책"이자 "정책의 거시적 방향성을 제시하는 이론적 가정 혹은 당연시되는 세계관"(p. 232)으로 정의하며, 행위자들이 아이디어를 프레이밍(framing)하여 제도 변화를 유도한다고 주장한다. 이 과정에서 North(1990)의 주장처럼 행위자들 간의 권력관계에서 발생하는 불가피한 충돌을 통해, 변화는 점진적이고 완만한 형태로 진행된다.

제도적 맥락은 국가 간 널리 공유되는 제도의 성립과 확산에 영향을 미치는 변수들을 설명하는 장점이 있으나, 동일한 제도가 개별 국가에서 각기 다른 형태로 나타나는 이유를 설명하는 데에는 한계가 있다. 제도적 맥락은 개별 국가의 자율적 규범과 강제적 규제, 정치·경제·사회적 위기 요인, 정권 교체 시기 공공기관 목표의 변화, 그리고 행위자 간 상호작용 등 제도 변화의 결정요인에 따라 서로 다른 영향을 미친다. 제도는 다양한 요소들로 구성된 복합체이며, 제도 내 행위자들이 이러한 요소들을 어떻게 조합하고 적용하는지에 따라 변화의 양상이 달라진다(하연섭, 2006). 이 같은 제도의 역동성으로 인해 동일한 제도가 도입되더라도 국가별로 상이한 형태로 나타날 수 있다(방민석·김정해, 2003; 하연섭, 2006; Thelen, 2009).

우선, 거시적 환경 변화는 국내외 자율적 규범과 강제적 규제로 구체화되며, ESG 논의를 촉진하는 역할을 한다. 국제사회에서는 변화의 움직임이 선언문, 가이드라인, 국제표준 등의 형태로 정착되며, 각국의 자발적인 환경보호, 사회적 책임, 지배구조 개선을 유도한다. 국내에서는 환경 관련 법 제정, 경영평가의 도입 및 개편 등을 통해 공공기관의 행태 변화를 촉진한다. 둘째, 거시적 환경 변화는 기후변화, 전쟁, 경기침체, 에너지 위기 등과 같은 단절적·불연속적인 위기 상황과 결합하여 제도 변화를 촉진한다(방민석·김정해, 2003; North, 1990). 셋째, 정권 교체기에 나타나는 국정 목표의 변화는 공공기관의 운영 방향에 직접적인 영향을 미치며, 사회적 책임 활동의 범위와 수준을 결정하는 요인으로 작용한다. 마지막으로, 제도는 복합적인 요소들로 구성되어 있으며, 시간이 지남에 따라 제도를 구성하는 행위자들의 수가 증가하고, 이들이 보유한 권력의 크기에 따라 제도에 대한 저항, 순응, 협력 관계가 형성된다(박정원·박수경, 2021; 하태수, 2001).

〈그림 2-1〉은 역사적 제도주의에 근거해서 CSR에서 ESG로 이어지는 변화과정을 분석하기 위한 모델이다. 각 시기별 제도적 맥락과 제도 변화의 결정요인을 전자는 거시적 환경, 아이디어로 구분하여 설명하고, 후자는 자율적 규범과 강제적 규제, 위기요인, 기관목표와 행위자로 나누어 분석한다. 공공기관의 사회적 책임 경영은 제도적 맥락의 영향을 받아 구체화된 자율적 규범과 강제적 규제, 단절적 위기요인, 공공기관 목표와 행위자간 상호작용 등의 결정요인에 의해 시기별로 변화해 왔다. 하지만 ESG는 기존의 개념(CSR, 지속가능성, 사회적 가치)을 대체한 것이 아니라 단지 강조하는 관점이 다를 뿐, 이들 요소들을 포함하면서 점진적으로 진화해 왔다. 장기적으로 ESG가 다른 개념으로 대체된다 하더라도, ESG와 그 이전의 사회책임 요소들은 잔존하며

재배열의 과정을 거치면서 점진적으로 변화할 것이다.

그림 2-1 공공기관 사회적 책임 변화 과정의 분석모델

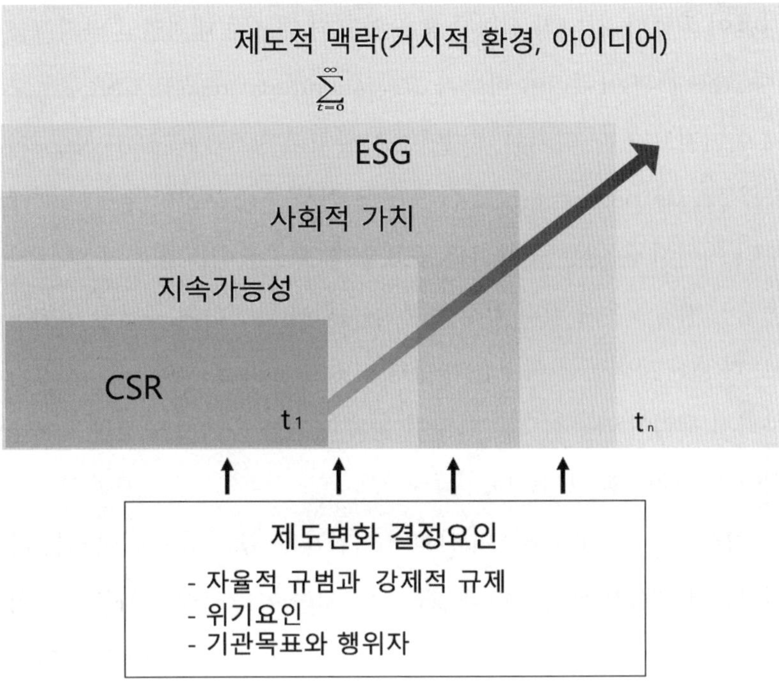

분석모델은 보웬(1953)이 CSR의 중요성을 학계에 처음 소개한 시점을 시작점(t=1)으로 설정하고 있으나, 이미 그 이전(t=0)에도 CSR의 개념적 흔적을 찾아볼 수 있다. CSR의 기원은 1850년대 간디의 신탁사상까지 거슬러 올라가며, 기업이 사회적 책임을 다해야 한다는 윤리적 기반을 제공한 초기 사례로 볼 수 있다.[12] 간디는 부자가 소유한 최

12 몇몇 학자들은 CSR의 원류를 고대 힌두교와 불교에서 금기시하는 고리대금이나 이슬람

소한의 재산을 제외한 나머지 재산은 가난한 사람들로부터 위탁받은 것이라는 신탁사상을 제시하였으며, 산업혁명 이후 대기업의 탄생과 함께 기업이 지역사회 발전에 적극적으로 기여해야 한다는 윤리적 기반이 되었다. 간디의 신탁사상은 인도의 대표적 대기업인 타타그룹(Tata Group)과 아디티야 비를라 그룹(Aditya Birla Group)의 CSR 활동으로 이어지고 있다. 터키의 대기업인 사바치 홀딩스(Sabanci Holdings)와 도구스 그룹(Dogus Group)의 CSR 활동 역시 중세 오스만 투르크 시대부터 이어져 온 전통에 뿌리를 두고 있다. 오늘날에도 터키의 많은 가족경영 기업들은 수입의 일정 부분을 사회에 환원하여 재단을 설립하고, 다양한 사회공헌 사업을 수행하고 있다(Turker, 2009). 이는 기업의 사회적 책임이 역사적으로 다양한 문화와 전통 속에서 형성되고 계승되어 온 가치임을 보여준다.

그중에서도, 세계 최초의 사회적 기업가 중 한 사람으로 불리는 타타그룹의 창립자 잠셋지 타타(Jamsetji Tata)는 이윤 추구와 사회적 가치가 분리될 수 없다고 보았다. 그는 1904년 생을 마감할 때까지 지역사회를 단순히 기업의 이해관계자로 간주한 것이 아니라, 기업이 존재하는 궁극적인 목적으로 여겼다(Auerswald, 2009). 이러한 인도 기업의 전통은 현재까지 이어져 활발한 CSR 활동으로 발전했으며, 현대에도 인도 기업들의 지속가능한 성장과 경쟁력 확보에 중요한 요인으로 자리잡고 있다(Chapple & Moon, 2005).

미국의 포드자동차, 휴렛패커드, 상공회의소, 로타리클럽 등도 오

교도의 의무인 Zakat라는 부유세에서 찾고 있으나(남영숙 외, 2011), 이 책에서는 1800년대 말, 1900년대 초 현대적 모습의 기업들이 박애주의적 기업문화를 바탕으로 펼친 사회공헌 활동을 출발점으로 보고 있다.

랜 사회공헌의 역사를 가지고 있다(Moon, 2002). 1900년대 초 헨리 포드는 하루 9시간 노동, $2.34달러였던 포드자동차 근로자의 임금을 하루 8시간 노동, $5로 대폭 조정하고, 주 40시간 5일제 근무를 시행하여 현대적 의미의 사회공헌의 시작을 열었다(History.com Staff, 2009). 나아가 가격을 대폭 낮춘 신차인 '모델 T'를 생산하여 자동차의 대중화를 실현하였고, 공장을 추가로 건설함으로써 고용을 크게 늘리고 경제적 기회를 창출하였다.[13] 그러나 이러한 그의 행보는 주주 배당금을 줄이는 결과를 초래했고, 결국 포드는 자사 주주들에게 고소당했다. 미국 연방대법원은 Dodge v. Ford (1919) 판결에서 "기업의 주된 목적은 주주를 위한 수익 창출이며, 이를 자선적 목적으로 활용해서는 안된다"는 입장을 근거로 주주들의 손을 들어주었다. 기업의 존재 이유가 이윤 창출에 있으며, 사회적 가치와의 조화를 이루는 것이 본질적으로 어렵다는 경고의 메시지였다.[14]

〈표 2-1〉은 공공기관 사회적 책임 경영의 도입과 진화 과정을 제도적 맥락과 제도 변화의 결정요인을 기준으로 시기별로 구분한 것이다. 먼저, 보웬(1953)이 그의 저서에서 기업인의 윤리와 사회적 책임의 중요성을 처음 언급한 이후 1999년까지를 태동기(1953-1999년)로 보았다. 보웬은 그의 저서 「기업인의 사회적 책임(Social Responsibilities of the Businessman)」에서 '사회적 책임' 개념을 최초로 소개하며, 기업이 주요

13 당시 자동차는 캐딜락, 다임러 리무진, 란치아, 롤스로이스 등 소수의 '가진 자'만이 소유할 수 있는 사치품이었으나, 포드는 이를 대중이 접근할 수 있는 제품으로 변화시켰다.

14 필자는 개인적으로 포드의 전략이 옳았다고 생각하면서도 그의 '흠'은 감출 수가 없다. 그는 나치즘을 신봉하였고, 히틀러와 돈독한 관계를 유지했으며, 노조를 탄압하기 위해 공장 근로자를 죽이는 데 주저하지 않았다. 결국 포드가 만든 작업 조건과 자동차의 대중화도 이윤창출의 도구였던가?

표 2-1 공공기관 사회적 책임 경영의 변화 과정과 영향 요인

구분		태동기 (1953-1999년)	확산기 (2000-2016년)	전환기 (2017-2022년)	혼돈기 (2023년-현재)
제도적 맥락	거시적 환경	• 환경문제에 대한 인식 • 국제사회 움직임 • 세계화 가속화	• 글로벌규약 강화 • 글로벌경쟁 심화 • 반기업정서 확대	• TCFD 권고안 발표 • 이해관계자 자본주의 선언 • 블랙록 선언	• 기후변화·에너지 위기 • 국제정세불확실성 • ESG 찬반 논쟁(트럼프 재집권)
	아이디어	• 박애주의, 이타주의 • 경제발전·효율성 신자유주의	• 자본주의4.0 • 공동가치창출 • 주주자본주의	• 사회적 가치 • 성장과 균형 • 이해관계자 자본주의	• 재무성과 • 주주 권리 • 임직원의 권리와 성장
제도 변화 결정 요인	자율적 규범	• 유엔인간환경회의 • OECD다국적기업 가이드라인 • 브런트란트보고서 • 교토의정서	• 유엔글로벌컴팩트 • ISO 26000 • 유엔책임투자원칙 • 파리협정 • 유엔 SDGs	• TCFD 권고안 • EU-택소노미 • 유럽위원회 Fit-for-55 • 사회적가치 기본법 • K-ESG, 한국판 그린뉴딜	• ISSB IFRS S1, S2 공시 • EU CSRD/ESRS 공시 • 미국 SEC 공시 • 한국 KSSB 공시
	강제적 규제	• 환경관련법 • 경영평가 • 공공기관 민영화	• 국가균형발전특별법 • 공공기관의 운영에 관한 법률	• 경영평가 개편(사회적가치 강조) • 수소법 • K-택소노미 • 이중중대성 평가 • 중대재해처벌법	• 경영평가 개편(재무성과 강조) • EU 탄소국경제도 • EU 공급망실사 지침
	위기요인	• 군사정권 • 1, 2차 오일쇼크 • IMF 외환위기	• 정치적 불안정 • 리더십 변화 • 글로벌 금융위기 • 채용비리 등 신뢰 악화	• 팬데믹 • 기후위기 • 수도권 집중화	• 공공기관 부채 • 글로벌 공시 요구 • ESG 평가 혼란 • 에너지 위기 • 인플레이션 • 미·EU의 정치변동
	기관목표	• 경제성장·효율성	• 성장과 균형	• 사회적 가치에서 재무성과로	• 재무건전성
	행위자	• 정부, 기업, 시민단체	• 정부, 시민단체, 학계, 언론, CSR 포럼 등	• 정부, 공공기관 임직원, 전문가, 시민단체, 학계, 주주, 공급망, 언론, 국민 등 이해관계자	• 정부, 글로벌공시기관, 글로벌 자산운용사, 투자은행, 정치인, 재계, 언론, 국민 등 이해관계자

의사결정을 내릴 때 수익 창출을 넘어 사회에 어떻게 기여할지를 고민해야 한다고 강조했다. 1962년 해양생물학자 레이첼 카슨의 「침묵의 봄(Silent Spring)」은 환경문제의 심각성을 전 세계에 알리는 계기가 되었다. 이 책의 영향으로 미국에서는 주요 환경 관련 법안이 통과되었으며, 국제사회에서도 환경문제가 중요한 의제로 떠올랐다. 1972년 유엔인간환경회의는 개인적 차원에서 논의되던 환경문제가 글로벌 의제로 부상하는 전환점이 되었다. 이 회의에서 발표된 선언문은 1987년 브런트란트보고서가 '지속가능발전'을 새로운 글로벌 화두로 정립하는 데 중요한 토대를 마련했다.

확산기(2000-2016년)는 사회적 책임에 대한 논의가 기업을 넘어 정부, 공공기관, 시민단체에까지 확산되었던 시기이다. 2000년 유엔 사무총장이었던 코피 아난에 의해 출범한 유엔글로벌컴팩트는 전 세계 기업들에게 지속가능하고 사회적으로 책임 있는 행동을 할 것을 주문하였다. 같은 해 유엔새천년개발목표(UN Millenium Development Goals)를 선언하여 세계의 빈곤과 불평등, 환경과 지속가능성 문제를 글로벌 파트너십을 통해 해결하자고 요청했다. 특히 2007년 유엔글로벌컴팩트에서는 정부와 모든 공공기관도 사회적 책임에서 예외가 될 수 없음을 천명하였다. 바로 직전 해인 2006년 발표한 유엔책임투자원칙(UN PRI)은 ESG를 투자의 가장 중요한 기준으로 삼는다는 원칙을 수립하여 ESG의 확산에 직접적인 영향을 끼쳤다. 사회적 책임에 대한 국제적인 요구는 2010년 아나톨 칼레츠키의 「자본주의 4.0」에서 신자유주의 경제원리에 대한 반성과 금융규제의 필요성으로 이어졌고, 다음 해인 2011년 월가점령시위로 인해 반기업정서가 확산되며 윤리적 기업운영을 촉구하였다. 2015년엔 17개의 유엔지속가능발전목표(UN

SDGs)가 수립되고, 같은 해 파리협정으로 기후변화에 대한 전 지구적 대응이 촉구되었다.

전환기(2017-2022년)는 기후위기에 대한 국제적인 관심이 ESG로 수렴되고, 국내에서는 사회적 가치가 국정과제로 천명되면서 사회적 책임의 방향과 논의가 깊어지는 시기였다. 2017년부터 공식적으로 활동을 시작한 기후변화 관련 재무정보 공개 협의체(TCFD)는 기후변화가 기업의 재무 상태와 투자 위험에 미치는 영향을 더욱 투명하게 공개하도록 권고하였다. ESG 투자자의 이해와 기업의 지속 가능한 경영이 핵심 아젠다로 떠오르게 된 계기였다. 국내에서는 '사회적 가치'가 국정과제에 스며들었고, 공공기관 경영평가제도에서 그 중요성을 강조하였다. 2019년, 미국의 대기업 CEO 협의체인 '비즈니스라운드테이블(BRT)'은 기존의 '주주 자본주의'를 폐기하고 '이해관계자 자본주의'를 선언하며, 기업의 책임 범위를 대폭 확대했다.

세계적인 자산운용사 블랙록(BlackRock)이 2020년 ESG를 투자의 핵심 기준으로 삼겠다고 선언한 것은, '사회적 가치' 담론이 충분히 성숙하기 전에 ESG로의 전환을 앞당긴 일대 전환점이 되었다. 블랙록이 저탄소 경영에 소홀한 기업에 대한 직접 투자 중단을 발표한 것은 금융시장과 기업 경영에 막대한 파급력을 미쳤다. 같은 해 우리나라는 「한국판 뉴딜 종합계획」을 발표하며, 2025년까지 '디지털 뉴딜', '안전망 강화'와 함께 '그린뉴딜'을 주요 정책으로 제시했다. 이어 2021년 2월에는 세계 최초로 「수소경제 육성 및 수소 안전관리에 관한 법률」을 제정하여 수소 생태계 조성을 위한 법적 기반을 마련하였다.

혼돈기(2023년-현재)는 ESG가 공공기관 경영평가에 적용되기 시작한 2023년부터 현재까지 지속되고 있다. 문재인 정부에서는 사회적 가치를 국정과제로 포함하고 K-ESG 가이드라인을 제정하여 국제사회의 ESG 경영 요구에 대응하고자 했으나, 2022년 5월 윤석열 정부 출범 이후 이러한 흐름은 급격히 쇠퇴하였다. 사회적 가치보다 경제적 가치가 우선시되면서 공공기관 경영의 핵심 목표가 부채 절감과 효율성 강화로 전환되었다.

국제사회 역시 ESG를 둘러싸고 상반된 움직임을 보이고 있다. 다보스포럼과 유엔기후변화협약당사국총회(Conference of the Parties: COPs) 등 일련의 모임을 통해 선진국들이 기후변화 대응을 선도하는 모습을 보이고 있지만, 동시에 ESG에 대한 반대 움직임도 확산되고 있다. 미국 공화당을 중심으로 한 ESG 반대 기류, EU 내 원자력과 천연가스를 '친환경'으로 분류하는 EU 택소노미(Taxonomy) 개정안, 국제지속가능성기준위원회(ISSB)의 재무공시 기준 강화, 일부 국가들의 화석연료 회귀 경향 등 ESG를 둘러싼 국제사회의 논의는 갈수록 양극화되고 있다. 〈부록 1〉은 CSR에서 ESG로 이어지는 과정에서 등장한 주요 이니셔티브 및 국제 협약의 일지를 정리한 것이다.

II

공공기관 사회적 책임의 변화 과정

제3장부터 제6장까지는 우리나라 공공기관의 사회적 책임 활동이 어떤 제도적 맥락 속에서 발전해 왔는지, 그리고 그 변화에 어떤 요인들이 영향을 미쳤는지를 분석하는 데 중점을 둔다. 공공기관의 사회적 책임 활동은 정치·경제·사회적 환경 변화에 따라 지속적으로 조정되어 왔으며, 이 책에서는 이를 태동기(1953-1999년), 확산기(2000-2016년), 전환기(2017-2022년), 혼돈기(2023년-현재)로 구분하여 고찰한다. 이러한 구분은 개별 시기의 특징을 이해하기 위한 것이며, 각 시기 간의 경계는 뚜렷하게 구분되기보다 연속적인 흐름 속에서 변화해 왔다.

제3장에서는 태동기부터 확산기에 이르기까지 공공기관 사회적 책임의 형성과 제도적 기반이 확립되는 과정을 살펴본다. 제4장은 확산기에서 전환기로의 변화 속에서 공공기관의 책임경영이 제도화되고, 정부 정책과 글로벌 트렌드에 맞춰 진화하는 과정을 다룬다. 제5장 전환기는 사회적 가치 중심에서 재무성과를 강조하는 ESG 경영 도입

으로의 전환과정을 조명하며, 제6장은 혼돈기에서 나타난 공공기관 ESG 경영의 불확실성과 새로운 도전 과제들을 분석한다. 이를 통해 공공기관 사회적 책임의 흐름을 입체적으로 이해하고, 향후 발전 방향을 모색하고자 한다.

제3장

태동기
(1953-1999년)

제도적 맥락

1) 거시적 환경(국외)

이 시기 지난 수십 년간 산발적으로 이루어진 기업들의 자선활동이 학문적으로 체계화되기 시작하였으며, 지역사회의 빈곤, 안전, 환경오염 문제에 대한 전 지구적 차원의 문제의식이 구체화되었다. 1953년 하워드 보웬(Howard R. Bowen)은 그의 저서 「기업인의 사회적 책임(Social Responsibilities of the Businessman)」에서, 기업은 주주의 이익을 극대화하는 것을 넘어 전체 사회의 복리를 증진시키는 방향으로 주요 의사결정을 내려야 한다는 윤리적 책임을 제시하였다. 보웬이 주장한 책임의 범위는 오늘날의 이해관계자 자본주의(stakeholder capitalism) 개념과 유사하게, 고객뿐만 아니라 지역사회, 더 나아가 기업의 구성원까지 포괄하는 매우 광범위한 개념이다. 그는 기업이 이해관계자의 복지를 위해 경제적 책임뿐만 아니라 사회적·환경적 책임을 수행해야 한다고 주장하였다. 나아가, 기업의 사회적 책임은 단기적인 이익 창출을 위한 도구적 접근이 아닌, 장기적인 비전과 전략적 관점에서 접근해야 한다는 점을 강조하였다. 이 저서의 출간 이후, 기업의 사회적 책임의 필요성, 범위, 실행 방안 및 기대효과에 대한 논의는 학계와 실무계에서 지속적으로 심화되었으며, 이는 오늘날 CSR과 ESG 경영 담론의 이론적 토대가 되었다.[1]

약 10년 후인 1962년 9월 미국의 해양생물학자 레이첼 카슨(Rachel Carson)이 출간한 책「침묵의 봄(Silent Spring)」은 환경문제의 심각성을 집중적으로 조명한 최초의 학술서이며, 환경문제를 국가정책결정 테이블로 이끈 출발점이다. 이런 점에서 오늘날 ESG 개념의 출발점으로도 볼 수 있다. 무분별하게 남용되고 있는 살충제와 제초제의 위험성을 경고한 이 책이 출간되자마자 전 세계는 충격에 휩싸였고, 뉴욕타임스는 'Silent Spring is Now Noisy Summer' 라는 제목의 기사를 통해 환경오염의 공포와 경고의 메시지를 전 세계에 전달했다(Lee, 1962). 그러나 출간 직후 카슨을 향한 찬사와 동시에 격렬한 비난도 쏟아졌다. 미 농무부의 일부 관료들과 살충제·제초제 생산 기업들은 그

1 1930년대 Adolph Berlie 컬럼비아대 법대 교수와 Merrick Dodd 하버드대 법대 교수의 기업의 사회적 책임에 대한 논쟁이 있었다. 대공황 이후 기업의 역할과 책임에 관한 입장의 차이를 대변한 것으로, Berlie 교수는 기업의 목적이 주주의 이익을 극대화하는 데 있다고 보았으며, Dodd 교수는 기업이 주주의 이익 보호를 넘어 사회적 기관으로서 공익을 고려해야 한다고 보았다(유승권, 2022). 그러나 이 책에서는 최초의 학술서로 오늘날 CSR과 ESG에 직접적인 영향을 준 보웬의 저서를 태동기의 시작으로 보았다.

녀를 공산주의자로까지 몰아세우며 맹렬히 비판했다(임경순, 1996). 그녀의 과학적 전문성을 의심하며 성차별적인 언사까지 서슴지 않았다. 이러한 분위기 때문에 카슨은 자신의 글을 기고할 때 'R. L. 카슨'이라는 서명을 사용했는데, 이는 독자들이 필자를 남성으로 인식하도록 유도하기 위한 그녀 나름의 고육지책이었다.

하지만 카슨이 살충제나 제초제 사용 자체를 반대한 것은 아니다. 그녀는 무차별적인 공중살포를 지양하고, 천적 곤충을 이용한 방제, 선택적 지역방제, 생물학적 방제 등의 대안을 활용해야 환경오염을 줄이고 인체 피해를 최소화할 수 있다고 주장하였다(카슨/김은령 역, 1962). 예를 들어 불개미의 습성을 고려하여 개별 흙무더기마다 화학 약품을 선택적으로 살포하는 지역방제법이 효과적이며, 살포 시기도 신중하게 조정하여 익충에는 피해를 주지 않고 해충만 방제하는 방법을 사용할 것을 권고했다. 또한 해충의 수컷을 불임 처리한 후 자연에 방사하면 정상 수컷과의 경쟁에서 우위를 점해 결국 무정란이 생성되고 개체 수가 감소하는 방식도 대안으로 제시했다. 이처럼 카슨의 목표는 화학 방제의 무분별한 사용을 줄이고, 보다 지속가능하고 정밀한 해충 관리 방식을 도입하는 것이었다. 그러나 이를 반대하는 측에서는 카슨의 연구와 주장을 약화시키기 위해 다양한 음모와 압력을 가했다. 살충제 연구에만 연구비를 집중적으로 지원하고, 로비를 통해 항공기 살포 방식을 적극적으로 유도하는 등 화학 방제의 확대를 정당화하려는 시도가 이어졌다.

그럼에도 불구하고 「침묵의 봄」은 곧바로 미국을 비롯해 여타 다른 나라들의 환경 관련 법률 제정과 세부 환경정책으로 이어졌다. 이듬해인 1963년 미국 의회는 「대기오염방지법(the Clean Air Act)」을 통

출처. 우리문화신문. https://www.koya-culture.com/news/article.html?no=128595

과시켜 자동차 배기가스를 규제하기 시작했고, 1969년엔 「국가환경정책법(National Environmental Policy Act)」을 통과시켜 보다 종합적인 환경보호 정책의 시작을 알렸다. 이 법은 오늘날 100여 개 국가 환경정책의 모델이 되었다. 닉슨 대통령은 대통령자문위원회의 보고서를 받아들여 1970년 12월 환경문제를 종합적으로 관리할 환경보호청(Environmental Protection Agency)을 연방정부에 설립했고, 2년 후 환경보호청은 합성살충제인 DDT 사용을 공식적으로 금지하였다.

1970년 4월 22일에는 미국 상원의원 게이로드 닐슨(Gaylord Nelson)이 하버드 대학생과 함께 '지구의 날' 선언문을 발표했다. 이날 열린 첫 번째 지구의 날 행사는 인류 역사상 가장 많은 2천만 명 이상의 사람들이 참가해 환경문제의 심각성을 알리는 행사로 기록되었다. 이 행사에서 닐슨 상원의원과 참가자들은 그 전 해인 1969년 1월 발생한 캘리포니아 산타바바라 기름유출사고를 계기로 촉발된 환경문제의 심각성을 전 세계에 경고하였다.

비슷한 시기인 1968년, 이탈리아 사업가 아우렐리오 페체이의 주도로 유럽의 학자들이 로마에 모여 '지구의 유한성'을 주제로 환경문제의 심각성을 논의하였다. 이 회의 결과, 1972년 「성장의 한계(The Limits to Growth)」라는 보고서가 발표되었다(Keith, 1999). 이 보고서는 30여 개 언어로 번역되었으며, 3천만 부 이상 판매되어 역사상 가장 중요한 책 중 하나로 자리잡았다(Simmons, 2000). 자원의 고갈로 인해 경제성장이 지속될 수 없음을 경고한 이 메시지는 1973년 석유파동과 맞물려 더욱 주목받았다. 이 모임은 이후 '로마클럽'이라는 비영리조직으로 발전하였으며, 글로벌 이슈를 다루는 지식인, 정치가, 유엔 고위 관계자, 정부 고위 관료들이 모여 성장 이면에 감춰진 환경문제에 대한 경고를 지속적으로 제기하는 촉발제가 되었다.

미국과 유럽에서 개인이나 모임을 통해 시작되었던 환경문제에 대한 관심은 1970년대 들어 국제사회의 주요 이슈로 부상하였다. 1972년 6월, 스웨덴 스톡홀름에서 열린 유엔인간환경회의(United Nations Conference on the Human Environment: UNCHE)는 환경문제 논의가 개인적 차원에서 글로벌 문제로 확대되는 전환점을 맞이한 사건이었다. 각국 정부 대표단이 참석한 세계 최초 정부 차원의 국제 환경회의로서, 이 회의를 계기로 유엔 산하 환경 전문기구인 유엔환경계획(UN Environment Programme: UNEP)이 설립되었으며, 환경문제가 국제정치에서 중요한 화두로 떠오르게 되었다.

114개국이 참여한 회의 결과 채택된 전문과 26개 조항으로 구성된 스톡홀름 선언은 천연자원 보호, 신재생에너지 개발, 물 · 공기 오염 방지 등의 내용을 포함하고 있다. 주목할 점은 환경 보호의 중요성을 강조하면서도, 경제개발의 필요성 역시 인정하고 있다는 것이다. 환경 정책이 경제성장을 저해해서는 안 된다는 원칙을 명시하고 있으며, 선진국은 개발도상국이 경제개발과 환경보호 정책을 병행할 수 있도록 지원해야 한다는 조항도 포함되어 있다. 지속가능발전 개념이 공식적으로 등장한 1987년 브런트란트보고서 이전부터, 경제 개발과 환경 보존이 상충하는 개념이 아니라 조화를 이룰 수 있으며, 오히려 환경 보존을 위해 경제 발전이 필요하다는 인식이 1970년대 초반부터 존재했음을 보여준다.

1976년 발표된 OECD의 다국적기업가이드라인(OECD Guidelines for Multinational Enterprises on Responsible Business Conduct)은 환경 문제를 넘어 보다 포괄적인 지속가능발전 방안을 제시하며, 오늘날 ESG의 주요 구성 요소를 다수 포함한 기업 경영을 위한 중요한 지침서이다. 다국적기업의 책임 있는 경영 활동을 위한 가장 오래된 준거 기준으로, ESG 경영에 직접적인 영향을 미쳤다. 법적 구속력은 없지만, 기업이 사람·환경·사회에 미치는 부정적 영향을 방지하고 제거할 것을 권고하며, 환경, 고용, 인권, 부패, 정보 공개 등의 분야에서 지속가능한 발전을 추구해야 한다고 명시하고 있다. 1976년 이후 총 7차례 개정되었으며 2011년에는 인권 관련 장을 추가하였고, 가장 최근인 2023년 6월에도 개정이 이루어졌다(OECD, 2023).

가이드라인의 첫 번째 일반 원칙은 "지속 가능한 개발을 달성하기 위해 경제적, 사회적, 환경적 발전에 기여"할 것을 강조하며, 기업이 사회적으로 책임 있는 기업 시민으로서 모범을 보일 것을 요구하고 있다. 특히, 뇌물 공여, 뇌물 청탁 및 강요 방지 조항을 포함하여 윤리적 경영을 강조하며, 공정한 경쟁을 위해 자국뿐만 아니라 타국의 반트러스트법 및 독점금지법 준수를 의무화하고 있다. 또한 기업이 사회책임경영의 개념을 지속적으로 논의하고 구체적인 지침을 개발하기 위해 다양한 이해관계자들과 협력할 것을 권고한다. 아울러, 모범 기업지배구조

원칙을 지지하고 준수하며, 전사적으로 모범 기업지배구조 관행을 개발·적용할 것을 명시하고 있다. 오늘날 ESG에서 강조하는 지배구조 개혁 요소를 포함하고 있어, 가이드라인이 ESG의 근간이 되는 원칙을 상당 부분 반영하고 있음을 시사한다.

환경 문제가 인류 전체에 미치는 영향을 본격적으로 논의하기 시작한 것은 1987년 브런트란트 보고서(Brundtland Report)부터이다. 이 보고서는 1972년 유엔인간환경회의에서 다루어진 환경 문제를 정치적 안건으로 부각시킨 전환점이 되었으며, 이후 1992년 리우 회의와 1993년 지속가능개발위원회(Commission on Sustainable Development) 설립에 직접적인 영향을 미쳤다. 브런트란트보고서는 「우리 공동의 미래(Our Common Future)」라는 슬로건 아래, 현재와 미래 세대가 지속 가능한 발전을 누릴 수 있도록 환경을 훼손하지 않는 경제성장을 강조한다. 환경과 경제성장이 상충하는 개념이 아니라 조화를 이룰 수 있으며, 이를 달성하기 위해서는 개별 국가의 노력만으로는 불가능하기 때문에 국가 간 협력이 필수적임을 지적하고 있다. 환경문제뿐만 아니라 인구 증가, 빈곤, 식량 안보, 생물다양성 보존, 에너지 개발 및 보존 등의 다양한 문제가 서로 밀접하게 연결되어 있으며, 이러한 문제들은 전 세계적 협력이 없이는 해결될 수 없음을 경고하고 있다.

1992년, 세계 185개국 정부 대표단과 114개국 정상들이 참여한 유엔환경·개발회의(United Nations Conference on Environment and Development: UNCED), 일명 리우 지구정상회의(Rio Earth Summit)는 인간 중심의 지속가능한 개발을 촉구하는 중요한 전환점을 마련했다. 이 회의에서는 「환경과 개발에 관한 리우 선언」과 함께 환경 보호를 위한 실천적 계획인 「아젠다 21」이 채택되었으며, 유엔지속가능발전위원회가 설립되었다. 「아젠다 21」은 지속 가능한 발전을 위한 실천적 계획으로, 구속력은 없지만 모든 정부가 비슷한 목표를 세우고 실천할 것을 권고하고 있다. 「아젠다 21」은 네 가지 주요 부문—사회·경제적 발전, 자원의 보존과 관리, 소수자 및 지역사회 단체의 강화, 실행 수단—으로 구성되어 있으며, 총 40개의 아젠다 항목을 다루고 있다 (UN Sustainable Development, 1992).[2] 1972년의 스톡홀름 선언과 마찬가지로, 「아젠다 21」은 개발도상국들의 보건, 빈곤, 소비 패턴, 적절한 인구 성장, 환경 보호, 생물다양성 보존 등을 위해 선진국들이 적극적으로 지원할 것을 권고하고 있다.

교토의정서는 1997년 192개국이 채택하고 2005년부터 시행을 목표로 마련된 협약으로, 1992년 리우환경회의에서 체결된 기후변화에 관한 유엔기본협약(UNFCCC)의 추가의정서이다. 이 협약은 이산화탄소를 포함한 여섯 가지 온실가스 배출량을 1990년 대비 최소 5.2% 이상 감축하는 것을 목표로 삼았다. 이후 유엔기후변화협약 당사국총회(Conference of the Parties, COP)라는 명칭으로 매년 지구온난화 방지를 위한 회의가 개최되어 오고 있다. 최근 2024년 11월 아제르바이잔의 바쿠(Baku)에서 COP29가 막을 내렸으며, 오는 2025년 11월에는 브라질의 벨렘(Belém)에서 COP30이 개최될 예정이다.

하지만 교토의정서의 실효성에 대한 의문이 지속적으로 제기되었다. 가장 큰 문제는 협약이 법적 구속력이 없으며, 각국의 자발적 노력에 의존한다는 점이다. 우리나라는 1993년 12월 가입했으나, 미국은 2001년 비준을 거부하였고, 중국과 인도는 개발도상국이라는 이유로

2 「아젠다 21」에서 21은 21개 항목이 아니라 21세기를 뜻한다.

감축 의무에서 면제되었다. 이에 불만을 품은 캐나다는 2011년 공식 탈퇴하여 2012년 발효되었으며, 이후 일본과 러시아도 제2차 공약기간(2013-2020년) 참여를 거부하면서 온실가스 감축 의무를 이행하지 않았다. 결국, 전체 온실가스 배출량의 15%에 해당하는 국가들만 감축 목표를 유지하게 되어 교토의정서는 사실상 유명무실해졌다(박소영, 2011).

이러한 논란에도 불구하고 지속가능발전을 위한 국제사회의 움직임은 계속되었다. 1997년에 설립된 국제보고기준(Global Reporting Initiative: GRI)은 CSR과 ESG 경영평가를 위한 지속가능보고서의 표준지침을 제공하는 중요한 계기가 되었다. GRI는 유엔환경계획(UNEP)의 지원을 받아 설립된 비영리 기구로, 기업, 정부, 기타 기관들이 기후변화, 인권, 부패 등 글로벌 문제에 대응할 수 있도록 국제적인 기준을 마련하였다. GRI 표준은 크게 다음의 세 가지 주요 부분으로 나누어진다.

① 보편표준(General Universal Standards): 모든 조직에 적용되는 핵심 기준으로 경제, 사회, 환경에 미치는 영향을 측정
② 부문표준(Sector Standards): 화석연료 투자와 같은 환경에 영향을 미치는 특정 부문에 대한 영향 요인을 측정
③ 토픽표준(Topic Standards): 에너지, 생물다양성, 폐수처리 등 특정 분야에 관련된 영향요인을 측정

이 표준들은 GRI가 설립한 국제지속가능표준위원회(Global Sustainability Standards Board: GSSB)에서 3년마다 업데이트되며, 가

장 최근에는 2021년에 개정되어 2023년부터 발효되었다. 예를 들어 2021년 개정된 GRI 보편표준 두 번째 일반공개(General Disclosures) 기준은 조직의 투명성에 관한 항목으로 다음의 다섯 가지 조항을 포함한다.

① 조직 관련 사항(조직명과 본부의 위치, 활동 지역)
② 구체적 활동과 직원(제품, 서비스, 공급망, 협력관계 등)
③ 지배구조(이사회의 독립성, 이사 구성과 근속년수, 다양성 등)
④ 전략과 실무(지속가능발전 전략, 실무자의 임무, 이해관계자의 인권 보호, 전략과 핵심 사업과의 연계성 등)
⑤ 이해관계자와의 소통(이해관계자들의 범위, 상호작용의 목적, 소통 방법 등)

〈표 3-1〉은 성별에 따른 직원 정보 공개 양식의 예시이다. 이 표에는 성별에 따라 총직원수, 상시 근로자수, 파트타임 근로자수 등 다양한 직원에 관한 정보를 기입하도록 되어 있다. 이들 항목들은 기업이 자사의 인력 현황을 투명하게 공개하고, 지속가능한 경영을 실현하는데 중요한 역할을 한다.

표 3-1 성별에 따른 직원 정보공개 양식 (단위: 명)

[보고 기간]				
여성	남성	그 외의 性*	비공개	합계
전체 인원				
정규직				
비정규직				
일시계약직				
상근직				
비상근직				

* 직원 스스로 밝힌 본인의 性
출처: GRI.(2024). GRI2: General Disclosures 2021. p.17

2) 거시적 환경(국내)

기업의 사회적 책임에 대한 논의가 미국과 유럽을 중심으로 본격적으로 전개되던 시기, 한국은 1960년대까지 뚜렷한 경제성장을 이루지 못한 상태였다. 일제강점기 동안 일부 경공업이 발전하기는 했지만, 한국전쟁 이후 한국 경제는 주로 미국의 경제 원조에 의존하며 정체되어 있었다. 이후 박정희 정부는 경제개발 5개년 계획을 추진하면서 경공업 중심의 산업구조를 중화학 공업 중심으로 전환하였고, 이를 바탕으로 '한강의 기적'이라 불리는 급속한 경제성장을 이루었다. 그러나 1997년 외환위기는 한국 경제의 구조적 한계를 드러내며 경제 체질을 근본적으로 변화시키는 계기가 되었다. 기업 구조조정을 통해 재무 건전성을 강화하고, 부실 금융기관을 정리하여 금융 시스템의 안정성을 높였으나, 노동시장에서의 유연성 강화와 함께 정리해고와 비정규직 고용 확대가 진행되면서 실업 증가와 소득 불평등 심화 등 새로운 사회적 문제가 나타나게 되었다.

놀랄 만한 경제성장의 뒤에는 공공기관의 중요한 역할이 있었다. 1960년대는 현대적 의미의 공공기관이 탄생한 시기로, 한국전력주식회사[3]와 대한주택공사 등이 설립되었고, 산업 기반이 미비한 상황에서도 경제성장에 기여했다.[4] 대규모 재벌그룹의 탄생도 이 시기와 맞물려 있었으며, 철도, 우정사업, 전매사업 등 여러 분야에서 공기업이 경제발전을 이끌었다(유훈 외, 2010). 당시 정부 중심의 산업화 정책은 '경제발전 제일주의' 아래 대규모 공기업을 설립하고, 대기업과 함께 수출 전선의 맨 앞에 서게 하는 방식이었다(방민석·김정해, 2003). 하지만 공기업이 경제적 목적보다 정치인들의 선거자금 통로나 고위 관료들의

3 한국전력주식회사는 1961년에 설립된 초기 명칭으로, 1982년부터 한국전력공사로 변경되었다.

4 한국 공기업의 역사는 120년이 넘었으며, 그 시초는 근대 통신, 전기, 철도 사업과 함께 시작되었다. 1885년 한성전보총국이 설립되었으며, 1887년 경복궁 건청궁에 우리나라 최초의 전기 점등이 이루어졌고 2년 뒤인 1898년에 한국전력공사의 모태인 한성전기가 설립되었다. 그리고 한성전기보다 먼저 1894년 현 한국철도공사로 이어지는 대한제국 공무아문 철도국이 창설되었고, 1899년 우리나라 최초의 경성전차가 운행을 시작하였다. 하지만, 이 책에서는 현대적 의미의 공공기관이 탄생한 1960년대를 그 시작점으로 본다.

퇴직 후 자리를 마련하는 수단으로 전락하는 등 구조적 문제도 존재했다(김준기, 2001, p. 86-7). 이러한 문제는 세계적인 신자유주의 흐름과 맞물려 김대중 정부가 공기업의 경영 효율성 개선을 위해 민영화를 추진하는 계기가 되었다.

재벌 중심의 경제체제 구축과 더불어 1980년대 신자유주의의 등장은 산업정책의 방향을 공기업에서 재벌 중심으로 전환시켰으며, 이에 따라 공기업의 비중은 점차 감소하기 시작했다. 신자유주의는 작은 정부와 시장 자율성을 강조하는 경제 이론으로, 정부의 경제 개입 축소와 민영화를 핵심 원칙으로 삼는다. 이로 인해 공기업의 민영화가 주요 경제정책으로 부상하였고, 경쟁력을 갖춘 재벌 주도의 경제 구조로의 전환이 촉진되었다. 1980년대 이후 공기업들은 비효율성, 경영 부실, 정치적 임용, 무리한 정책 사업 추진 등의 문제로 인해 민간기업보다 경쟁력이 떨어진다는 평가를 받았다. 당시 공기업은 경제성장의 핵심 주체로 간주되지 않았으며, 사회적 책임 논의보다는 경제발전이 우선시되었다. 그러나 1993년 문민정부 출범과 함께 민주화가 확산되면서, 박애주의에 입각한 소외계층 지원, 기부, 자원봉사에 대한 논의가 점차 등장하기 시작했다.

기업에서 시작된 CSR 개념은 1997년 외환위기 이후 정부의 공정사회 구축을 위한 경제정책과 맞물려 공공기관으로 확대되었다. 증가하는 사회문제가 정부나 기업만의 노력으로 해결되기 어렵다는 인식에서 비롯되었다. 서구에서는 정부·민간기업·제3섹터 간 협력을 강조하는 뉴거버넌스 이론이 주목받기 시작했으며, 한국 정부는 기업의 자발적 CSR 활동을 장려하는 한편, 공공기관을 활용해 공공서비스 제공의 효율성을 높이고 지역사회에 기여하는 방안을 모색했다. 이러한 변화 속에서 공기업뿐만 아니라, 정부 위탁사업을 수행하는 준정부기관과 국책 연구기관 등 기타 공공기관도 예외 없이 CSR 개념을 적용받게 되었다. 모든 공공기관은 국민경제 발전이라는 경제적 가치뿐만 아니라, 공공을 위한 필수서비스 제공이라는 사회적 가치를 동시에 추구해야 한다는 의미였다.

3) 아이디어

초기 사회적 책임 개념은 일부 기업가들의 박애주의 정신에서 비롯되었다. 이들은 기업의 목표를 이윤 창출에 국한하지 않고, 사회와 공존해야 한다는 이타주의적 입장을 취하였다. 보웬(1953)은 사회적 책임을 기업의 행위가 사회의 목적과 가치에 부합하도록 하는 책무로 정의하였으며, 동시대 연구자들 또한 경제적 이익을 넘어 공익을 중시하는 태도를 강조하였다. 이들은 사회적 책임을 사회적 양심의 실천, 경제적 자원의 공익적 활용, 그리고 기업이 이해관계자의 이익을 함께 고려해야 한다는 관점에서 해석하였다(Carroll, 1999; Davis, 1960; Frederick, 1960). 기업은 사회 구성원으로서 다양한 이해관계자들과 사회계약(social contract)을 맺고 있으며, 건전한 시민의식을 실천해야 한다는 인식을 공유하였다(김유현 외, 2018).

기업시민 의식의 강조에는 기업의 반윤리적 행태에 대한 반성이 자리잡고 있었다. 1990년대 소련의 몰락으로 시작된 동유럽 사회주의 붕괴와 민주화의 가속, 서구의 신자유주의에 대한 회의와 복지국가의 위기, IT 혁명과 경제민주화에 대한 열망은 경제적 가치 추구에만 몰입된 자본주의에 대한 반성으로 표출되었다. 시민사회의 성장과 사회적 가치의 중요성은 기업의 비윤리적인 행태를 더욱 부각시켰다(주성수, 2000). 점차 기업의 부정부패, 환경파괴, 탈세, 불공정 거래 등의 문제점이 기업 활동의 정당성을 위협하기 시작했다. 1990년대 초 뉴욕타임즈는 인도네시아 나이키 공장에서 벌어진 아동 노동자들의 고용과 학대를 폭로하였고, 1995년 쉘(Shell) 석유회사의 기름 유출로 인한 그린피스의 항의 시위, 인도에서 수천 명의 사상자를 낸 유니온 카바이트사의 보팔 참사, 중국 기업의 멜라닌 분유 사태로 인한 유아 사망과 집단 발병 사태 등은 기업의 이윤 추구가 초래한 사회적 비용에 대한 경고를 울리는 계기가 되었다(Porter & Kramer, 2006).

사회의 다양한 이해관계자와의 공존을 주장한 초기 사상은 이해관계자 이론으로 발전하여 사회적 책임 연구의 대표 이론으로 성장하였다. 철학자이자 버지니아대학교 경영학 교수인 에드워드 프리맨(R. Edward Freeman)은 기업과 사회의 상호의존성을 강조하였다. 기업의 생존과 성장이 구매력이 있는 사회의 이해관계자들에 의존하고 있으므로, 기업은 이들의 요구를 적극적으로 수용해야 한다고 주장하였다. 반면, 신자유주의 경제학자인 밀턴 프리드만(Milton Friedman)은 시장의 규칙을 위반함 없이 자신이 가진 자원을 이용하여 이윤을 극대화하는 것이 기업의 유일한 사회적 책임이라고 보았다. 기업이 이윤 극대화가 아닌 사회적 책임을 수용하는 것은 자유사회의 근간을 흔드는 일이라 주장했다.

밀턴 프리드만의 사상은 경제학의 아버지라 불리는 아담 스미스(Adam Smith)의 자유주의 경제학에 기초를 두고 있다. 경제 주체들이 각자 자기 이익을 위해 최선을 다할 때, 경쟁 시장의 '보이지 않는 손(Invisible hand)'에 의해 사회 전체의 후생이 극대화된다고 믿었다. 따라서 사익을 추구하는 개인에게 공익을 위한 행동을 요구할 필요는 없다는 것이다. 오히려 전통적 기업의 생산 활동 이외의 비용을 지출하게 함으로써 소비자의 부담으로 돌아가고, 결국 전체적인 사회 후생 수준을 떨어뜨린다는 논리다. 1776년에 출간된 「국부론」에서 그는 "우리가 저녁을 먹을 수 있는 것은 푸줏간 주인, 양조장 주인, 혹은 빵집 주인의 자비심 덕분이 아니라, 자신의 이익을 추구하려는 그들의 욕구 때문"이라며 경제 활동의 근간이 이타심이 아니라 개인의 이기심에서 나온다고 보았다(Carroll & Buchholtz, 2014 재인용).

하지만 고전 경제학자들이 말하는 이윤 추구는 단순히 최대한 많은 이윤을 얻는 것이 아니라, 시장 질서와 법적·윤리적 규범을 준수하는 범위 내에서의 이윤 창출을 의미한다. 애덤 스미스를 비롯한 고전 경제학자들은 시장에서의 자유 경쟁이 경제적 효율성을 높이고 사회 전체의 부를 증대시킨다고 보았지만, 이는 법과 도덕적 원칙을 따르는 공정한 경쟁을 전제로 한다. 아담 스미스는 「국부론」이 출간되기 17년 전 발표한 「도덕감정론」에서 개인의 행동이 타인의 시각에서 공감을 얻을 수 있는 사회적 규범 안에서만 정당화될 수 있다고 주장했다. 이는 경제활동이 단순한 이기심의 발현이 아니라, 사회적 규범을 존중하는 윤리적 행위로 이어져야 함을 강조한 것이다.

그러나 이 당시 한국 공공기관의 사회적 책임의 중심에는 박애주의에 의거한 자선활동보다 경제적 효율성이 우선하였다. 공공기관은 정부 주도의 경제 개발과 함께 공적 역할을 수행하는 것이 주요 임무였다. 1960-70년대 국가 주도 산업화 과정에서 공공기관은 특정 산업 육성, 사회 기반 시설 확충, 고용 창출 등 경제 발전을 지원하는 역할을 담당하였다. 이 시기 공공기관의 사회적 책임은 경제적 효율성을 극대화하고 국가 발전을 이루는 데 집중되었으며, 서구적 개념의 사회 공헌보다는 정부 정책 수행을 통한 공적 가치 실현에 초점이 맞춰졌다.

점차 1997년 외환위기 이후 공공부문 개혁이 본격화되면서 공공기관의 역할에 대한 재정립이 이루어졌다. 특히 공기업 민영화, 경영 효율성 강화, 성과 중심의 조직 운영이 강조되면서 공공기관의 사회적 책임도 정부 정책 수행을 넘어 지속 가능한 발전과 사회적 가치 창출로 확대되었다. 2000년대 이후 '공공기관의 사회적 책임' 개념이 도입되었고, 2010년대 들어 정부는 공공기관 경영평가에 사회적 가치 실현 항목을 포함하면서 이를 제도화하였다. 한국 공공기관의 사회적 책임은 경제 개발 시기에는 국가정책 수행에 집중되었으나, 외환위기 이후 민간기업과 유사한 사회적 역할을 요구받으며 점차 확대되었다.

제도변화의 결정요인

1) 자율적 규범과 강제적 규제(국외)

레이첼 카슨의 「침묵의 봄」이 환경문제를 정치의 장으로 끌어들인 이후, 국제사회는 다양한 협정과 선언을 통해 전 지구적 문제에 대응하려는 노력을 지속적으로 이어왔다. 유엔과 OECD를 중심으로 한 일련의 국제 규약들은 법적 구속력은 없지만, 기업과 공공기관의 사회적, 환경적, 경제적 활동에 있어서 표준지침 역할을 해왔다. 1972년 유엔인간환경회의 선언과 1976년 OECD의 다국적기업 가이드라인은 기업 활동의 부정적 영향을 최소화하기 위해 환경, 고용, 인권, 부패, 정보공개 등의 분야에서 지속 가능한 발전을 추구할 것을 권고하였다.[5]

같은 맥락에서, 1987년 브런트란트보고서는 환경과 경제의 조화로운 성장을 위해 국가 간 협력을 강조하였다. 이 보고서의 목표는 "현재 세대의 필요를 충족시키되, 미래 세대가 그들의 필요를 충족시킬 능력을 저해하지 않는 발전"을 이루는 것이다. 환경문제뿐만 아니라, 인구 증가, 빈곤, 식품 안전, 생물다양성 보존, 에너지 자원 관리 등 전 지구적인 문제들이 한 국가의 노력만으로는 해결될 수 없다는 인식을 강화했다. 이를 기반으로 국제사회는 지속가능성 개념을 정책 및 경제 활동에 통합하기 시작했다. 구체적인 법적 규제를 직접적으로 도입한 것은 아니지만, 이후 많은 국가와 국제기구들이 환경 규제를 강화하는 데 큰 영향을 미쳤다. 환경파괴를 막기 위한 무분별한 개발 제한, 대기 및 수질 오염 문제 해결을 위한 국제적 협력 촉구, 그리고 환경친화적인 기술 개발 및 도입 장려 등을 통해 각국 정부가 환경적 책임을 다하도록 유도하는 규제 및 인센티브를 제공하였다.

환경과 지속가능성에 대한 국제적 공감이 형성되면서, 유엔환경계획(UNEP)과 유엔 전문기구인 세계기상기구(WMO)는 기후변화 문제에 전 세계 국가들이 공동 대응할 수 있도록, 1988년 기후변화에 관

5 유엔과 OECD를 중심으로 제시된 일련의 국제 규약들을 자율적 규범으로 분류한 이유는 ①법적 구속력이 없고, ②자발적 참여를 원칙으로 하며, ③이행을 전제로 한 국제적 합의이고, ④이행할 것이 기대되고, 평가 대상이 됨으로써 규범적 압력으로 작용하기 때문이다.

한 정부간 협의체(Intergovernmental Panel on Climate Change: IPCC)를 설립하였다. IPCC의 주요 임무는 기후변화가 인간 활동에 미치는 위험을 과학적으로 규명하는 것이다. 전문적인 연구기관은 아니지만, 기후변화에 관한 국제연합 기본 협약(UN Framework Convention on Climate Change: UNFCCC; 약칭 기후변화협약)의 실행에 관한 보고서를 발행하는 것이 주 임무이다.

UNFCCC는 기후변화가 초래할 여러 위험을 인정하고, 지구온난화의 규제 및 방지를 위한 국제협약이며, 이 협약의 수정안이 바로 교토의정서이다. UNFCCC는 '공동의 그러나 차별화된 책임(common but differentiated responsibilities)' 원칙을 채택하여 선진국과 개발도상국이 각자의 능력에 맞게 온실가스를 감축하자는 불균형적 책임을 명시하였다. 1992년 리우 선언은 환경 보호와 경제 발전의 통합을 강조하며, 모든 국가가 환경을 해하지 않고 지속 가능한 개발을 실현하기 위해 협력해야 한다고 촉구했다. 이 회의에서 채택된 기후변화협약과 생물다양성협약은 기후변화 문제와 생태계 보호를 국제적으로 제도화하려는 중요한 기초가 되었다. 이 협약들은 회원국들이 자발적으로 참여하되, 기후변화와 생물다양성 손실에 대한 구체적인 행동계획을 수립하도록 유도했다. 〈표 3-2〉에 제시된 것처럼 기후변화협약은 교토의정서(1997)와 파리협정(2015) 등의 구체적인 합의를 이끌어내는 데 기여했지만, 협약의 비구속성을 합의사항에 명시하여 약속일 뿐 구속력은 없다.

표 3-2 기후변화협약의 내용

합의 사항	내용
1. 기후변화에 대한 대응 필요성 인식	기후변화가 인류에게 심각한 위협을 가할 수 있다는 사실을 인정하고, 이를 해결하기 위해 국제적인 대응 강조
2. 온실가스 감축	위험한 기후변화로부터 지구 환경을 보호하기 위해 각국은 자발적으로 온실가스 배출량을 제한하거나 줄이기 위해 노력
3. 공동의 그러나 차별화된 책임	온실가스 배출에 더 책임이 있는 선진국이 더 적극적으로 기후변화 문제 해결에 기여해야 하며, 개발도상국은 자원의 제약 속에서도 가능한 한 협력
4. 개발도상국에 대한 지원	선진국이 개발도상국의 기후변화 대응 및 지속 가능한 개발을 지원하기 위해 재정적·기술적 지원
5. 정기적인 검토와 보고	협약 당사국들은 온실가스 배출량과 기후변화 대응 조치에 대한 보고서를 정기적으로 제출
6. 협약의 비구속성	기본적인 틀을 제공하는 협약으로 법적구속력이 있는 구체적인 온실가스 감축목표나 제재 조치는 포함되지 않음

출처: U.N.(1992). United Nations Framework Convention on Climate Change.

1997년 교토의정서는 이산화탄소를 비롯한 여섯 종류의 온실가스 배출량을 1990년 수준보다 적어도 5.2% 이하로 감축할 것을 목표로 제시했다. 최초의 국제적인 온실가스 감축 목표를 설정한 협약으로, 기후변화 대응을 위해 선진국들이 법적 의무를 지게 되는 계기가 되었다. 하지만 각국에서 자발적으로 온실가스 감축을 위한 노력을 권고하기 위해 만든 협의체로서 법적 구속력을 갖고 있지 않아 실효성에는 한계가 있다. 온실가스 감축 의무는 오직 선진국에게만 적용되며, 탄소 배출량이 가장 많은 중국이나 인도가 포함되지 않고, 미국의 비준 거부, 캐나다 등의 탈퇴로 사실상 유명무실해졌다. 우리나라는 1993년부터 이 협의체에 가입되어 있다. 하지만 교토의정서에 의해 배출권 거래제(Emission Trading)[6]와 청정개발체제(Clean Development Mechanism, CDM)[7] 등이 도입되어 오늘날 우리나라를 포함한 많은 국가에서 환경오염을 줄이고 친환경 공정을 유도하는 전략으로 사용되고 있다.

2) 자율적 규범과 강제적 규제(국내)

국제사회에서 자율적 규범의 형태로 등장한 국제협약과 선언은 국내 기업에도 영향을 미쳤으며, 초기 사회공헌 활동이 시작되는 계기가 되었다. 1970-1980년대 설립된 아산재단과 삼성복지재단은 장학금 지원, 아동·장애인·노인 복지 사업 등을 통해 공익 활동의 기반을 마련했다. 이들 재단은 그룹 산하 병원을 통해 의료 서비스를 확대하고 공익의료를 제공하기 시작했으며, 현재까지도 저소득층과 사회적 약자를 위한 의료 지원 사업을 활발히 이어가고 있다. 또한 LG그룹, SK그룹, 포스코 등 주요 대기업들도 장학금 및 학술 연구 지원, 환경 보호 캠페인, 취약계층 지원, 문화예술 후원, 교육 환경 개선 등 다양한 사회공헌 활동을 펼쳐왔다. 이러한 활동들은 자발적으로 시작되었으나, 기관 이미지와 밀접하게 연관되면서 사실상 보이지 않는 규제처럼 작용해 왔다.

한편 국제사회에서 사회적 책임에 대한 요구가 구체화되면서 각국

6 정부가 온실가스를 배출하는 사업장에 대해 연간 배출권을 할당하고, 사업장은 할당된 범위 내에서 온실가스를 배출할 수 있도록 하는 제도. 할당된 사업장의 실제 배출량을 평가한 후, 배출권의 잉여분이나 부족분에 대해서는 다른 사업장과의 배출권 거래를 허용하여 효율적인 배출 관리와 감축을 촉진한다.

7 선진국(배출 감축 의무국)이 개발도상국에서 온실가스를 줄이기 위한 프로젝트를 시행하고, 그로 인해 감축된 온실가스 배출량을 탄소배출권으로 인정받을 수 있는 메커니즘.

의 법률에 반영되었으며, 결과적으로 공공기관 운영에 직접적인 규제로 작용하였다. 미국의 「대기오염방지법」과 「국가환경정책법」에 이어, 우리나라도 1971년 「공해방지법」을 제정하고, 1977년 이를 개정한 「환경보전법」을 도입하였으며, 1990년 이후 환경 관련 법률 51개가 잇따라 제정되면서 실질적인 효력을 발휘하게 되었다. 이러한 법률들은 공공기관이 대기, 수질, 토양 등의 오염을 방지하고 환경 보전을 위해 적극적으로 노력해야 한다는 내용을 명시하고 있다. 아래 〈표 3-3〉은 공공기관 운영에 영향을 미치는 주요 환경 관련 법률들을 정리한 것이다.

또한 환경 보호, 노동권, 인권, 투명성 등 국제 기준이 국내법으로 구체화됨에 따라 모든 공공기관은 이를 준수해야 할 법적 의무를 갖게 되었다. 이에 따라 초기에는 자발적으로 이루어지던 사회적 책임 활동이 시간이 지나면서 점차 규제의 성격을 띠게 되었다. 국제적 요구와 국내 규제가 맞물리면서 사회적 책임은 기관 이미지 관리 차원을 넘어 경영의 필수 요소로 자리잡게 되었다.

표 3-3 사회적 책임에 관한 주요 환경 관련 법률

대기오염 및 기후 변화 관련 법률	폐기물 및 자원 순환 관련 법률
기후위기 대응을 위한 탄소중립·녹색성장 기본법 (2021) 온실가스 배출권의 할당 및 거래에 관한 법률 (2012년) 수소경제 육성 및 수소 안전관리에 관한 법률 (2020년)	폐기물관리법 (1991년) 자원의 절약과 재활용 촉진에 관한 법률 (1992년) 순환자원 이용 촉진 및 재활용 활성화에 관한 법률 (2016년)
토양 및 환경오염 관련 법률	**자연환경 및 생물다양성 관련 법률**
환경정책기본법 (1990년) 화학물질관리법 (2013년) 유해화학물질 관리법 (1990년)	자연환경보전법 (1991년) 산림자원의 조성 및 관리에 관한 법 (2005년) 생물다양성 보전 및 이용에 관한 법 (2012년)

환경영향평가 및 환경 관리 법률	에너지 및 녹색성장 관련 법률
환경영향평가법 (1993년) 환경개선부담금법 (1994년) 환경기술 및 환경산업지원법 (1995년)	에너지기본법 (2006년) 신재생에너지개발·이용·보급 촉진법 (2004년) 에너지 이용 합리화법 (1995년) 녹색건축물 조성 지원법 (2013년)

예를 들어 「폐기물관리법」, 「자원의 절약과 재활용 촉진에 관한 법」, 「순환자원 이용 촉진법」 등은 공공기관이 자원의 효율적 사용과 재활용을 통해 자원 순환 경제(circular economy)를 실현하도록 유도한다. 공공기관은 환경 관련 법률과 정책을 준수하면서, 에너지 절감, 자원 절약, 탄소 배출 감축 등의 목표를 달성하기 위해 다양한 지속 가능한 환경 경영전략을 도입하고 있다. ESG 보고서를 통해 지속 가능 경영 활동을 투명하게 공개하고, 다양한 이해관계자들과 적극적으로 소통하고 있다. 이러한 노력은 공공기관이 친환경 경영 문화를 선도하는 역할을 수행할 뿐만 아니라, 기업과 시민사회에까지 긍정적인 영향을 미쳐 전반적인 사회적 책임 의식과 지속가능성 의식 확산에 기여한다. 한 예로, 공공기관들은 친환경 제품을 우선적으로 구매 및 사용함으로써 환경 친화적 소비를 촉진하고, 나아가 공급망 전반에 걸쳐 친환경 경영 관행을 정착시키는 데 기여하고 있다.

이 외에도, 1960년대 후반부터 이어진 공기업 민영화와 1983년 도입된 정부투자기관(정부가 출자한 공기업과 준정부기관) 대상 공공기관 경영평가는, 2007년 「공공기관의 운영에 관한 법률」로 통합되기까지 신자유주의에 기반하여 공공기관의 효율성과 생산성 향상에 중점을 두었다(장지인 외, 2013). 1980년대 신자유주의의 영향으로 경제 운영의 초점이 정부 주도형에서 민간 주도형으로 이동하는 전환기를 맞이하였으며, 공기업도 사업 확장보다는 기존 사업의 효율적 운영과 생산성 및 국제경쟁력 향상에 주력하게 되었다. 민영화는 이러한 민간 주도형 경제 질서를 구축하는 주요 수단으로 활용되었다. 또한 1983년 제정된 「정부투자기관관리기본법」에 따라 이사회는 민간 위원과 정부 이사로 구성된 비상임이사 체제로 재편되었으며, 사장과 이사장의 분리로 견제 기능을 강화하는 동시에 자율성을 보상하는 책임경영제도가 도입되었다(정부투자기관관리기본법, 1983).

1980년대 한국 경제발전 과정에서 공공기관은 핵심적인 역할을 담당했으나, 일부 공공기관의 비효율적 운영, 낮은 생산성, 부실한 재정 상태 등의 문제점들이 대두되면서 경영평가 시스템의 도입 필요성이 제기되었다. 정부투자기관 대상 경영평가는 공공기관의 경영 성과, 재무 상태, 조직 운영 등을 체계적으로 평가하여 공공기관이 더욱 효율적이고 투명하게 운영되도록 유도하는 것을 목표로 하였다. 당시에는 현대적 의미의 사회적 책임보다는 경영 효율성 제고, 경영 성과에 대한 책임 강화, 성과 중심의 조직문화 확립, 조직 운영의 투명성 향상 등에 중점을 두었다.

3) 위기요인

군사정권의 집권, 민주화 운동과 시민사회의 성장, 급속한 경제성장에 따른 양극화, 외환위기 등 태동기 한국이 겪은 정치·경제적 도전들은 공공기관의 역할과 사회적 책임을 재정립하는 계기가 되었다. 1960-70년대에는 정부 주도의 경제개발 계획이 중심이었으며, 공기업들은 이를 실행하는 핵심 도구로 기능했다. 철강, 전력, 석유, 교통 등 주요 산업을 육성하기 위해 정부는 공공기관을 설립·운영했으며, 사회적 책임의 초점은 국가 발전과 산업 인프라 구축에 맞춰졌다. 이 시기 공공기관의 주요 역할은 경제성장의 기반을 마련하고 국민의 기본적인 생활을 보장하는 것이었으며, 이를 통해 국민 복지 향상에도 일정 부분 기여했다. 당시 공공기관의 사회적 책임은 주로 국민경제 발전과 일자리 창출에 집중되었으며, 환경보호나 노동자 권리 보장과 같은 현대적 의미의 사회적 책임은 상대적으로 우선순위에서 밀려났다.

1980년대에는 민주화 운동의 확산과 함께 경제성장뿐만 아니라 사회적 형평성, 노동자 권리, 공공 서비스의 질 향상에 대한 관심이 커졌다. 이에 따라 공공기관은 경제 발전의 도구에서 벗어나 공공서비스 제공자로서의 역할을 더욱 강화하기 시작했다. 특히, 1973년과 1979년 두 차례의 오일쇼크는 한국 정부와 공기업에 에너지 안보의 중요성을 인식시키는 계기가 되었다. 에너지 공기업들은 국내외 에너지 자원 확보와 안정적인 공급망 구축을 최우선 과제로 삼았으며, 이는 국가 경제와 국민 생활을 보호하는 사회적 책임으로 간주되었다.

1997년 IMF 외환위기는 한국 경제에 심각한 충격을 주었으며, 공공기관도 대대적인 구조조정과 개혁의 대상이 되었다(국토교통부, 2019). 재정 효율성에 대한 요구가 높아지면서 공기업들은 경영 효율화와 투명성 강화에 대한 압박을 받았다. 정치적으로도 혼란스러운 시기로, 문민정부 출범 이후 민주화 요구가 거세졌으며, 김대중 정부 이후 시민사회의 급속한 성장과 함께 기업과 공공기관의 사회적 책임이 더욱 강조되기 시작했다. 공공기관은 공공서비스 제공자를 넘어, 글로벌 트렌드에 맞춰 사회적 책임을 강화하는 방향으로 운영 방식을 개선해야 했다. IMF 위기 이후 심화된 사회적 불평등과 실업 문제 해결에 대한 요구가 커지면서, 공공기관들은 지속 가능한 성장과 사회적 기여를 고려한 경영전략을 점진적으로 추진하기 시작했다.

4) 기관목표와 행위자

경제 발전과 경영 효율성에 집중하여 운영되어 온 초기 공공기관에게 복지와 사회적 책임 이슈는 정치적 의미에서 언급되었을 뿐 구체적인 실행으로 이어지지는 못했다. 당시 경제기획원은 정부 주도의 경제개발을 총괄하는 컨트롤타워 역할을 하였으며, 공공기관은 국가 경제성장 목표를 달성하기 위한 중요한 도구로 간주되었다. 1984년부터 시행된 정부투자기관 경영평가는 공공기관이 국가 산업 발전에 기여한 정도를 기준으로 평가되었으며, 사회적 책임보다는 효율성과 생산성이 핵심 평가 요소로 부각되었다. 공공기관들은 경제 개발 계획을 실행하는 데 중요한 역할을 했으나, 근로자 권리, 환경 보호, 지역사회 기여 등 현대적 의미의 사회적 책임은 상대적으로 간과되었다. 경제성장이 국가적 최우선 과제로 설정되었기 때문이며, 노동 정책 또한 경제성장에 필요한 노동력을 활용하는 데 중점을 두었다.

전두환 정부(1980-1988년)는 '국민 모두 잘사는 사회'를 내세우며 복지와 분배 정책을 일부 강조했으나, 공공기관의 주요 목표는 여전히 경제 효율성과 산업 발전이었다. 복지와 사회적 책임은 부차적인 사안으로 취급되었고, 노동운동은 오히려 탄압받는 경향을 보였다. 이 시기 공공기관 경영진의 책임성을 강화하려는 변화가 시작되었으나, 여전히 초기 단계에 머물렀다. 다만 전두환 정부 말기에는 공공기관의 경영 효율성뿐만 아니라 책임 경영과 공익성 제고가 중요한 과제로 떠오르기 시작했으며, 공기업이 국가 주도의 경제 집행 도구에서 벗어나 공공성을 중시하는 경영체제로 변화해야 한다는 인식이 싹트기 시작했다. 1987년 6월 민주항쟁 이후, 노태우 정부(1988-1993년)는 정치적 민주화를 추진하면서 지역갈등 해소와 사회복지 확대에 대한 관심을 높였다. 민주화가 진행됨에 따라 정부와 공공기관의 역할에 대한 재검토가 이루어졌으며, 지역 간 경제 격차와 사회적 불평등 문제 해결을 위한 공기업의 역할이 논의되었다.

김영삼 정부(1993-1998년)는 시장 경제의 효율성을 강화하기 위해 공기업 개혁을 추진하며 구조조정과 민영화를 주요 과제로 삼았다. 이로 인해 복지와 사회적 책임에 대한 논의는 후순위로 밀렸다. 1998년 출범한 김대중 정부(1998-2003년)는 IMF 외환위기 극복 과정에서 공공기관의 역할을 재조명하고, 사회적 약자를 위한 복지 정책을 강조했다. 그러나 재정경제원(후에 재정경제부)이 주도한 정책은 여전히 공공기관의 경영 효율성과 구조조정에 초점을 맞췄다(임도빈, 2008). 다만 이 시기부터 노동자 권익 보호, 지역사회 기여, 환경 보호 등 다양한 사회적 책임 이슈가 본격적으로 논의되기 시작했으며, 시민사회의 영향력이 확대되었다. 시민단체들은 공공기관의 투명성과 책임성을 높이는 데 중요한 감시자 역할을 수행했으며, 공공기관의 사회적 책임 활동에 대한 외부 압력으로 작용했다(장지인 외, 2013).

결론적으로, 태동기 한국의 공공기관은 국가 경제 성장과 경영 효율성에 초점을 맞춘 도구로 기능했으며, 사회적 책임과 복지에 대한 요구는 민주화와 시민사회의 성장에 따라 점진적으로 확대되었다.

제4장

확산기
(2000-2016년)

제도적 맥락

1) 거시적 환경(국외)

이 시기 책임경영에 대한 국제적인 관심과 요구는 유엔을 중심으로 더욱 체계화되었으며, 우리나라를 포함한 전 세계 국가와 기업으로 확산되었다. 2000년 유엔글로벌컴팩트(UN Global Compact: UNGC)는 전 세계 기업에 지속 가능하고 사회적으로 책임 있는 행동을 할 것을 권고하고, 그 실행 결과를 유엔에 보고하도록 촉구하였다. 2007년 회의에서는 기업뿐만 아니라 정부와 공공기관도 사회적 책임을 다할 것을 권고하며, 책임경영의 적용 범위를 확대하였다(라영재, 2012, p. 2). 유엔글로벌컴팩트는 전 유엔 사무총장 코피 아난의 제안으로 만들어진 국제협약으로, 기업의 경영활동에 사회적 책임을 접목시키기 위해 출범하였다. 2025년 3월 현재 167개국 25,493개 기업과 공공기관들이 참여하고 있는 세계 최대의 지속가능성 및 책임경영 이니셔티브이다(Uunited Nations, 2025).[8] 특히 2007년 회의에서는 '책임 있는 경영'을 주제로, 기업이 자발적으로 인권, 노동, 환경, 반부패 등 4개 분야에서 10대 원칙을 경영활동에 반영하도록 독려하였다(〈표 4-1〉). 더 나아가 정부와 공공기관에도 이 원칙을 준수할 것을 권고함으로써, 사회적 책임을 모든 조직의 필수 요소로 정착시키고자 하였다.

표 4-1 유엔글로벌컴팩트 4개 분야 10대 원칙

분야	원칙
인권보호	1. 기업은 국제적으로 선언된 인권 보호를 지지하고 존중한다.
	2. 기업은 인권침해에 연루되지 않도록 노력해야 한다.
노동	3. 기업은 결사의 자유와 단체교섭권을 실질적으로 인정한다.
	4. 모든 형태의 강제노동을 배제한다.
	5. 아동 노동을 효과적으로 철폐한다.
	6. 고용 및 업무에서 차별을 철폐한다.
환경	7. 기업은 환경문제에 대한 예방적 접근을 지지한다.
	8. 환경적 책임을 증진하는 조치를 수행한다.
	9. 환경친화적 기술의 개발과 확산을 촉진한다.
반부패	10. 기업은 부당취득 및 뇌물 등을 포함하는 모든 형태의 부패에 반대한다.

출처: 2007 United Nations Global Compact, The Ten Principles.
https://www.unglobalcompact.org/what-is-gc/mission/principles

8 2025년 3월 현재 기준으로, 한국의 UNGC 회원사는 공공기관, 대기업, 중소기업, 연구소 등을 포함해 356개로 증가했다(Uunted Nations, 2025).

2002년 남아공 요하네스버그에서 열린 세계지속가능발전정상회의(World Summit on Sustainable Development: WSSD)는 189개국 6만여 명이 참가한 가운데, 지속가능성의 3대 요소인 환경·경제·사회를 포함한 '리우+10 요하네스버그 선언문'을 채택했다. 이 선언문은 1992년 리우 회의에서 채택된 「아젠다21」을 기반으로 물, 에너지, 건강, 빈곤 등의 이행 사항을 점검하고 이행계획서를 확정하는 등의 진전을 이뤘다. 특히 환경문제가 농업생산과 빈곤 악화에 미치는 영향에 주목하며, 환경과 사회 외에도 경제 문제를 주요 이슈로 포함시키는 방향으로 지속가능성의 3대 요소 체계를 확립하는 계기가 되었다.

그로부터 2년 뒤인 2004년은 ESG가 전 세계에 공식적으로 등장한 해이다. 유엔이 발간한 보고서 「Who Cares Wins」에서 처음으로 ESG라는 용어가 등장했으며, ESG 요소가 기업 가치와 투자 성과에 실질적인 영향을 미친다는 점을 강조했다. 보고서의 부제인 "Connecting Financial Markets to a Changing World"에서 알 수 있듯이, 금융 부문에서 ESG의 중요성을 부각하며 지속 가능한 발전과 투자 가치의 연관성을 강조하였다. 즉, ESG는 환경과 사회적 요소를 포함하면서도 본질적으로 건전한 재무 상태를 지향하는 지배구조의 구축에 보다 중점을 두고 있다.

바로 이듬해인 2005년, EU는 탄소배출권거래제(Emissions Trading System, ETS)를 시행하였다. 당초 2030년까지 1990년 대비 기존 탄소배출량의 55% 감축을 목표로 했으나, 2022년 12월 개편을 통해 목표를 62%로 상향 조정하였다. 또한 적용 범위를 단계적으로 확대하여, 2027년부터는 ETS II라는 명칭으로 도로교통과 건물 부문에도 탄소배출권 거래를 적용하기로 결정하였다. 이는 가정과 기업의 난방 연료

(예: 가스, 석유) 및 차량 연료(휘발유, 경유 등)에도 탄소 가격을 부과하는 것을 의미한다.

2006년 4월, 70명의 투자 및 환경 전문가들이 뉴욕증권거래소에서 발표한 유엔책임투자원칙(UN Principles for Responsible Investment, UN PRI)은 ESG의 확산에 직접적인 영향을 미쳤다(〈표 4-2〉). 6개로 이루어진 책임투자원칙은 글로벌 투자자들 사이에서 ESG를 투자의 핵심 기준으로 삼겠다는 일종의 공동 약속이자, 실제 국가 간 투자 기준이다. 2006년 당시 12개국 20여 명의 글로벌 투자자가 참여하며 시작된 PRI는 이후 빠르게 확산되었다. 2022년 3월 기준으로 세계 80여 개국, 4,800명 이상의 투자자가 서명했으며, 불과 1년 만인 2023년 3월에는 총 5,435개 서명 기관으로 급증하였다(김민석, 2023).

표 4-2 유엔책임투자원칙

1	ESG 이슈를 투자 분석 및 의사결정 과정에 통합
2	주주행동주의에 입각하여 ESG 이슈를 주식 보유 정책 및 관행에 통합
3	투자 대상 법인들이 ESG 이슈를 적절한 방법으로 공개하도록 노력
4	투자 업계 내에서 원칙들이 수용되고 집행되도록 장려
5	원칙들이 보다 효과적으로 구현되도록 함께 노력
6	원칙들의 구현을 위한 활동 및 과정을 상세하게 보고

출처: PRI. https://www.unpri.org/

다음 해인 2007년 기후공시위원회(Climate Disclosure Standards Board: CDSB)가 설립되었다. CDSB는 기업의 환경 정보 공시를 표준화하고 촉진하기 위한 국제적인 협의체로서, 기업들이 기후변화와 기타 환경 데이터를 연차 보고서와 같은 주요 기업 보고서에 포함할 수 있도록 돕는 프레임워크를 제공한다. 이 프레임워크는 2017년 기후 관련 재무정보 공개 협의체(Task Force on Climate-related Financial Disclosures: TCFD)의 권고안과 여타 지속가능성 이니셔티브에 직접적인 영향을 주었다. CDSB의 목표는 기업들이 환경의 위험과 기회요인을 재무보고에 통합하도록 지원함으로써, 투자자 및 이해관계자들이 기업의 환경적 영향과 기후 관련 위험관리 전략을 평가하기 쉽게 만드는 것이다. 2011년에는 산업별 지속가능성 이슈를 측정할 수 있는 지표와 목표를 수립하기 위해 지속가능회계기준위원회(Sustainability Accounting Standards Board: SASB)가 설립되었으며, 개별 산업의 특성을 반영한 ESG 회계기준을 마련하였다.[9]

동년 6월, 유엔 인권위원회는 글로벌 차원의 '유엔 기업과 인권에 관한 이행지침(UN Guiding Principles for Business and Human Rights: UNGPs)'을 승인했다. 이는 각국 정부, 기업, 시민사회를 포함한 다양한 행위자들이 기업과 관련된 인권 문제를 해결하기 위해 만든 실행 지침이다(국가인권위원회, 2011). UNGPs는 기업에 국제법적 의무를 부과하지 않지만, 기업이 인권을 존중할 책임이 있음을 명확히 하고 있다. 또한 피해자 보호와 구제를 위한 사법적·비사법적 고충 처리 제도를 포함한 실질적인 방안을 제시하고 있다. 총 31개의 기본 지침과 운영 지침

9 국제금융보고기준재단(The International Financial Reporting Standards Foundation: IFRSF)과 가치 보고 재단(Value Reporting Foundation)은 CDSB를 국제 지속가능성 기준 위원회(International Sustainability Standards Board: ISSB)로 2022년 통합했다. 같은 해 6월 SASB도 ISSB에 통합되면서 지속가능성 공시기준과 재무재표 공시기준도 통합되었다.

으로 구성되어 있으며, 각 항목에 주석을 추가해 사용자들의 이해를 돕는다. UNGPs는 다음 세 가지 핵심 원칙을 중심으로 한다.

① 정부의 보호 의무: 정부는 기업 활동으로 인해 발생할 수 있는 인권 침해를 예방하고 보호할 책임이 있다.
② 기업의 인권 존중 책임: 기업은 자사 운영 및 공급망에서 인권을 존중해야 하며, 부정적인 영향을 방지하고 시정할 책임이 있다.
③ 피해자의 구제 접근성 강화: 피해자들이 사법적·비사법적 절차를 통해 실질적인 구제를 받을 수 있도록 보장해야 한다.[10]

다만 UNGPs는 자발적 이행 지침으로 법적 강제력이 없다. 기업의 자율적인 책임 이행에 의존하는 방식은 기업들의 실질적인 이행 의지를 약화시킬 수 있으며, 구체적인 실행으로 이어지지 않는 경우가 많다는 한계를 갖는다. 법적 의무가 부과되지 않다 보니 일부 기업들은 UNGPs를 상징적인 선언 정도로 간주하고, 실질적인 인권 보호 조치를 취하지 않거나 형식적인 수준에서만 대응하는 경우가 많다. 이러한 한계로 인해 UNGPs가 기업의 인권 존중 문화를 정착시키는 데 충분한 역할을 하지 못한다는 비판도 제기되고 있다.

기업들이 사회적 책임을 강조하고 실천했음에도 불구하고, 고객

10 2021년, UNGPs 채택 10주년을 맞아 유엔인권위원회는 지난 10년간의 성과와 도전 과제를 평가하고, '기업 및 인권의 향후 10년 로드맵'(UNGPs 10+: A Roadmap For The Next Decade of Business and Human Rights)을 발표했다. 이 로드맵은 인권 보호, 존중, 구제의 방안을 더욱 확대하며, 앞으로의 발전 방향을 구체적으로 제시했다(김효진, 2021).

과 국민들의 기대를 충족시키기에는 역부족이었다. 2011년 9월 17일, 미국 뉴욕을 중심으로 시작된 '월가 점령(Occupy Wall Street)' 시위는 전 세계로 확산되며 반기업 정서를 촉발한 대표적인 사건이었다(〈그림 4-1〉). 시위는 뉴욕에서 시작되어 11월 중순까지 미국 주요 대도시뿐만 아니라 캐나다, 한국 등 여러 나라에서도 지속되었다. 대규모 시위가 발생한 근본적인 이유는 CSR이 본질적이고 구조적인 문제를 해결하지 못했기 때문이다. '우리는 가난한 99%다'라는 구호가 상징하듯, 빈부격차와 경제적 불평등을 심화시킨 대기업의 행태에 대한 반발이 시위의 중심에 있었다. 높은 실업률과 15%에 육박하는 빈곤율, 모기지 대출을 갚지 못해 집을 잃은 미국 국민들은 대기업의 부패와 탐욕을 비판하며, 기업들의 형식적인 이미지 개선이 아닌 진정성 있는 CSR을 실천할 것을 요구했다. 경영 전반에 걸쳐 윤리의식과 사회적 책임을 더욱 강화해야 하며, CSR이 단순한 홍보 수단이 아니라 실질적으로 경제

그림 4-1 월가점령시위

출처: INSBee. https://insbee.co.kr/30/?bmode=view&idx=11052178

적 불평등을 해결하고 시민들의 삶을 개선하는 방향으로 나아가야 한다고 요구하였다.

시민사회의 비판 여론은 국제사회에서도 반향을 일으켰다. 2012년 6월, 브라질 리우데자네이로에서 열린 유엔지속가능발전회의(UN Conference on Sustainable Development: UN CSD)는 1992년 리우회의를 비롯한 주요 지속가능발전회의에서 합의된 사항들의 이행 상황을 점검하고, '우리가 원하는 미래(The Future We Want)'라는 Rio+20 정상 선언문을 채택하였다. 이 선언문에서는 지속가능발전목표(SDGs)의 설정을 비롯하여, '녹색경제' 개념 강조, 그리고 지속가능발전을 위한 세계기구 신설에 대한 합의가 이루어졌다.

이로부터 3년 후인 2015년, 제70차 유엔 정기총회에서 유엔지속가능발전정상회의(United Nations Sustainable Development Summit)가 개최되었다. 이 회의에서, 2015년에 종료된 새천년개발목표(MDGs)를 대체할 새로운 글로벌 프레임워크인 '우리가 사는 세상의 전환: 2030년까

그림 4-2 17개 유엔지속가능발전목표(UN SDGs)

출처: United Nations https://sdgs.un.org/goals

지의 지속가능한발전 의제'가 결의되고, 유엔지속가능발전목표(United Nations Sustainable Development Goals: UN SDGs) 17개와 169개 세부 목표가 확정되었다(〈그림 4-2〉). 이 목표들은 2016년부터 2030년까지 전 세계적으로 지속가능한 발전을 실현하기 위한 구체적이고 포괄적인 방향성을 제시하고 있다. 지속가능발전은 환경 지속가능성, 경제적 번영, 사회적 통합을 통해 상호보완적인 발전이 가능하다는 믿음을 반영하고 있다. 즉, 경제성장은 환경파괴와 사회적 갈등을 초래하는 것이 아니라, 조화를 이루며 공동의 번영을 가져올 수 있다는 원칙을 강조하는 중요한 개념으로 자리잡았다.

UN SDGs가 제시되기 1년 전, 비영리조직인 기후그룹(The Climate Group)과 탄소정보공개프로젝트(Carbon Disclosure Project, CDP)의 파트너십으로 2014년부터 시작된 RE100(Renewable Energy 100) 이니셔티브 또한 지속가능발전의 일환이다. RE100은 연간 전력 소비량이 100기가와트시(GWh) 이상이거나 글로벌 영향력을 지닌 기업을 대상으로 하며, 2050년까지 기업이 사용하는 전력 100%를 풍력, 태양광, 지열 등 재생에너지로 전환하는 것을 목표로 한다. 기업들은 가입 후 1년 이내에 이행 계획을 제출하고, 매년 이행 상황을 점검받아야 하며, 재생에너지 비중을 2030년까지 60%, 2040년까지 90%로 단계적으로 확대해야 한다.

민간 주도의 노력과 더불어, 2015년 12월 프랑스 파리에서 열린 제21차 유엔기후변화협약 당사국총회(COP21)에서 파리협정이 채택되었다(〈그림 4-3〉). 전 세계적으로 기후변화를 완화하고 그 영향에 대응하기 위한 국제협정으로, 2016년 11월 4일 발효되었으며 195개 국가가 서명하였다. 파리협정의 주요 목표는 지구 평균 기온 상승을 산업화 이전 수준 대비 2°C 이하로 유지하고, 가능하면 1.5°C 이하로 제한하는 것이다. 각국은 자발적으로 국가 온실가스 감축 목표(Nationally Determined Contributions: NDC)를 설정하고, 이를 주기적으로 갱신 및 강화해야 하며, 5년마다 이전보다 더 강화된 목표를 제출해야 한다. 선진국들은 개발도상국의 기후변화 대응을 지원하기 위해 연간 1,000억 달러의 기후 금융을 제공하기로 약속하였으며, 이를 통해 저탄소 경제로의 전환과 기후변화의 부정적 영향 완화를 도모하고자 하였다.

그림 4-3 파리협정의 주요내용

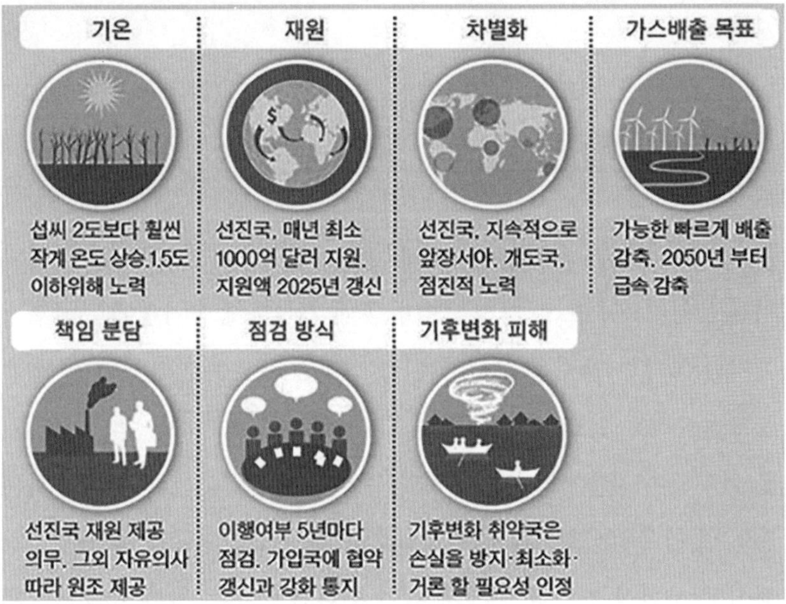

출처: INSBee. https://insbee.co.kr/30/?bmode=view&idx=11052178

하지만 파리협정은 법적 구속력이 없는 비강제적 협력 모델로, 일부 주요 국가들의 참여 여부에 따라 논란이 발생했다. 미국은 2017년

도널드 트럼프 대통령의 결정으로 협정에서 탈퇴했으나, 2021년 조 바이든 대통령 취임 후 재가입했다. 그러나 2024년 대선에서 재선된 트럼프 대통령은 2025년 1월 20일 취임 당일 다시 파리협정 탈퇴를 선언했다. 이러한 미국의 반복적인 탈퇴와 재가입은 국제사회의 기후 변화 대응 노력에 불확실성을 초래하고 있으며, 세계 2위 온실가스 배출국인 미국의 이탈은 지구온난화 억제 목표 달성에 부정적인 영향을 미칠 것으로 우려된다. 이에 따라 중국을 비롯한 다른 주요국들의 역할이 더욱 부각되고 있으며, 각국은 자국의 정책 변동에 따른 영향을 최소화하고 지속 가능한 발전을 위해 일관된 기후 정책을 유지할 필요가 있다.

2) 거시적 환경(국내)

국제사회는 지속가능발전에 발 빠르게 대응하여 국가 간 무역과 기관 운영의 표준으로 자리잡으며, 국내 기업과 공공기관에도 간접적이지만 상당한 압력을 가했다. 이에 김대중 정부는 2000년 9월 유엔 글로벌컴팩트 발표 직후 대통령 자문기구로 「지속가능발전위원회」를 설치하여 지속가능발전 정책의 수립과 조정에 나섰다. 이 위원회는 1992년 리우정상회의에서 채택된 지속가능발전 개념을 바탕으로 경제성장, 사회적 형평성, 환경 보호가 조화를 이루는 발전 모델을 구체화하고 이를 정책으로 전환하는 역할을 수행했다. 또한 정부 내에서 지속가능발전 관련 정책을 조율하고 부처 간 협력을 촉진했으며, 에너지 정책, 재생에너지 확대, 환경 보호 등 다양한 분야에서 자문을 제공했다. 지속가능발전위원회는 우리나라에서 지속가능발전을 국가적 의제로 공식화한 최초의 기구로, 이후 정부의 환경·경제·사회 정책의 기반을 마련하며 지속가능발전의 틀을 구축하는 데 핵심적인 역할을 했다.

노무현 정부는 사회책임 경영에 대한 국제적 압력에 대응하기 위해 2003년 '더불어 사는 균형 발전 사회'를 3대 국정 목표 중 하나로 설정하고, '지속가능한 참여형 녹색국가 건설'이라는 환경 비전을 선포했다. 이후 정부는 지속가능경영보고서를 발간하던 대기업들을 본보기로 삼아, 2005년부터 공공기관에도 지속가능경영보고서 발간을 독려하기 시작했다. 같은 해인 2005년 6월 5일 환경의 날에는 '함께 가는 선진 녹색 한국'이라는 국가지속가능발전 비전을 선언하고, 경제·사회·환경이 균형 있게 발전하는 선진국형 모델을 제시했다. 또한 2005년부터 한국전력공사를 시작으로 공공기관의 유엔글로벌콤팩트(UNGC) 가입이 이루어지며, 국제적 흐름에 발맞춘 사회적 책임 경영의 제도화가 본격화되었다.

노무현 정부는 또한 수도권과 비수도권 간의 불균형을 해소하고 지역 균형 발전을 도모하기 위해 수도권 소재 공공기관의 지방 이전을 추진했다. 공공기관이 지역 발전의 구심점 역할을 하도록 기대한 조치였다. 1960년대 이후 고도성장 과정에서 수도권으로 인구와 경제가 집중되면서 지역 간 불균형이 심화되었고(이원희 외, 2015), 그 결과 수도권은 생산성 저하, 주택난, 교통 혼잡, 환경오염, 불평등 심화 등의 문제를 겪었으며, 지방은 인구 유출과 경기 침체로 국가 경쟁력 저하의 요인이 되었다. 이를 해결하기 위해 정부는 수도권 소재 115개 공공기관의 지방 이전을 추진하여 수도권과 비수도권 간의 불균형 발전을 완화하고자 했다.

구체적인 실천 전략으로 2003년 정부는 공공기관 지방 이전을 본격적으로 추진하기 위해 10개의 혁신도시를 조성했다. 〈그림 4-4〉에서 볼 수 있듯이, 공공기관의 지방 이전은 기업·대학·연구소 이전으로 확산되었으며, 이들이 산·학·연·관 협력체를 구축하면서 지역 경제 발전과 일자리 창출을 위한 지식과 정보를 생산·공유하는 선순환 구조를 형성했다. 정부는 이러한 흐름을 지원하기 위해 도시 인프라를 확충하고, 고급 인력이 정착할 수 있도록 정수시설을 개선하는 등의 정책을 추진했다.

「국가균형발전특별법」에 따라 진행된 혁신도시 건설 사업에 따라 2019년 12월 기준으로 총 153개 공공기관의 이전을 완료했으며, 이 중 112개 기관이 10개 혁신도시에 분산 배치되었다(국토교통부, 2019). 이전한 공공기관은 공기업 33개, 준정부기관 86개, 기타 공공기관 70개로 구성되었다. 혁신도시 조성은 공공기관과 혁신도시를 연계하여 지역 경제 활성화와 지역의 특성에 맞는 발전을 촉진함으로써 국토의 균형 발전을 이루는 것을 목표로 한다.[11] 영국과 스웨덴도 낙후 지역에 일부 공공기관을 이전하여 지역 경제 활성화를 도모하고 지역 간 균형발전을 꾀한 사례가 있으나(김정홍, 2022), 우리나라처럼 대규모 공공기관 이전을 통해 일자리 창출, 지역인재 채용, 인구 분산 등 거시적 목표 달성을 위한 전면적이고 광범위한 시도는 없었다.

11 「혁신도시 조성 및 발전에 관한 특별법」 제2조 제3호에 따르면 혁신도시는 "이전공공기관을 수용하여 기업·대학·연구소·공공기관 등의 기관이 서로 긴밀하게 협력할 수 있는 혁신여건과 수준 높은 주거·교육·문화 등의 정주(定住)환경을 갖추도록 개발하는 미래형도시"로 정의된다.

그림 4-4 공공기관 지방이전으로 인한 지역 경제발전 선순환 생태계

출처: 김상지. (2016). 에너지경제신문. https://m.ekn.kr/view.php?key=210449

정부가 공공기관을 활용하여 지역 균형 발전 전략을 수립·실천하는 동안, 민간 부문에서는 기업의 지속가능성과 사회적 책임을 평가하는 기준을 마련했다. 한국거래소는 한국기업지배구조원(현 한국ESG기준원)의 평가 결과를 기반으로 2009년 사회책임투자(Socially Responsible Investing, SRI) 지수를 개발했다. SRI 지수는 환경, 사회, 지배구조 등 비재무적 요소를 고려해 기업의 재무 성과뿐 아니라 사회적 책임 이행 여부까지 반영하는 투자 지표로, 투자자에게 지속가능한 투자 기회를 제공하는 것을 목표로 한다. 예를 들어 환경 보호에 앞장서는 재생에너지 기업에 투자하거나, 노동 착취를 하지 않는 기업에 투자하는 윤리적 투자가 이에 해당한다. 반대로, 담배·도박·무기 생산과 같은 비윤리적인 산업에 속하는 기업은 투자 포트폴리오에서 배제

된다.[12] 소비자들이 공정무역 커피 제품을 구매하거나, 친환경 소재를 활용해 옷을 만드는 파타고니아(Patagonia) 같은 기업에 투자하는 것 또한 SRI의 일환이다.

한국거래소는 〈표 4-3〉에서 보듯이, 2013년 9월부터 SRI 지수를 사회책임투자지수, 환경책임투자지수, 지배구조책임투자지수 등 3개로 재편하여 ESG 요소별로 세분화했다(안상아, 2013). 2010년부터는 녹색산업에 특화된 '녹색산업지수(KRX Green)' 를 발표하여 친환경 기업과 녹색산업에 대한 투자를 활성화하는 데 기여하고 있다. ESG 요소를 고려한 책임투자가 성장하면서, SRI 지수를 활용한 주식 투자와 ESG 채권 시장이 모두 확대되었다. ESG 채권은 환경·사회·지배구조 관련 프로젝트나 활동에 자금을 조달하기 위해 발행되는 채권으로, 녹색채권, 사회적채권, 지속가능채권, 지속가능연계채권으로 구분된다. 2020년 이후 코로나19 팬데믹과 글로벌 기후변화 위기로 인해 ESG 채권 시장의 성장세가 더욱 가속화되었으며, 서울주택도시공사와 한국남동발전 등 다수의 공공기관도 ESG 채권을 발행하고 있다.[13]

12 ESG 투자는 '사회책임 투자', '윤리적 투자', '임팩트 투자' 등으로 표현되기도 한다. 초기에 담배, 마약류 등 사회에 부정적인 영향을 미치는 업종 및 회사에 투자하는 것을 기피하는 네거티브 스크리닝(Negative Screening)에 초점을 두었다. 하지만 최근에는 투자자가 직접적으로 개입해 사회에 긍정적인 변화를 이끌어 나가려는 의도로 환경이나 사회문제 해결을 위한 업종 및 회사에 선별해서 투자하는 포지티브 스크리닝(Positive Screening)으로 전환하고 있다(이태우, 2022).

13 최근 ESG 채권시장에서는 녹색채권의 비중이 감소하고 사회적채권 및 지속가능채권의 비중이 증가하는 추세를 보이고 있다(윤지아, 2020). 한국거래소에 따르면 2025년 2월 말 기준 ESG 채권 상장 종목 수는 2,261종이며, 상장 잔액은 약 257조 원에 달한다.

표 4-3 한국거래소에서 산출·발표하는 사회책임투자(SRI)지수

	기준시점=기준지수	정기변경	종목수	선정 근거
사회책임투자지수 (KRX SRI)	2009.1.2. = 1,000p	매 9월	70	CGS의 ESG 통합평가등급 B+ 이상인 기업(유가, 코스닥)을 대상으로 시가총액, 거래대금, 유동비율 등을 고려해 ESG 통합평가등급 순으로 선정
환경책임투자지수 (KRX SRI Eco)	2009.1.2. = 1,000p	매 9월	30	위 사회책임투자지수와 동일한 방식이되, ESG 통합평가등급 B+ 이상인 기업들 중 환경(E) 평가등급이 우수한 순으로 선정
지배구조 책임투자지수 (KRX SRI Governance)	2001.7.2. = 1,000p	매 9월	30	위 사회책임투자지수와 동일한 방식이되, ESG 통합평가등급 B+ 이상인 기업들 중 지배구조(G) 평가등급이 우수한 순으로 선정
녹색산업지수 (KRX Green)	2010.1.4. = 1,000p	매 9월	20	심의 기준(산업 기준, 시장 규모·유동성 기준, 재무 기준)을 충족하는 종목 중 녹색전문기업을 우선적으로 시가총액 순으로 구성종목을 선정한 후, 기타 녹색 인증 기업에서 구성종목을 시가 총액 순으로 선정

출처: 안상아(2013). p.11.

우리나라 대기업과 공공기관들은 2009년부터 유엔글로벌컴팩트와 유엔책임투자원칙에 가입하며, 사회적 책임과 지속가능경영에 대한 국제적 흐름에 적극적으로 동참하기 시작했다. 2010년 11월 G20 서울 정상회의의 부대행사로 열린 비즈니스 서밋(Business Summit)에서는 12명의 정상과 34개국 120명의 글로벌 CEO들이 환경 보호와 경제 성장을 동시에 추구하는 전략을 강조했다. 이들은 기업이 전통적인 의미의 경제 주체를 넘어 일자리 창출, 지역사회 발전, 소외계층 지원 등을 통해 사회적 책임을 수행해야 한다는 점을 확인하고, 자발적 참여를 통해 기후변화와 불평등 등 전 지구적 문제 해결에 기여할 것을 정상회의 정책 제안서로 제출했다.

뒤이어 박근혜 정부는 '창조경제 생태계 조성'이라는 슬로건 아래, '안전과 통합의 사회'를 5대 국정목표 중 하나로 설정하며, '쾌적하고 지속 가능한 환경 조성'을 핵심 실천 과제로 포함했다. 이를 바탕으로 기후변화 대응, 신재생에너지 확대, 환경서비스 품질 향상 등을 통해 국민 생활의 질을 개선하고, 미래 세대를 위한 지속 가능한 발전을 도모하는 데 집중했다(기획재정부, 2015; 환경부, 2014). 온실가스 감축을 위해 에너지 효율성을 높이고 저탄소 사회로의 전환 정책을 추진했으며, 산업별 온실가스 배출량 관리 시스템을 강화했다. 또한 창조경제 생태계 조성의 핵심 요소 중 하나로 태양광, 풍력, 바이오에너지 등 신재생에너지 보급을 확대하고, 경제성장과 환경 보호가 상충되지 않도록 녹색경제로의 전환을 통해 지속 가능한 발전을 추구했다.

3) 아이디어

2000년 이후 국제사회는 윤리경영, 지속 가능 경영, 균형 있는 성장을 공공기관과 기업 경영의 필수 요소로 강조해 왔다. 이러한 변화는 경제적 이익을 넘어 환경보호와 사회적 책임을 중시하는 방향으로 기관의 경영 목표를 전환하는 데 기여했다. 경영 목표의 변화는

2001년 미국 엔론(Enron)의 회계부정과 아서 앤더슨(Arthur Anderson)의 동반몰락, 그리고 2002년 Sarbanes-Oxley법 제정 등으로 인해 민간기업은 물론 공공기관에 대한 연방정부의 감시가 강화된 데에 그 배경이 있다.[14]

일련의 기업 회계부정 사태는 수정자본주의의 대안으로 등장한 신자유주의 경제원리에 대한 반성으로 이어졌다. 2010년, 아나톨 칼레츠키는 그의 저서 「자본주의 4.0」에서 신자유주의가 금융시장 자유화, 작은 정부, 규제 완화를 강조하며 경제성장을 이끌었지만, 결국 금융위기를 초래했다고 지적한다. 금융시장의 불안정성과 불평등 심화가 신자유주의로 대변되는 자본주의 3.0 시대의 한계를 드러내며, 시장과 정부의 균형, 금융규제 강화, 기업의 사회적 책임, 단기 이윤보다 지속 가능한 성장을 추구하는 새로운 자본주의 모델의 필요성이 등장했다. 포용적 자본주의 또는 이해관계자 자본주의의 서막을 알리고 있었다.

국제사회 역시 같은 문제의식을 공유하며, 자원고갈 방지, 생태계 보호, 사회적 불평등 해소와 같은 글로벌 문제에 공동 대응해야 한다는 위기감을 인식하게 되었다. 이에 따라 기업들도 단기적인 이윤 극대화에서 벗어나 미래 세대의 안정성과 장기적인 경제적 지속가능성을

14 미국에서 벌어진 일련의 기업 부정 사태와 더불어 2010년 영국 BP 석유회사의 대규모 멕시코만 기름 유출사태 등은 2011년 월스트리트의 점령사태로 시작되어 미국을 넘어 서울을 포함한 세계 각국의 대도시에서 기업의 과도한 이익추구와 그로 인한 인권침해, 계층간 양극화의 가속화를 비판하는 촉발제가 되었다(Carroll & Buchholtz, 2014). 하지만 2017년 미국 대형은행인 웰스파고의 고객계정 사기 사건, 독일 폭스바겐의 디젤게이트 등 사회책임 경영을 리드하는 글로벌 기업들의 부정부패 관련 사고는 끊이지 않고 있다.

추구하는 방향으로 변화하고 있다. 주요 글로벌 기업들은 사회적 책임을 수행하면서 동시에 경제적 성과를 창출하는 전략을 적극적으로 모색하고 있다. 예를 들어 네슬레는 인도 낙농업자들을 지원하여 신선한 우유를 안정적으로 공급받으면서 매출을 증대시키는 한편, 낙농업자들의 삶의 질 개선에도 기여했다. 마이크로소프트는 청소년들에게 코딩 교육과 디지털 기술 훈련 프로그램을 제공하여 기술 격차를 줄이는 동시에, 미래의 기술 인재를 양성하고 새로운 고객층을 확보하는 성과를 거두었다.

그럼에도 불구하고, 기업 경영에서 주주자본주의가 여전히 강세를 보였고, 이윤을 주주에게 우선 배분하는 경향이 지속되었다. 주주자본주의는 기업의 장기적인 지속가능성보다는 단기적인 이윤 추구에 중점을 두었고, 고객, 직원, 지역사회와 같은 다른 이해관계자들의 기여는 상대적으로 밀려나게 되었다. 기업이 높은 이익을 창출하더라도 직원들의 임금이나 복지는 충분히 개선되지 않았으며, 지역사회나 소외계층을 위한 투자는 후순위로 밀려날 수밖에 없었다.

하지만, 환경 보호와 책임 경영에 대한 국제 규약이 강화되면서 우리나라의 공공기관 운영 방식에도 변화가 일어났다. 예전에는 '성장 우선'이 강조되었지만, 이후에는 '윤리경영', '지속가능경영', '균형 있는 성장'이 중요한 방향으로 자리잡게 되었다. 이제 공공기관은 경제적 성장뿐만 아니라, 환경적 책임과 사회적 책임을 동시에 고려해야 하는 의무를 지니게 된 것이다.

특히 공공기관의 지방 이전 정책은 국가의 균형발전을 목표로 수도권과 비수도권 간의 불균형을 해소하고, 지역 경제를 활성화시키는 중요한 전략으로 떠오르게 되었다. 공공기관이 지방으로 이전하면 지역

내 일자리가 창출되고, 지역 경제의 생산성과 소득 수준이 개선될 수 있다는 가정에서 출발했다. 글로벌 기준에 맞추기 위해 친환경 인프라 구축, 에너지 효율성 향상, 녹색 기술 도입 등 다양한 방법을 통해 경제 성장과 환경 보호를 동시에 추구하는 방향으로 나아갔다.

2008년 글로벌 금융위기 이후 신자유주의에 대한 회의가 확산되면서 공공기관에 대한 사회적 책임 요구는 더욱 높아졌고, 정부는 공공기관 평가 항목에 사회적 책임을 중요한 항목으로 추가하기 시작했다. 기획재정부의 2016년도 공공기관 경영평가편람은 사회공헌 활동, 불공정한 사항 개선, 청년 고용과 장애인 의무 고용 등을 포함시켜 공공기관이 보다 책임 있는 경영을 할 수 있도록 유도했다. 이러한 흐름 속에서 공공기관은 경제적 목표를 넘어서 사회적 책임을 다하며 지속 가능한 발전을 위해 노력하는 방향으로 점차 전환하기 시작했다.

제도변화의 결정요인

1) 자율적 규범과 강제적 규제(국외)

2000년 유엔글로벌컴팩트, 2006년 유엔책임투자원칙, 2010년 국제표준화기구의 사회책임 강령(ISO26000), 2015년 유엔지속가능발전목표 등 수많은 글로벌 규범들이 이 시기 동안 수립되었다. 이 규범들은 각 국가들의 자발적 협조를 구했으나, 반기업정서, 기후위기, 윤리적소비자 행동의 증가는 이러한 자율적 규범들이 실효성 있는 규제로 전환되도록 촉진하였다. 한 예로, 1997년 교토의정서에서 처음 도입된 탄소배출권거래제(Emission Trading System: ETS)는 2050년까지 탄소중립을 목표로 전 세계 주요국에서 실행되고 있다(ICAP, 2024; Our World in Data, 2024). 〈그림 4-5〉에서 보듯이 탄소배출권거래제란 정부가 온실가스를 배출하는 사업장에 대해 매년 일정한 배출량을 할당하고, 그 범위 내에서 배출 활동을 허용하는 제도다. 할당된 사업장의 실제 온실가스 배출량을 평가하여 남은 배출권 또는 부족한 배출권에 대해서는 다른 사업장과의 거래도 허용된다.

그림 4-5 탄소배출권거래제

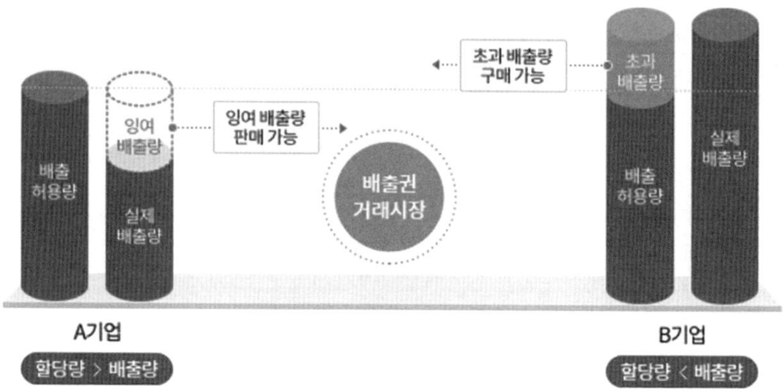

출처: 한국에너지공단

EU의 배출권거래제(ETS)는 세계 최대 규모로, 발전소·공장·항공사 등 다양한 산업분야의 탄소 배출을 규제하고 있고, 최근에는 철강·시멘트 등 추가 산업분야로 확대를 고려 중이다. 중국은 세계 최대 탄소 배출국으로, 2021년 전력부문을 대상으로 전국적인 ETS를 도입했다. 미국은 연방 차원의 ETS는 없지만, 캘리포니아주와 같은 일부 주에서 자체적으로 ETS를 운영하고 있다. 2025년 현재, 미국에서 11개 주가 탄소가격제를 시행하고 있다.[15] 브라질, 인도, 터키 등 많은 신흥 경제국도 ETS 도입을 준비 중이며, 전 세계적으로 점점 더 많은 국가들이 탄소배출 규제를 강화하고 있다. 하지만 이런 각국의 노력에도 불구하고 러시아-우크라이나 전쟁과 기후변화가 불러온 에너지 위기로 탄소배출 감축 목표를 상향 조정하는 등 향후 국제정세와 에너지 수급 변동에 따라 유동적으로 적용될 전망이다(Delbeke & Vis, 2016). 이러한 글로벌 동향은 탄소배출 규제가 점차 강화되고 있는 동시에, 에너지 안보와 경제 상황 등 다양한 요인에 의해 영향을 받을 수 있음을 시사한다.

2006년 발표된 6개 유엔책임투자원칙은 각국의 기업과 공공기관의 ESG 운영 수준을 평가하여 투자의 기준으로 활용할 수 있는 토대를 마련하였다. 예컨대 세계 최대 규모의 국부펀드를 운영하는 노르웨이은행 투자운영회(NBIM)는 첫 번째 원칙(ESG 이슈를 투자 분석 및 의사결정 과정에 통합)에 따라 ESG 기준을 투자 분석과정에 적용하여 환경 파괴나 심각한 ESG 리스크가 있는 기업에 대한 투자를 중단하고 있다. 영국은 세 번째 원칙(투자 대상 법인들이 ESG 이슈를 적절한 방법으로 공개하도록 노력)에 따라 기업들에게 ESG 관련 활동을 보고하도록 요구하고 있다. 2020년 개정된 영국 스튜어드십 코드(UK Stewardship Code)는 투자자들이 ESG 정보를 요구하도록 하여 ESG 이슈가 기업

15 탄소배출권 거래제나 탄소세, 탄소국경세 등이 모두 탄소가격제이다. 미국에서 온실가스 배출량이 많은 주 중의 하나인 펜실바니아주는 2022년 탄소배출권 거래제를 도입해 석탄과 석유, 천연가스 등 화석연료를 쓰는 발전소 등이 배출하는 이산화탄소 1톤당 일정액의 탄소배출권을 구매하도록 하고 있다(이신형, 2022a).

보고에 반영되도록 하고 있다. EU는 여섯 번째 원칙(원칙들의 구현을 위한 활동 및 과정을 상세하게 보고)에 따라 투자회사들이 ESG 활동 및 진척 사항을 의무적으로 보고하도록 규정하여 ESG 활동의 투명성을 높이고 있다(UN PRI, 2024).

한편 국제표준화기구(ISO)는 2010년에 발표한 ISO 26000을 통해 CSR에서 기업을 의미하는 "C"를 생략하고 SR(사회적 책임)이라는 용어를 공식적으로 채택하였으며, 기업뿐만 아니라 정부나 시민단체 등 모든 조직이 사회적으로 책임 있는 행동을 하도록 유도하는 종합적인 국제 사회책임 표준 가이드라인을 제시하였다. 이 가이드라인은 모든 조직이 사회적으로 책임 있는 활동을 통해 범세계적인 지속가능발전 목표를 추구하도록 하고 있다. 2010년 11월, 세계 77개국은 〈표 4-4〉와 같은 책임성, 투명성, 윤리적 행동, 이해관계자의 이익 존중, 법 준수, 국제규범 준수, 인권 존중 등 7개의 사회적 책임 강령을 채택하였다. 7대 강령은 사회책임 활동의 핵심 주제들이며, 각 강령 아래에는 다수의 하부 조항들이 명시되어 있다. 하부 조항들은 모든 조직에 공통적으로 적용되는 것이 아닌 권고사항으로, 개별 조직은 각자의 상황에 맞는 하부 조항을 설정할 수 있다.

표 4-4 사회책임표준(ISO26000) 7대 강령 및 하부 조항

강령	하부 조항
조직 거버넌스	책임성·투명성·윤리·이해관계자의 선호에 바탕을 둔 의사결정.
인권 보호	모든 인간은 공정한 대우를 받을 권리와 차별, 고문, 착취에서 배제되어야 함. 이를 위해 신의성실원칙 준수, 인권침해상황·공모 상황으로부터의 자유, 불만 해결, 차별금지, 시민권 존중, 경제·사회·문화적 권리 존중, 기본권과 일할 권리의 존중.

강령	하부 조항
노동 관행	근로자는 조직의 상품이 아니므로 착취와 불공정경쟁 방지. 이를 위해 고용관계, 업무환경, 소통, 직장 내 안전과 건강, 교육·훈련 등에서 근로자의 권리 보호.
환경	생산과 소비의 양이나 패턴을 지속시키고 개인당 가용자원을 확보하기 위해 환경오염방지, 지속가능한 자원의 사용, 기후변화 적응, 자연환경·생물다양성·자연서식지의 보호.
공정	공정경쟁, 부패방지를 위해 반부패 노력, 책임 있는 정치참여, 공정경쟁 보장, 사회적으로 책임 있는 가치 생산, 지적재산권 보호.
소비자 보호	소비자의 건강과 안전, 접근성을 보장하는 공정하고, 지속가능하며, 형평성 있는 경제·사회발전 도모. 올바른 정보에 의한 공정한 마케팅, 소비자의 건강과 안전 보호, 지속가능한 소비, 소비자에 대한 서비스와 권익 보호, 데이터의 올바른 사용과 사생활 보호, 중요정보에의 접근성 보장, 교육과 캠페인.
지역 참여 및 발전	조직은 교육 수준과 안녕을 보장하는 사회구조를 만드는 데 기여해야 함. 이를 위해 지역사회 참여, 교육과 문화, 고용과 교육훈련, 기술발전 및 접근성, 부의 창출, 건강, 사회투자 등에 기여.

출처: American Society for Quality(2020). What is ISO26000–Guidance on Social Quality. https://asq.org/quality-resources/iso-26000

RE100은 2014년에 발표된 글로벌 이니셔티브로, 전 세계 주요 기업들이 2050년까지 전력 사용량의 100%를 재생에너지로 전환하는 것을 목표로 한다. 2024년 7월 기준, 전 세계적으로 430개 기업이 RE100에 참여하고 있으며, 국내에서는 삼성, 현대, LG 등 36개 기업이 가입하여 활동 중이다(탄소중립녹색성장위원회, 2024). RE100 참여는 기업의 ESG 경영 평가에서 중요한 기준이 되고 있으며, 국내에서도 관심과 참여가 지속적으로 증가하고 있다.[16] RE100 기술기준은 2년 주기로 개

16 RE100 기준을 준수하지 않을 경우, 자동차 15%, 반도체 31%, 디스플레이 40%까지 수

정되며, 최근 개정된 기준에서는 수력발전의 경우 지속가능성이 확보된 경우에만 인정하고, 발전소의 상용 발전 또는 재가동 이후 15년 이내의 전력만을 인정하는 등 새로운 요건이 도입되었다(한국사회책임투자포럼, 2022). 이러한 변화는 기업들의 재생에너지 사용을 더욱 적극적으로 추진하도록 유도하며, 글로벌 기업들의 재생에너지 전환 노력이 가속화되고 있음을 보여준다.

각국 정부는 기업과 공공기관의 RE100 참여를 권고하고, 재생에너지 정책을 지원하여 가격을 낮추고 보급을 확대하는 것을 목표로 하고 있다. 공공기관으로는 2021년 한국수자원공사, 2022년 인천국제공항공사가 글로벌 RE100에 가입하였다(한국RE100협의체, 2023). 국내에서는 한국형 RE100(K-RE100) 제도도 운영 중이다. K-RE100은 글로벌 RE100과 달리 공공기관을 포함한 모든 전기소비자가 참여할 수 있다. 하지만 K-RE100의 전반적인 참여율은 아직 낮은 편이다. 2021년 10월 기준으로 전체 350개 공공기관 중 한국가스공사, 한국지역난방공사 등 18개(5.14%)만이 K-RE100에 참여하고 있다(김민정, 2021). 공공기관의 RE100 참여를 촉진하기 위해 경기도와 같은 지방자치단체에서는 공공RE100 정책을 추진하고 있다(경기도, 2025). 글로벌 RE100과 K-RE100은 목표는 같지만 참여 대상, 이행 목표, 이행 범위 등에서 국내 전력 시장의 특성을 고려해 유연한 기준을 정하고 있다.

같은 해인 2014년 EU는 비재무보고지침 (Non-Financial Reporting Directive: NFRD)을 채택했다. 500인 이상 기업들을 대상으로 하는 이

출이 급감할 것으로 예상되는 등 기업 경쟁력에도 큰 영향을 미칠 것으로 전망된다(Bae & Kim, 2021).

지침은 기업 운영의 투명성과 책임성을 강화하고자 환경, 인권, 다양성, 반부패 활동 등을 보고하도록 의무화하였다. 점차 기업의 지속가능성 이슈가 확대됨에 따라 기업의 사회책임 보고 지침에 직접적인 영향을 주었다. 2018년 기준 유럽 28개국이 NFRD지침을 자국법에 법률화하여 강제하고 있다. 이로 인해 많은 유럽의 기업들이 적극적으로 사회책임 요소를 경영에 반영하고 이를 지속가능경영보고서에 포함하고 있다.

파리협정과 유엔지속가능발전목표(UN SDGs) 역시 각국 정부가 사회적 책임을 강화하고 다양한 규제를 도입하는 데 중요한 역할을 했다. 두 이니셔티브 모두 환경·사회·경제적 지속가능성을 강조하며, 정부와 기업이 지속가능 목표에 기여하도록 법적·정책적 변화로 이어졌다. 파리협정에 의해 각국은 탄소배출의 자발적 감축 목표를 제출하고 이행하는 의무를 지고 있으며, 목표 달성을 위해 많은 정부가 탄소 배출권 거래제를 채택하고 이행하는 등 각종 정책과 규제를 마련했다. UN SDGs 역시 각국 정부의 사회·환경 관련 규제와 정책에 영향을 미쳤는데, 예를 들어 SDGs의 8번째 목표인 "양질의 일자리와 경제성장"은 국내 공공기관의 노동 환경 개선, 공정거래, 인권 보호 등에 관한 규제를 도입하는 데 중요한 역할을 했다.

2) 자율적 규범과 강제적 규제(국내)

이 시기 국내 공공기관의 사회적 책임 활동에 영향을 주는 자율적 규범과 강제적 규제가 동시에 나타났다. 자율적 규범의 일환으로, 2005년부터 한전을 필두로 점차 한국수자원공사, 한국토지주택공사 등 공공기관들이 지속가능경영보고서를 발간하기 시작했다. 한전은 또한 2005년 국내 최초로 유엔글로벌컴팩트에 가입했고, 다른 공공기관들도 그 뒤를 따라 가입하기 시작했다.

동시에 강제적 규제도 도입되었다. 2004년 1월 「국가균형발전특별법」제정에 이어서, 2007년 「공공기관의 운영에 관한 법률」이 제정되어 공공기관의 사회책임 활동에 직접적인 영향을 미쳤다.[17] 2003년 노무현 정부는 국가균형발전 계획을 공표했으나, 2004년 헌법재판소의 위헌판결로 행정수도 이전은 좌절되었다. 그러나 세종시는 행정중심복합도시로 개발되었고, 수도권 소재 115개 공공기관을 지방으로 이전하는 혁신도시 정책이 계속 진행되었다. 이러한 변화들은 공공기관의 사회적 책임과 지역균형발전을 동시에 추구하는 정책 방향을 보여준다.

「공공기관의 운영에 관한 법률」은 체계적인 경영평가를 실시하기 위한 법적 근거를 제시하였다. 경영평가는 동법 제48조에 의거 기획재정부가 매년 공기업·준정부기관을 대상으로 실시하고 있다. 제48조 5항에 따르면 '경영목표의 합리성 및 달성정도'뿐 아니라 '주요 사업의 공익성 및 효율성'을 포함하도록 하고 있다. 2011년엔 공공기관 사회공헌지표를 개발하여 2012년도부터 경영평가 항목에 적용하기 시작하였다.[18] 다만 모든 공공기관이 경영평가를 받는 것은 아니고 2023년 기준 강소형 기관을 제외한 공기업(시장형·준시장형)과 준정부기관(기금관리형·위탁집행형) 중 130개를 선별하여 평가했다.

이 밖에도 공공기관은 ISO 26000 지침에 따라 투명한 의사결정과

17 「국가균형발전특별법」은 2022년까지 총 17회 개정되며 지속적으로 발전해왔다.

18 2016년부턴 사회적 책임이란 용어로 통일하여 사용하기 시작했다.

윤리적 경영 원칙을 수립했고, 환경적 책임을 위해 에너지 절약과 탄소 배출 저감 프로그램을 적극 추진하였다. 파리협정 준수를 위해 저탄소 정책을 수립하고, 온실가스 감축 목표를 설정해 이를 달성하기 위한 다양한 정책을 실행했다. 한 예로 한전은 2030년까지 온실가스 배출량을 2018년 대비 44.4% 감축하고, 2050년까지 탄소중립을 달성하는 것을 목표로 석탄발전소 감축 및 친환경 에너지로 전환, 태양광·풍력 등 재생 가능 에너지 확대, 탄소포집 및 저장(CCUS) 기술 도입과 전력망 효율성 개선을 추진하고 있다(한전, 2021).

유엔지속가능발전목표(UN SDGs) 또한 국내 공공기관 ESG 활동의 중요한 기준으로 작용하고 있다. 예를 들어 한국토지주택공사는 SDGs 목표 1(빈곤퇴치)과 목표11(지속가능한 도시)을 반영하여 공공임대주택 제공을 통해 주거 취약계층을 지원하고 있다. SDGs 목표 7(깨끗한 에너지)과 목표 13(기후변화에의 대응)은 한전, 인천항만공사, 한국가스공사 등 여러 공공기관에서 신재생에너지 확대와 탄소 배출 저감 프로젝트를 추진하는 동기가 되었다. SDGs 목표 6(깨끗한 물과 위생)은 한국가스공사의 스마트 물 관리 시스템과 물 재활용 노력과 연결되고, SDGs 목표 10(불평등 감소)과 목표 8(양질의 일자리)을 반영해 정부는 혁신도시로 공공기관을 이전하여 지역의 일자리 창출 및 다양한 지역 사회공헌 사업을 벌이고 있다.

3) 위기 요인

이 시기 동안 공공기관의 사회적 책임 활동은 정치적 불안정과 잦은 리더십 변화로 인해 장기적인 지속가능성을 확보하기 어려웠다. 정권이 교체될 때마다 공공기관은 국정목표에 맞춰 사회적 책임의 방향성을 조정해야 했으며, 민영화, 선진화, 녹색성장, 공정사회, 창조경제 등으로 대표되는 다양한 정책 기조에 따라 변동되었다(임종순, 2021). 정책 변화에 따라 사회적 책임의 목표도 수정되었고, 각종 정책사업 수행 요구로 인해 수익성 확보가 어려운 사업을 무리하게 추진하거나, 정부의 요금 규제로 인해 부채가 누적되는 등의 문제가 발생했다. 결과적으로 공공기관의 사회적 책임 정책은 지속성과 일관성을 확보하기 어려웠으며, 활동의 명분 또한 약화되었다.

더욱이 2008년 글로벌 금융위기는 한국 경제에 심각한 영향을 미쳤고, 공공기관들도 예외 없이 경영 악화를 겪었다. 이 시기 공공기관들은 예산 축소와 재정 악화로 인해 사회적 책임 활동을 축소하거나 일시적으로 중단해야 했다. 단기적인 생존을 위한 경영 효율성 강화가 최우선 과제로 부각되면서, 사회적 책임 활동의 우선순위는 자연스럽게 밀려났다. 수익을 창출하지 않는 사회적 책임 활동은 비용으로 인식되었고, 재정적 어려움을 겪는 공공기관들은 이에 대한 투자나 자원 배분에 한계를 느낄 수밖에 없었다. 공공기관의 평가는 재정 성과와 경영 효율성 중심으로 이루어졌으며, 사회적 책임 활동의 비중은 상대적으로 축소되었다.

이러한 환경은 공공기관들이 사회적 책임을 장기적이고 전략적으로 접근하기보다는 단기적인 운영 목표에 집중하도록 만들었고, 이로 인해 사회적 책임 활동의 지속성과 체계성이 약화되었다. 또한 낙하산 인사, 채용 비리, 중소기업 대상 갑질, 부패에 연루된 임직원의 증가 등의 문제들은 공공기관에 대한 사회적 신뢰를 크게 훼손시켰고, 사회적 책임 활동의 진정성에도 의문을 제기하게 만들었다. 2013년 강원랜드와 국민연금공단의 채용 비리 사건, 2016년 서울메트로 채용 비리 사건, 2014년 한국토지주택공사의 내부 정보를 이용한 부당이익 취득 사건 등은 공공기관의 신뢰도를 저하시켰으며, 사회적 책임 활동이 기업 이미지 개선을 위한 수단에 불과하다는 비판을 불러일으켰다.

2000년대 이후 시민사회의 성장과 민주화 요구가 강화되면서 공공기관은 공공서비스 제공을 넘어 환경 보호, 노동권 보장, 지역사회 기여 등 다양한 사회적 책임을 수행해야 한다는 요구를 받았다. 그러나 공공기관의 조직 구조와 운영 체계는 복합적이고 다양한 요구를 효과적으로 반영하는 데 한계를 보였으며, 사회적 책임 활동의 실효성을 저해하는 요인이 되었다. 구체적인 활동 프로그램들은 체계성과 지속가능성이 부족하다는 평가를 받았으며, 시민들의 기대에 충분히 부응하지 못하는 경우가 많았다. 이러한 한계는 공공기관 사회적 책임 정책의 실효성과 신뢰성을 약화시키는 주요 요인으로 작용했다.

4) 기관목표와 행위자

2000년 유엔글로벌컴팩트 출범 이후 사회적 책임에 관한 논의는 지속가능경영보고서 발간, 국가균형발전에 대한 기여, 「공공기관의 운영에 관한 법률」 제정 등 공공기관 운영 방식에 다양한 변화를 가져왔으나, 국민경제 발전이라는 전통적인 기관의 목표에는 변화가 없었다. 공공기관 경영평가는 여전히 사회적 책임보다는 업무 효율화, 재무성과, 보수 및 복리후생 등 전통적인 성과 지표에 초점을 맞추고 있었다. 하지만 공공기관들은 2005년도부터 지속가능경영보고서를 발간하여 기관의 미션과 비전, 전략적 이슈와 위험요소, 핵심사업 추진 전략,

그리고 사회적 책임 활동과 그 성과를 이해관계자들에게 알리기 시작했다. 초기엔 한전과 가스공사 등 몇몇 기관들만이 지속가능경영보고서를 규칙적으로 발간하였으나, 최근에는 60여 개 이상의 기관이 발간하고 있으며, 보고서의 디자인과 내용도 점차 충실해지고 있다.

2009년 국민연금공단을 시작으로 공공기관들은 유엔책임투자원칙에 가입하기 시작했다. 이 시기 수도권 소재 공공기관들이 지방으로 이전하면서 지역빌진의 앵커기관으로서의 역할이 요구되었다. 이에 따라 공공기관은 국민경제 발전이라는 전통적 목표 외에도 지역경제 활성화와 발전이라는 사회적 가치를 동시에 달성해야 하는 상황에 직면하게 됐다.

국회에서 여러 차례 발의된 「사회적가치기본법」은 공공기관의 목표와 방향성에 큰 영향을 주었다. 공공기관이 과거 경제 효율성을 극대화하고 국가경제에 기여하는 것이 핵심 목표였다면, 이제는 지역사회와의 상생, 지방 경제 활성화, 사회적 책임도 함께 고려해야 하는 상황이 된 것이다. 문제는 존재하지 않는 「사회적가치기본법」발의안과 기존의 국민경제 발전 중심의 설립법과의 충돌이 불가피해졌으며, 이는 공공기관의 사회책임활동이나 ESG경영이 원활하게 발전하기 어려운 근본적인 문제를 제기했다.

2007년 「공공기관의 운영에 관한 법률」 제정 이후 공공기관 운영위원회가 관리·감독 역할을 형식적으로 수행하고 있지만, 주요 관리 권한은 여전히 기획재정부와 각 공공기관의 주무 부처에 집중되어 있다. 기획재정부는 「공공기관의 운영에 관한 법률」 제48조 제8항에 따라 경영 실적이 부진한 공기업·준정부기관에 대해 기관장·상임이사의 해임을 요구할 수 있는 권한을 보유하고 있다(국회예산정책처, 2024).

이러한 관리감독 제도는 공공기관의 경영 실적 및 사회적 책임 이행을 평가하고 책임을 물을 수 있는 체계를 제공하고 있지만, 경영 효율성 중심의 관리 구조는 여전히 사회적 책임과의 균형을 유지하는 데 한계를 드러낸다.

이 시기 비영리조직과 연구기관들은 공공기관의 사회적 책임 및 지속가능경영 논의를 확산하는 데 중요한 역할을 수행했다. 2003년 출범한 CSR포럼은 기업의 사회적 책임을 주제로 한 논의를 촉진하고 그 중요성을 확산하기 위해 설립되었으며, 이후 기업, 학계, 시민단체, 정부 기관 등 다양한 이해관계자가 참여하는 지속가능경영 및 CSR 담론의 핵심 플랫폼으로 자리잡았다. 포럼에서는 공공기관의 참여와 국가 균형발전 과정에서의 역할이 주요 논의 주제로 부각되었다.

2002년 설립된 한국지배구조원은 한국 기업들의 지배구조 개선과 투명성 제고를 목적으로 출범했다. 설립 초기에는 기업의 지배구조 평가와 자문을 중심으로 활동하며, 기업 경영의 투명성과 책임성을 강화하는 역할을 수행했다. 이후 ESG 경영의 중요성이 부각됨에 따라, 2021년 한국ESG기준원으로 명칭을 변경하고 기업 및 공공기관의 ESG 평가와 기준 수립을 담당하는 기관으로 그 역할을 확장했다.

2011년 설립된 한국조세재정연구원 공공기관연구센터는 공공기관의 운영 효율성과 재정건전성을 연구하며, 공공기관의 사회적 책임, 성과 평가, 지배구조 개선 등 다양한 분야에서 연구와 정책 제언을 수행해 왔다. 전통적인 재무 성과 평가를 넘어 지역사회 기여, 환경보호, 노동권 보장, 윤리적 경영 등 다양한 요소를 분석하며, 공공기관 경영에 투명한 지배구조가 정착될 수 있도록 자문과 가이드라인을 제공하고 있다. 또한 정부와 공공기관을 대상으로 공공부문 CSR 관련 정책 방향을 제시하고, 공공기관의 사회적 책임 이행을 촉진할 수 있는 법·제도적 개선 방안을 연구하고 있다.

언론 분야에서도 CSR과 지속가능경영에 대한 관심이 증가했다. 2009년 3월 창간된 「더나은미래」는 사회적 기업, CSR, 공익 활동, 지속가능성 등을 다루며 공익적 활동의 중요성을 알리고 관련 사례를 조명하면서 지속가능경영 담론 형성에 기여하고 있다. 이처럼 공공기관의 사회적 책임 및 지속가능경영 논의는 다양한 이해관계자의 협력과 노력을 통해 점차 확산되고 있었다.

제5장

전환기
(2017-2022년)

제도적 맥락

1) 거시적 환경(국외)

이 시기 국제 사회는 사회적 책임에서 ESG로의 이행을 추진하는 동시에, 주주 자본주의에서 이해관계자 자본주의로의 전환이라는 중대한 변화를 맞이하고 있었다. 기업뿐만 아니라 정부, 공공기관, 시민단체 등 모든 조직에 대한 사회적 책임과 ESG 경영에 대한 요구는 점차 글로벌 트렌드로 자리잡았다. ESG가 기업의 지속가능성에 미치는 영향이 본격적으로 주목받으면서, 환경과 사회적 책임뿐만 아니라 지배구조의 중요성도 함께 부각되었다. 국제 사회는 기후변화와 국제정세가 기업, 금융기관, 공공기관의 재무 건전성에 미치는 리스크를 관리하기 위해 전문성과 다양성을 갖춘 지배구조의 역할을 기대하게 되었다. 아울러 주주뿐 아니라 임직원, 공급자, 소비자, 정부, 시민단체 등 다양한 이해관계자의 요구에 대응하는 이해관계자 자본주의 모델을 기반으로, 글로벌 차원의 협력 필요성에 대한 공감대도 확산되었다.

하지만 협력의 과정은 순탄하지 않았다. 파리협정은 자발적 참여를 기반으로 한 만큼 초기부터 근본적인 한계를 내포하고 있었다. 국가별 온실가스 감축 목표에 대한 강제력이 없어, 중국, 인도, 러시아, 브라질 등 주요 탄소 배출국들이 상대적으로 낮은 목표를 설정하거나 실천 방안이 미흡한 경우가 많았다. 또한 선진국들이 약속한 연간 1,000억 달러 규모의 지원금 이행이 지연되었으며, 온실가스 배출 보고의 정확성과 투명성에 대한 의문도 제기되었다. 이러한 한계에도 불구하고 국제 사회는 단순한 탄소 배출 정보 공개를 넘어 기후변화가 기업 및 금융기관의 재무성과에 미치는 영향을 보다 심층적으로 파악할 필요성을 인식하기 시작했다. 기후변화로 인한 금융 리스크를 보다 정확히 평가하기 위해, 일관성 있고 비교 가능한 재무 정보에 대한 요구가 점차 커지고 있었다.

재무 정보의 필요성을 충족하기 위해 G20는 금융안정위원회(Financial Stability Board, FSB)에 기후변화 관련 금융 리스크를 측정하고 공개할 수 있는 방법론 개발을 요청하였다. 이에 따라 2015년 12월, 마이클 블룸버그를 위원장으로 하는 기후변화 관련 재무정보 공개 협의체(Task Force on Climate-related Financial Disclosures: TCFD)가 설립되었다. TCFD는 기후변화가 기업의 재무 상태와 투자 위험에 미치는 영향을 보다 체계적으로 분석하고 투명하게 공개하도록 권장하는 글로벌 프레임워크로서, 2016년 12월까지 20개국 128명의 산업계 관계자 인터뷰, 온라인 회의, 의견 수렴 절차, 그리고 13차례의 컨퍼런스를 거쳐 마련되었다. 이 과정에서 기업, 금융기관, 정책 입안자, 투자자 등 다양한 이해관계자들이 참여하여 기후변화로 인한 재무적 영향과 이를 평가하는 방법론에 대한 폭넓은 논의를 진행하였다. 마침내 2017년 독일에서 개최된 유엔기후변화협약 당사국총회(COP23)에서 TCFD 최종 권고안이 공식적으로 발표되었다(한국사회책임투자포럼, 2024a).

〈그림 5-1〉은 기후변화 관련 재무정보 공시의 핵심 요소인 지배구조, 전략, 리스크 관리, 지표·목표를 도식화한 것이다. TCFD는 기업의 지배구조 전문성을 강조하며, 기업이 기후변화로 인해 발생하는 공급망 관리, 에너지 위기, 정책·규제 변화 등 다양한 리스크 요인을 사전에 파악하고 효과적으로 관리할 수 있는 역량을 갖추는 데 초점을 맞추고 있다. 이를 통해 기업이 환경 보호를 넘어 기후변화로 인한 재무적 리스크를 적극적으로 관리하고, 투자자 및 이해관계자들에게 신뢰할 수 있는 정보를 제공하는 지속가능 경영의 기반을 마련하는 데 기

그림 5-1 기후변화관련 재무정보공시 핵심 요소

- **지배구조**
  기후 관련 위험과 기회에 대한 조직의 거버넌스
- **전략**
  기후 관련 위험과 기회가 조직의 사업, 전략 및 재무 계획에 미치는 실제 및 잠재적 영향
- **리스크 관리**
  기후 관련 위험을 식별·평가 및 관리하기 위해 조직에서 사용하는 프로세스
- **지표·목표**
  기후 관련 위험과 기회를 평가하고 관리하기 위해 사용되는 지표와 목표

출처: TCFD. (2017). Recommendations of the Task Force on Climate-related Financial Disclosures: Final Report. p. v.

여하고 있다.

〈그림 5-2〉는 기후변화가 기업과 금융시장에 미치는 위험요인과 기회요인을 종합적으로 분석하고, 분석결과를 전략적 기획 및 리스크 관리에 반영하여 재무적 영향을 평가하는 과정을 도식화한 것이다. 이는 기업과 투자자들이 기후변화에 따른 재무적 영향을 보다 체계적으로 이해하고, 지속가능한 경영전략을 수립하는 데 중요한 참고자료가 된다. 기후변화로 인한 위험 요인은 물리적 리스크(physical risk)와 전환 리스크(transition risk)로 구분된다. 물리적 리스크는 해수면 상승, 이상기후 발생 빈도 증가, 자연재해 등으로 인한 직접적인 피해를 의미하며, 기업의 생산시설, 부동산, 인프라 등 유형자산의 가치 하락을 초래할 수 있다. 또한 극단적인 기후변화로 인해 원자재 가격이 급등하고 공급망이 불안정해지면서 제조 원가 상승, 물류 비용 증가, 공급 차질 등의 문제도 발생할 수 있다.

그림 5-2 기후변화 관련 리스크, 기회요인 및 재무적 영향

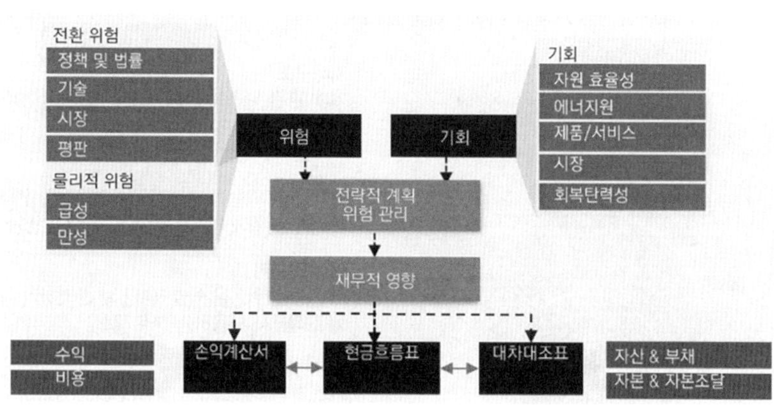

출처: TCFD권고안 p. 8. 한국사회책임투자포럼(2024b) 역.

전환 리스크는 탄소중립 정책, 환경규제 강화, 기술변화 등으로 인해 발생하는 간접적인 재무적 영향을 포함한다. 예를 들어 각국 정부가 탄소세 도입, 배출권 거래제 확대 등의 정책을 시행하면, 기업들은 추가적인 비용 부담을 안게 된다. 한편으로는 소비자와 투자자들이 친환경 기업을 선호하는 경향이 강해지면서, 기후변화 대응이 미흡한 기업은 브랜드 가치 하락, 신용등급 하락, 투자유치 어려움 등 다양한 리스크에 직면할 가능성이 크다.

기후변화는 위험 요소뿐만 아니라 새로운 기회 요인도 제공한다. 친환경 기술 개발, 재생에너지 전환, 지속가능한 금융상품 도입 등의 전략을 통해 기업들은 경쟁력을 강화하고 시장에서 새로운 기회를 창출할 수 있다. 예를 들어 전기차, 탄소 포집 및 저장 기술, 재생에너지 솔루션 등 혁신적인 기술을 보유한 기업들은 기후변화 대응 과정에서 경쟁 우위를 확보할 수 있다. 또한 기업이 ESG 원칙에 기반한 경영을 강화하면 장기적으로 투자자 신뢰도 상승, 자금조달 비용 절감, 브랜드 가치 제고 등의 긍정적인 재무적 효과를 얻을 수 있다. 금융 투자 자산 역시 기후변화 대응 여부에 따라 가치 변동이 클 것으로 예상된다. 기후 리스크에 취약한 산업(예: 석탄, 석유, 가스 등 화석연료 산업)들은 규제 강화와 투자자들의 외면으로 인해 주가 하락과 자본 비용 증가를 경험할 가능성이 크다. 반면, 재생에너지, 친환경 기술, 지속가능한 인프라 등 기후변화 대응을 선도하는 산업들은 장기적으로 높은 성장 가능성을 보이며, 투자자들에게 매력적인 투자처로 부상할 가능성이 크다.

EU 및 주요 국제기구에서 발표하는 환경 관련 정책과 규제들은 개별 국가가 자의적으로 채택할 수 있는 사항이 아니라, 글로벌 경제 체제 속에서 필연적으로 수용해야 하는 요소로 자리잡고 있다. 이에 따라, 기업이 기후변화 대응 전략을 수립하지 않으면 규제 강화, 투자 위축, 소비자 신뢰 하락 등 다양한 재무적 리스크에 직면할 가능성이 커지고 있다. 하지만 리스크 요인들은 효과적인 관리 전략을 통해 새로운 기회 요인으로 전환될 수 있다. 예를 들어 신재생에너지 개발, 자원의 효율적 활용, 친환경 기술 혁신, 소비자 선호 변화에 따른 제품·서비스 개선은 기업의 지속가능한 성장 동력이 될 수 있다. 기업의 단기적인 수익성뿐만 아니라 장기적인 경쟁력 강화에도 긍정적인 영향을 미치며, 나아가 투자자와 이해관계자로부터 지속적인 신뢰를 확보하는 데 기여한다(한국사회책임투자포럼, 2024b).

기후변화 관련 리스크와 기회 요인을 분석하기 위한 직접적이고 구체적인 지침인 TCFD 권고안은 ESG 발전의 중요한 계기를 제공했다. 하지만 ESG 도입을 촉진한 가장 결정적인 전환점은 블랙록(BlackRock)의 CEO 래리 핑크(Larry Fink)가 2020년 1월 피투자기업 CEO들에게 보낸 서한에서, ESG를 기업 투자의 핵심 기준으로 삼겠다고 선언한 데에 있다(서진석, 2021. 1).[19] 2025년 2월 현재 11조 5,500억 달러의 자산을 운용하고 있는 세계 최대 자산운용사의 회장이 보낸 서한의 파급력은 금융시장과 기업 경영 전반에 걸쳐 크고 직접적이었다. 블랙록은 수익의 25% 이상을 발전용 석탄에서 발생시키는 기업에 대한 직접 투자를 중단하겠다고 선언하며, 피투자기관들에게 저탄소 경영으로의 전환을 강력히 촉구했다. 단순한 투자 방향성 변화가 아니라, 기후 리스크가 기업 운영 비용을 증가시키고, 결과적으로 인플레이션을 유발하며, 궁극적으로 투자 리스크를 확대시킬 것이라는 분석에 기반한

19 p. 166 블랙록 서한 참조.

전략적 판단이었다. 블랙록과 같은 글로벌 대형 자산운용사의 행보는 금융시장 전반에 ESG 투자 흐름을 확산시키는 계기가 되었으며, 기업들은 지속가능한 경영을 더 이상 선택이 아닌 필수적인 생존 전략으로 받아들이게 되었다.[20]

2019년 8월, 미국 비즈니스라운드테이블(BRT) 소속 181명의 CEO들은 기업의 사회적 책임을 강조하는 가치선언문을 발표했다. 선언문은 기업의 목적을 주주 가치 극대화에서 모든 이해관계자에게 가치를 제공하는 것으로 재정의하며, '주주자본주의'에서 '이해관계자 자본주의'로의 전환을 공식화했다. 고객 가치를 최우선으로 삼고, 직원에 대한 투자, 협력사에 대한 공정하고 윤리적인 대우, 주주와의 투명한 소통, 지역사회 봉사, 공급망 전반의 인권 존중을 강조했다. 한 마디로 주주와 경영자의 이익 추구를 넘어선 포괄적인 경영 접근 방식을 나타낸다. 이해관계자 자본주의는 CSR의 연장선상에 있으며, 환경보호, 인권 개선, 공정한 노동 환경 조성 등을 통해 다양한 이해관계자들과의 신뢰를 구축하는 것이 장기적으로 기업의 재무성과에도 긍정적인 영향을 미칠 수 있다는 믿음에 기반한다. 기업의 사회적 책임과 경제적 성과 간의 균형을 추구하는 ESG 관점과도 일맥상통한다.

20 하지만 최근 블랙록은 기존의 입장을 일부 수정하였다. 블랙록은 영국 의회 위원회에 석탄·석유·가스 투자를 완전히 중단하지 않겠다는 입장을 공식적으로 밝혔다. 기후리스크를 고려한 투자 전략을 지속적으로 추진하면서도, 특정 산업에 대한 전면적인 투자 배제를 단행하지는 않겠다는 의미로 해석된다. 2024년 4월 블랙록은 '기후와 탈탄소를 위한 스튜어드십 가이드라인'을 발표하며, 저탄소 전환을 추진하는 기업에 대한 지속적인 투자를 강조하였다(권인택, 2024). 화석연료 산업에 대한 전면적인 투자 철회보다는, 탄소 감축 노력이 진행 중인 기업과 산업의 전환 과정에 적극적으로 개입하는 방식으로 투자 전략을 조정하고 있음을 시사한다. 블랙록의 변화된 입장은 기후변화 대응과 경제적 실효성을 동시에 고려하는 현실적인 접근 방식으로 볼 수 있으며, ESG 투자 기조 속에서도 균형을 유지하려는 전략적 선택으로 해석된다.

블랙록의 래리 핑크 회장은 이해관계자 자본주의를 강화하기 위한 후속 조치들을 선도적으로 이끌었다. 2021년 전 세계 명망있는 대기업 CEO들에게 보낸 서한에서 넷제로(Net Zero) 경제로의 전환을 위한 명확한 장기전략과 구체적인 비즈니스 모델 마련을 주문하였다. 화석연료에의 의존을 줄이고 청정에너지로 전환하지 못한다면 주주와 이해관계자들의 신뢰를 얻지 못할 것이라고 경고하였다. 2022년 서한에서도 핑크회장은 이해관계자 자본주의 틀 안에서 온실가스 감축 노력을 지속하길 권고하였다. 그는 "이해관계자가 자본주의의 힘"임을 강조하며, 단순한 정치적·이념적 의제가 아니라 순수한 자본주의의 힘이라고 주장했다. 이해관계자 자본주의에서는 기업과 직원, 고객, 공급업체, 지역사회 간의 상호 이익을 기반으로 하는 관계를 통해 장기적인 주주 가치를 창출한다고 역설했다. 기업의 모든 이해관계자를 위해 가치를 창출할 때 장기적인 성과를 얻을 수 있으며, 장기적인 이윤 창출이 궁극적으로 시장에서 성공을 결정짓는 핵심기준이라는 것이다(이신형b, 2022).

같은 맥락에서 2021년 7월 유럽위원회(European Commission)는 EU 탄소 감축 기후·에너지 입법 패키지 「핏 포 55(Fit for 55)」를 발의하였다. 온실가스를 1990년 대비 55%까지 감축하는 것이 목표이며, 궁극적으로 EU의 탄소중립(2050 Net Zero) 목표를 달성하기 위한 핵심 정책이다. 이 패키지는 탄소배출 감축을 위한 여러 법안과 개정안을 포함하는데 주요 내용은 ① 탄소배출권 할당량을 줄이고 무료배출권 단계적 폐지, ② 탄소국경제도(CBAM) 도입(탄소배출 규제가 약한 국가에서 수입되는 철강, 시멘트, 비료, 알루미늄, 전기 등에 탄소비용 부과), ③ 내연기관 자동차 퇴출 및 전기차 확대, ④ 사회적 기후기금(Social Climate Fund)조성(약 860억 유로의 기금을 마련해서 에너지 취약계층 지원), ⑤ 재생에너지 확대 등이 주요 골자이다(European Commission, 2021). 이 패키지는 총 13개의 법안으로 구성되어 있으며, EU의 기존 기후·에너지 정책을 대폭 수정하고 새로운 제도를 도입하는 내용을 담고 있다.「핏 포 55」는 EU의 기후 목표 달성을 위한 핵심 정책이지만, 향후 회원국 간 이해관계 조정과 유럽의회 및 유럽연합이사회의 논의를 거쳐 최종 확정될 예정이다.

2) 거시적 환경(국내)

급변하는 국제 정세만큼이나 국내에서도 공공기관의 사회적 책임을 강화하기 위한 변화가 두드러졌다. 행정부뿐만 아니라 국회에서도 공공기관의 사회적 책임을 법적·제도적으로 체계화하려는 입법 노력이 이어졌다. 2014년, 2016년, 2017년에 걸쳐「공공기관의 사회적 가치 실현에 관한 기본법(안)」이 연속적으로 발의되었으며, 이를 통해 공공기관의 사회적 책임 활동을 제도적으로 정착시키려는 시도가 이루어졌다. 2014년 6월, 당시 민주당 국회의원이었던 문재인 전 대통령이 발의한 법안이 논의 없이 표류하자, 2016년 8월 17일 김경수 의원, 2017년 10월 26일 박광온 의원 등이 동일한 제명의 법안을 다시 국회에 상정하였다. 사회적 가치의 핵심 목표는 사회·경제·환경 등 다양한 영역에서 공공성을 강화하고 지속가능한 지역사회를 조성하는 것이며, 공공기관의 사회적 책임 활동은 사회적 가치 증진을 위한 중요한 정책 수단으로 인식되었다.

2020년 10월, 정부는「한국판 뉴딜 종합계획」을 발표하여, 2025년까지 '디지털 뉴딜', '안전망 강화'와 함께 '그린 뉴딜' 계획을 추진할 것을 선언하였다(관계부처합동, 2020). 그린경제 가속화를 위해 친환경 에너지 인프라 구축, 모빌리티·에너지·기술 등 친환경 산업의 경쟁력 강화를 목표로 설정하였으며, 2050년까지 탄소중립을 실현하기 위해 탄소중립 추진기반 구축, 도시·공간·생활 인프라의 녹색 전환, 저탄소·분산형 에너지 확산, 녹색산업 혁신 생태계 구축 등 4대 영역 12개 실행과제를 제시하였다.

2021년 2월엔 세계 최초로 「수소경제 육성 및 수소 안전관리에 관한 법률」(일명 「수소법」)을 시행하며, '수소경제 선도국가'라는 비전을 공식적으로 선언했다. 이를 통해 수소의 생산, 활용, 유통 등 전 주기에 걸친 수소 생태계를 체계적으로 구축하기 위한 종합적인 전략을 수립했다. 정부는 2030년까지 메탄 배출량을 30% 감축하고, 2050년까지 현재의 그레이수소를 친환경적인 블루수소와 그린수소로 100% 전환하며, 석탄 발전을 전면 폐지하고, 재생에너지 비중을 70%까지 확대하는 등 장기적인 에너지 전환 목표를 제시했다. 이러한 정책은 탄소중립 사회로의 전환을 가속화하고, 글로벌 수소 시장에서의 경쟁력을 확보하기 위한 야심찬 계획으로 평가받고 있다(손덕호, 2022).

또한 본격적인 ESG 시대의 도래에 발맞춰 2021년 8월, 정부는 공공기관의 ESG 경영을 선도하고 ESG 투자를 활성화하는 것을 골자로 하는 ESG 종합대책을 발표하였다(이진백, 2022). 2050 탄소중립 목표 달성과 포용 및 공정경제로의 전환을 가속화하기 위해 공공기관이 ESG 경영에 앞장서야 한다는 원칙에 기반한 정책이었다. 다만 산업통상자원부가 2022년에 공개한 K-ESG 가이드라인의 개선 작업, 중소·중견기업의 탄소중립 대응 지원, 연구개발(R&D) 확대 추진 등의 계획을 제시했음에도 불구하고, 보다 구체적인 실행 방안은 부족하다는 지적이 이어졌다.

ESG 종합대책을 발표 몇 달 후인 12월 정부는 관계부처합동으로 K-ESG가이드라인을 최종 발표하고, 기업 · 공공기관 모두 일관된 평가 지표를 사용하도록 권고하였다(관계부처합동, 2021). 사단법인 한국ESG 기준원, 서스틴베스트(SUSTINVEST), 두이에스지(DoESG) 등 ESG 측정을 위한 컨설팅 기관들이 생겨났다. 윤석열 정부가 들어서고 명목적으론 공공기관에 ESG 평가가 도입되었지만 사회적 책임이란 이름으로 시행되고 있으며, 정작 ESG 평가는 사단법인 컨설팅 기관들에서 주도되고 있다. 하지만 공공부문과 민간부문의 ESG 평가 방식에는 여전히 차이가 있어, 향후 통합된 ESG 평가 체계의 필요성이 제기되고 있다.

3) 아이디어

국제적으로 ESG의 본격적인 확산과 함께 TCFD 권고안 등 ESG 지표 개발을 위한 다양한 노력이 활발히 진행되는 가운데, 국내에서는 사회적 가치가 공공기관이 궁극적으로 추구해야 할 핵심 목표로 강조되었다. 국제 사회가 기후변화 위기에 대한 대응을 강화하는 동안, 국내에서 사회적 형평성, 공정성, 정의 구현과 같은 공공가치가 국민의 기대에 미치지 못하고 있다는 반성에서 비롯되었다(Bozeman, 2002). 사회적 가치를 경제적 가치보다 우선하는 포용국가 건설을 국정 목표로 공식 선언하고, 공공기관이 목표 실현의 선도적 역할을 수행할 것을 요구하였다.

정부가 사회적 가치를 공식적으로 천명한 것은 비교적 늦은 감이 있다. 그럼에도 불구하고, 공공기관이 이해관계자에 대한 도덕적 의무를 넘어 서비스의 질을 향상하고, 예산을 적법하게 사용하며, 윤리경영을 실천하는 한편, 사회문제 해결자로서의 역할을 강조했다는 점에서 사회적 책임의 성숙 단계에 이르렀다고 평가할 수 있다. 정부는 기존의 '사회적 책임' 개념이 소극적 책임을 강조하는 한계가 있다고 보고, 사회 구성원이 인정하는 바람직한 가치를 창출해야 한다는 의미에서 '사회적 가치' 개념을 강조하였다(정효영·박정은, 2020). 공동가치 창출을 넘어 보다 적극적인 사회적 가치 우선의 포용국가 건설을 목표로 삼았으며, 공공기관 경영평가에 반영하여 일자리 창출, 중소기업 지원, 소외계층 고용 확대 등의 역할을 강화하였다.

정부가 사회적 가치를 강조함에 따라, 공공기관들은 이제 도덕적 의무를 넘어 사회적 가치 창출을 위한 구체적인 활동을 수행할 책임을 부담하게 되었다. 이러한 과정에서 공공기관들은 유사한 사회적 책임 활동을 수행하는 경향을 보이며, 조직 간 유사성이 심화되는 동형화(isomorphism) 현상이 나타났다. 기획재정부와 주무부처에 사회적 가치 실적을 보고하는 과정에서 강제적 동형화(coercive isomorphism)가 촉진되었으며, 소규모 공공기관의 경우 선도 기관의 사례를 모방하는 모방적 동형화(mimetic isomorphism)가 진행되었다(백경민, 2013; 윤언철·유규창, 2017).

사회적 가치가 우리나라 공공기관 사회책임의 상위 원리로 정착되어 가는 시점에서, 국제사회는 기존의 주주자본주의에서 이해관계자 자본주의로의 이행을 선언하였다. 이에 따라 우리나라 공공기관들도 기획재정부와 주무부처 및 지역사회 중심의 사회적 책임을 넘어서, 직원의 인권 보호, 안전한 근무환경 조성, 윤리경영, 지배구조 개선 등으로 사회적 책임의 범위를 기관 내부로 확장하는 추세를 보였다. 그러나 여전히 국내 공공기관에서는 기관 직원과 조직 운영에 대한 '내부적 책임'보다는 지역사회 발전을 위한 '외부적 책임'이 강조되고 있다.

이해관계자 자본주의에서 '이해관계자'의 범위에 대한 합의된 정의는 없지만, 에드워드 프리먼(Edward Freeman)은 이를 조직 운영에 영향을 미칠 수 있는 모든 그룹으로 보고 있다. 고객, 직원, 공급업체, 지역사회, 금융기관 등 조직의 목적 실현에 영향을 미치는 모든 그룹이 이해관계자에 해당하며, 조직의 성공은 이들 그룹들과의 관계를 얼마나 효과적으로 관리하느냐에 달려 있다고 본다(Freeman & Phillips, 2002, p. 333). 이해관계자 자본주의에서는 가치 창출이 자유롭고 자발적인 동기에 의해 이해관계자들의 협력 속에서 이루어진다고 보며, 〈표 5-1〉에 제시된 바와 같이 충족해야 할 여섯 가지 원칙이 존재한다.

표 5-1 이해관계자 자본주의의 6원칙

원칙	내용
1. 이해관계자 협력 원칙	가치는 이해관계자들이 서로 자발적인 합의를 통해 자신들의 필요와 욕구를 함께 충족시켜 나갈 때 창출된다.
2. 이해관계자 참여 원칙	가치창출 활동에 모든 이해관계자들을 참여시켜야 한다.
3. 이해관계자 책임 원칙	협력의 당사자들은 자신의 행동에 대한 결과에 책임을 져야 하며, 제3자가 피해를 입었을 경우 보상을 하거나 새로운 합력의 룰을 만들어야 한다.
4. 복잡성의 원칙	인간은 다양한 가치관과 관점에서 행동할 수 있는 복잡한 심리적 존재라는 점을 인정해야 한다.
5. 지속적인 창조 원칙	비즈니스는 가치 창출의 원천이며, 지속적인 가치창출을 위해 이해관계자들은 서로 협력해야 한다.
6. 새로운 경쟁 원칙	경쟁은 자발적인 이해관계자 간 협력에서 발생하며, 단순히 상대를 이기려는 원초적인 욕구에 기반하지 않는다

출처: 한국경영학회(2023, p.16)

이상의 논의를 통해 주주자본주의와 이해관계자 자본주의의 차이를 요약하면 〈표 5-2〉와 같다.

표 5-2 주주자본주의와 이해관계자 자본주의의 비교

	주주 자본주의	이해관계자 자본주의
개념	주주에게 최대한의 재정적 가치를 제공하는 경영활동	주주뿐만 아니라, 모든 이해관계자(직원, 고객, 공급업체, 지역사회, 환경 등)에게 가치를 창출하는 경영활동
목표	단기적 수익과 주가 상승을 통해 주주의 이익 창출	지속 가능한 성장, 사회적 책임, 장기적인 가치 창출을 통해 이해관계자들 모두에게 이익 창출
가치창출의 주체	기업	이해관계자(동시에 수혜자)
의사결정기준	주주이익 극대화	다양한 이해관계자의 이익 고려
책임범위	경제적 이익	경제·사회·환경적 책임
시간범위	단기적 성과	장기적인 지속가능성

주주자본주의는 기업이 주주의 이익 극대화를 목표로 경영 활동을 수행하는 체계로, 주로 단기적 수익과 주가 상승에 초점을 맞춘다. 이에 반해, 이해관계자 자본주의는 기업이 주주뿐만 아니라 직원, 고객, 공급업체, 지역사회, 환경 등 다양한 이해관계자의 가치를 고려하는 경영 방식을 의미한다. 이해관계자는 가치 창출의 주체이자 수혜자로서 가치는 이해관계자들의 협력속에서 집합적으로(collectively) 창출된다. 기업의 경제적 이익뿐만 아니라 사회적·환경적 책임도 함께 고려하기 때문에 지속가능한 성장을 가능하게 한다. 이러한 흐름은 기업의 운영 방식이 바뀌는 것을 넘어, 기업이 사회적 책임을 다해야 한다

는 글로벌 기조가 강화되고 있음을 보여준다. 이 과정에서 ESG 경영과 TCFD의 재무정보공시 등의 확산은 이해관계자 중심의 지속가능한 경영을 더욱 강조하는 흐름을 이끌고 있다.

제도변화의 결정요인

1) 자율적 규범과 강제적 규제(국외)

파리협정을 통해 온실가스 감축의 필요성에 대한 국가 간 공감대가 형성되었으나, 각국 기관들은 기후변화와 관련한 리스크를 어떻게 식별하고 예측하며, 재무성과에 미치는 영향을 줄이기 위한 전략을 수립하고 관리하는 방식에 대한 합의를 이루지 못했다. 이에 대한 대응으로 기후변화 관련 재무정보공개 협의체(TCFD)가 마련한 재무정보공시는 기후변화 위기가 투자에 미치는 영향을 측정하기 위한 비교 가능한 지표를 제공하였다.

〈표 5-3〉은 TCFD의 기후변화 관련 재무정보 공시 핵심 요소와 세부 공시 항목을 제시한 것이다. 기후변화 대응을 위한 거버넌스, 전략, 리스크 관리, 지표·목표의 4대 영역에서 11개 세부 공시 항목을 도출하여 기업들의 자발적 공시를 유도하고 있다. 특히, 기후변화 관련 위험과 기회 요인을 평가하고 관리할 수 있도록 기업의 지배구조와 경영진의 역할을 강조하고 있다. ESG 경영이 확산된 2021년 이후, 국내 많은 기업과 공공기관들도 ESG 지표 개발 과정에서 GRI(Global Reporting Initiative)와 더불어 TCFD 재무정보공시 권고안을 적극 반영하고 있다(백인규, 2022).

표 5-3 TCFD 4대 영역별 세부 공시 항목

영역	세부 공시 항목
거버넌스	• 기후변화 관련 리스크와 기회에 대한 이사회의 감독 • 기후변화 관련 리스크와 기회를 평가하고 관리하는 경영진의 역할
전략	• 기업이 식별한 단·중·장기 기후변화 관련 리스크와 기회 • 기후변화 관련 리스크와 기회가 기업의 사업과 전략·재무 계획에 미치는 영향 • 2°C 시나리오를 포함해 다양한 기후변화 시나리오를 고려한 기업 전략의 회복탄력성
리스크 관리	• 기후변화 관련 리스크를 식별하고 평가하기 위한 절차 • 기후변화 관련 리스크를 관리하기 위한 절차 • 기후변화 관련 리스크 식별·평가·관리 절차가 기업의 전사 리스크 관리에 통합되는 방식
지표·목표	• 기업의 전략과 리스크 관리 절차에 따라 기후변화 리스크와 기회 평가에 사용한 지표 • 온실가스 배출량(Scope 1·2, 가능 시 3까지) 및 관련 리스크 • 기후변화 리스크와 기회, 목표 대비 성과를 관리하기 위해 기업이 설정한 목표

출처: 백인규(2022). ESG 관통하는 언어, 「TCFD 보고서」.

TCFD는 2016년부터 본격적으로 이행되기 시작한 유엔지속가능개발목표(UN SDGs)를 적극적으로 고려하였다. UN SDGs는 새천년개발목표의 후속 의제로, 더 포괄적이고 지속가능한 발전을 목표로 한다. 이 목표들은 빈곤퇴치, 환경 보호, 경제성장 등 다양한 분야를 아우르며, 전 세계적으로 '누구도 소외되지 않는' 발전을 지향한다. 이미 많은 기업과 정부, 공공기관, 시민단체가 UN SDGs를 채택하여 지속가능한 사회를 만들기 위한 노력을 강화하고 있다. 기업들은 ESG 보고서를 통해 UN SDGs와 연계된 목표를 설정하고, 관련 활동과 실적을 보고하는 방식으로 지속가능성을 강조하고 있다. 심지어, 일부 대학에서도 UN SDGs를 교육과 연구의 핵심 가치로 반영하여, 매 학기 수업계획서에 해당 수업이 UN SDGs와 어떤 연관성을 가지는지 명시하도록 요구하는 등 지속가능한 발전을 위한 기관 차원의 노력이 확대되고 있다.

2017년부터 EU는 2014년에 채택한 비재무보고지침(NFRD)을 강화하기 시작하여, 다음 해인 2018년에 유럽 28개국이 이를 법제화하기에 이르렀다. 500인 이상 사업장을 가진 기업은 환경, 인권, 사회적 책임, 반부패 활동 등을 반드시 보고하도록 의무화했으며, 지속가능경영보고서의 사회책임 보고 지침에 반영하도록 하였다. 2020년에는 유러피안 그린딜(European Green Deal)이라는 지속가능경제성장 로드맵을 마련하여 2050년까지 온실가스 배출량 제로 달성과 함께, EU를 공정하고 현대적이며 경쟁력 있는 경제로 전환하기 위한 정책을 추진하고 있다. 한 예로, 모든 정책 과정은 친환경·순환경제로의 전환을 포용적인 방식으로 추진하는 것을 핵심 원칙으로 삼고 있다. 그 다음 해인 2021년, EU는 유럽기후법(European Climate Law)을 통과시켜 2030년까지 온실가스 배출량을 1990년 대비 55% 이하로 감축할 것을 법적으로 명시하였다.

유러피안그린딜의 가장 주목할 만한 후속조치로는 2020년 7월 EU는 녹색분류체계 규정(EU Taxonomy Regulation), 일명 EU-택소노미의 도입이다. 이 규정은 지속가능한 금융과 환경 목표 달성을 위한 자금을 효과적으로 배분하기 위해 마련되었으며, 경제 활동이 환경적 지속가능성을 판별할 수 있는 기준과 절차를 제시한다. 〈그림 5-3〉에서 보는 바와 같이, EU-택소노미의 핵심 내용은 다음과 같다.

그림 5-3 EU의 녹색분류체계 규정(EU Taxonomy Regulation)

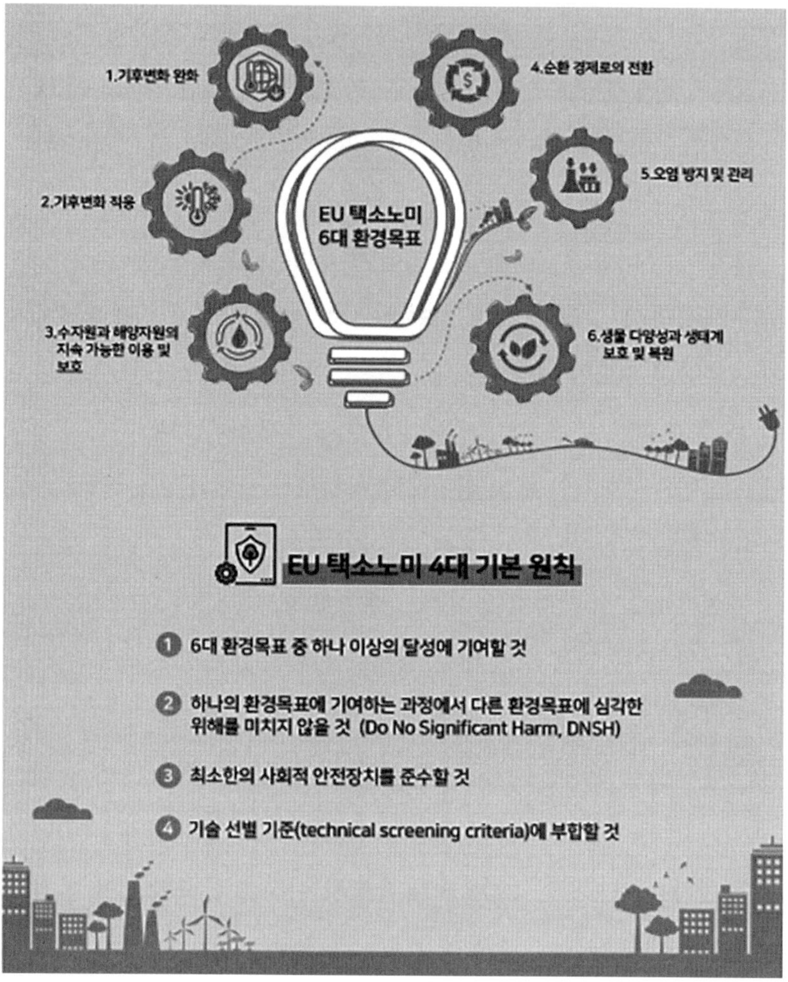

출처: SK이노베이션 미디어룸. https://media.skens.com/901

① 경제활동이 6가지 환경 목표 중 하나에 기여할 것

② 나머지 환경 목표에 중대한 피해를 주지 않을 것

③ 사회적 안전장치(예: 국제노동기구의 기준 등)를 준수할 것

④ 기술적 스크리닝 기준(예: 특정 온실가스 배출 기준 이하로 유지되는 기술)을 제시할 것(SK이노베이션 미디어룸, 2025)

EU의 기업 지속가능성 보고 지침(Corporate Sustainability Reporting Directive: CSRD) 대상 기업들은 EU-택소노미를 기반으로 지속가능보고서를 작성해야 한다. CSRD는 비재무보고지침(NFRD)을 2021년 개정·확대한 것으로, 기업의 비재무적 정보공개 의무를 더욱 강화하였다. 하지만 규정이 매우 세부적이고 기술적이어서 기업과 투자자들이 이를 이해하고 준수하는 데 어려움을 겪고 있으며, 2022년 EU가 천연가스와 원자력을 녹색경제 활동에 포함시키면서 논란과 비판이 이어지고 있다.

한국도 EU-택소노미를 참고하여 2022년 12월 환경부가 〈그림 5-4〉와 같이 K-택소노미 최종안을 발표하고, 2023년 1월 1일부터 시행하였다. 탄소배출이 많은 제조업 중심의 산업구조를 가진 한국 경제의 특수성을 고려하여, 수소 및 암모니아 관련 기술과 산업을 녹색경제 활동에 포함시킴으로써, 기존 제조업의 탄소배출을 줄이고 녹색경제로의 전환 가능성을 확보하고자 하였다. K-택소노미가 지켜야 할 3가지 원칙은 다음과 같다.

① 온실가스 감축 등 환경 목표에 기여할 것
② 심각한 환경 피해를 입히지 않을 것
③ 최소한의 보호장치(예: 인권, 노동, 안전, 반부패 등)를 마련할 것

그림 5-4 K-택소노미 주요 내용

- **녹색부문**

  탄소중립에 필수적인 녹색 경제활동

  태양광, 태양열 등 재생에너지, 수소환원제철, 비탄산염 시멘트, 불소화합물 대체 및 제거, 전기차·수소차 등 64개 경제활동

- **전환부문**

  탄소중립으로 가기 위해 한시적으로 필요한 경제활동

  액화천연가스(LNG) : 2030년~2035년까지 한시적 포함

  블루수소 : 2030년까지 한시적 포함

  원자력 발전 : 미포함

출처: 우태희. https://news.nate.com/view/20220103n33942

K-택소노미는 '녹색부문'과 '전환부문'으로 구성되어 있다. 녹색부문은 탄소중립 달성을 위한 경제활동을 포함하며, 전환부문은 탄소중립으로 전환하기 위한 과도기적 경제활동을 의미한다. EU-택소노미가 개정되면서 원자력을 녹색 경제활동으로 포함한 것과 달리, K-택소노미는 원자력을 '친환경'으로 분류하지 않았다. 2024년 12월 개정된 K-택소노미에는 다음과 같은 4대 환경 목표에 기여하는 녹색 경제활동이 추가되었다.

① 물의 지속가능한 보전

② 순환경제로의 전환

③ 오염방지 및 관리

④ 생물다양성 보전

같은 해 이해관계자 자본주의에 근거한 ESG 지표가 발표되었다. 2020년 9월 다보스포럼의 국제비즈니스협의회가 4대 회계법인(Deloitte, EY, KPMG and PwC)과 협업하여 '이해관계자 자본주의 측정: 지속 가능한 가치 창출을 위한 공통 지표 및 일관된 보고 체계 구축'이란 제목의 백서를 발간하였다. 〈부록 2〉는 백서에 포함된 이해관계자 중심의 지속가능성 공시 지표들이다. 2020년은 다보스포럼 50주년이 되는 해로 '결속력있고 지속가능한 세계를 위한 이해관계자들(Stakeholders for a Cohesive and Sustainable World)'이란 주제 아래 이해관계자 자본주의를 재정립하면서 만든 포괄적인 ESG 지표이다.

거버넌스, 지구(환경), 인간(사회), 번영(경제)의 4대 분야에서 양적 측정이 가능한 21개 핵심 지표와 그 외 34개 부가지표를 포함하고 있다(World Economic Forum, 2020). 예컨대 거버넌스 측면에서는 기관 운영에 있어 이해관계자의 참여도를 파악하도록 요구했으며, 환경 부문에서는 온실가스 배출량을 Scope 1, 2, 3까지 추정하여 보고하도록 권고했다.[21] 사회 부문에서는 다양성과 포용성, 급여 평등, 아동 및 강제노동의 위험성을 명시하도록 했으며, 경제 부문에서는 경제적 가치 창출 정도, 연구개발(R&D) 투자 수준, 기관이 부담한 총 글로벌 세금 등을 보고하도록 했다.

2021년 이후 ESG가 본격적으로 확산되면서, 공공기관은 이해관계자 자본주의 관점에서 주주, 고객, 직원, 정부, 지역사회 등 주요 이해관

21 Scope 1: 기업이 직접 배출하는 온실가스(예: 공장 연료 연소, 차량 배기가스); Scope 2: 기업이 외부에서 구매한 전기, 열, 스팀 등 에너지 사용 과정에서 간접적으로 발생하는 온실가스 배출; Scope 3: 공급망 전체에서 발생하는 온실가스(예: 원자재 생산, 물류, 제품 사용 및 폐기).

계자의 기대를 경영에 반영하기 위해 중대성(materiality) 평가를 적극 도입하고 있다. 중대성 평가는 ESG 경영의 출발점으로서, 기관이 직면한 주요 리스크와 기회 요인을 식별하고 이에 선제적으로 대응할 수 있도록 조직의 대응 역량을 강화하는 핵심 절차이다. 기존에는 사회·환경적 요인이 기업의 재무성과에 미치는 영향(Outside-in)에 중점을 둔 단일중대성 또는 재무중대성(financial materiality) 접근이 일반적이었다. 그러나 최근에는 기업 활동이 사회·환경·인권 등에 미치는 영향(Inside-out)을 고려하는 영향중대성(impact materiality)까지 함께 평가하는 이중중대성(double materiality) 방식이 강조되고 있다(〈그림 5-5〉). 기관이 지속가능성을 보다 포괄적이고 균형 있게 평가하며, 장기적 가치 창출과 리스크 관리를 위해 이해관계자의 기대와 사회적 책임을 동시에 고려해야 함을 의미한다(이신형, 2022).

공공기관에 있어 중대성 평가는 ESG 이슈 선정 절차를 넘어, 지속가능경영 전략 수립, 정책 결정, 이해관계자 소통, 성과관리 등 전반적인 ESG 경영체계 구축의 핵심 기준으로 기능한다. 이 과정에는 수익성 예측, 위험 분석, 글로벌 동향 분석, 재무 상태 평가, 이해관계자 관심사 분석 등이 포함되며, 이를 통해 기관의 대내외 환경을 종합적으로 진단하고, 우선 관리해야 할 핵심 이슈를 식별하게 된다. 특히 공공기관은 사회적 가치 실현과 공익을 목표로 하기 때문에, 재무적 요소뿐 아니라 환경과 사회적 책임 등 비재무적 요소를 포괄적으로 고려하는 것이 필수적이다.

다만 이중중대성 평가의 국제적 확산 정도는 아직 상이하다. 국제보고기준(GRI)과 유럽지속가능성공시기준(ESRS)은 이중중대성을 명확히 반영하고 있는 반면, 국제지속가능성기준위원회(ISSB), 미국 증권

그림 5-5 이중중대성 평가도

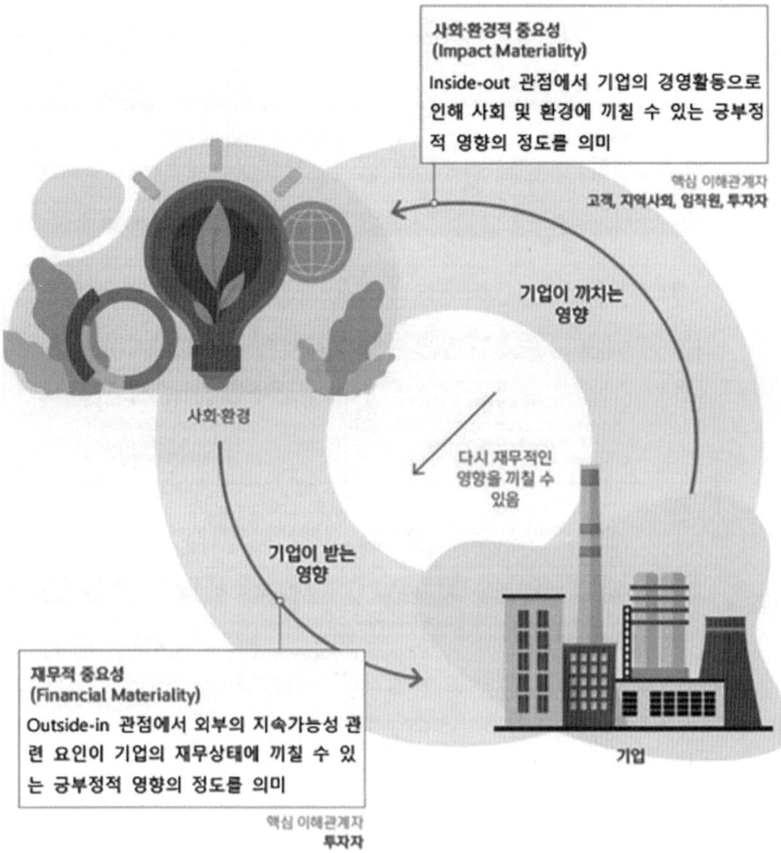

출처: 신한금융지주. https://m.blog.naver.com/cat9609/222990977605

거래위원회(SEC), 모건스탠리 캐피털 인터내셔널(MSCI) 등은 여전히 단일중대성 기준을 유지하고 있어, 이중중대성의 국제적 강제력은 불확실한 상황이다. 우리나라 공공기관은 비록 의무화되지는 않았으나 이미 이중중대성 평가를 도입하여 사용하고 있다. 민간 부문에서는 한화, 신한금융지주 등이 선도적으로 적용하고 있으나, 대다수 기업은

그림 5-6 국민연금공단의 이중중대성 평가 과정

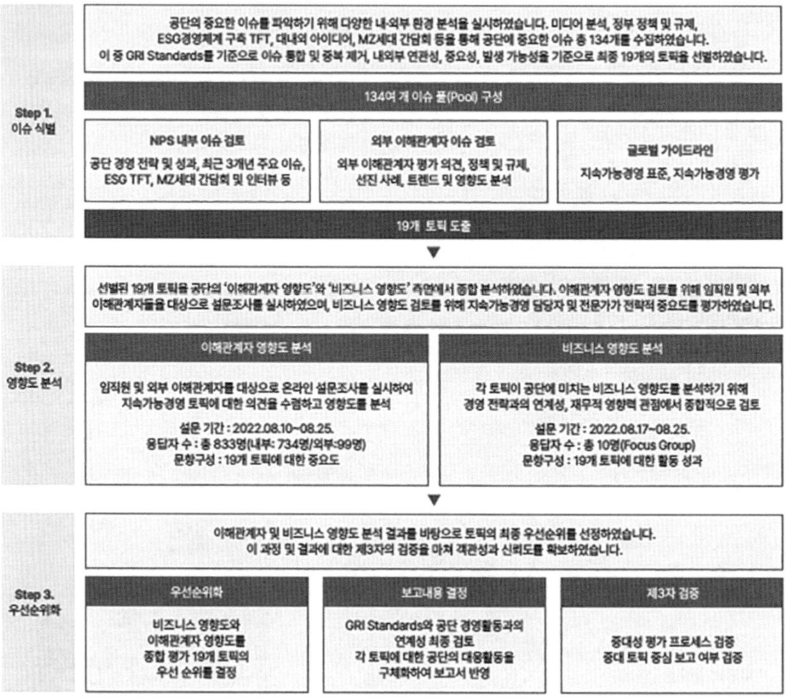

출처: 국민연금공단. (2023). 2022년 지속가능경영보고서. p.18

여전히 도입에 소극적인 모습을 보이고 있다.

〈그림 5-6〉은 국민연금공단의 이중중대성 평가 과정을 도식화한 것이다. 국민연금공단은 경영전략 및 과거 성과 등 내부 이슈와 정부 정책 및 규제, 국제보고기준(GRI) 등 글로벌 가이드라인을 종합적으로 검토한 후 이해관계자 영향도 및 비즈니스 영향도 두 가지 차원에서 공단의 중대한 이슈를 선별한다. 먼저 1단계에서 공단의 경영전략 및 성과 등 내부 이슈, 외부 이해관계자의 관심(정부 정책, 규제), 글로벌 가이드라인(예. 글로벌 자산운용사의 투자원칙, GRI 등)을 고려하여 19개 중요한 이

그림 5-7 국민연금공단의 중대성 평가 결과

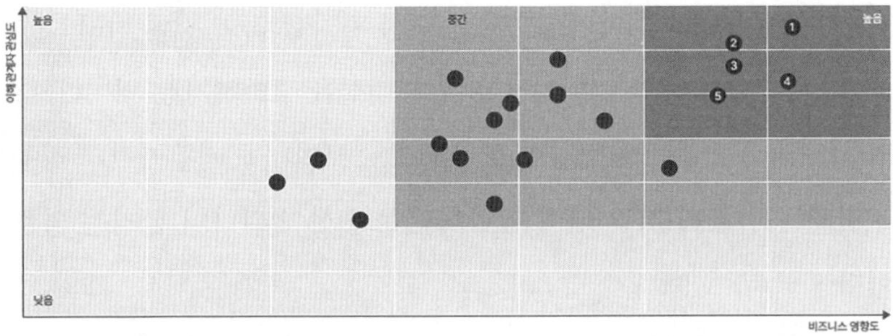

출처: 국민연금공단. (2023). 2022년 지속가능경영보고서. p. 19

슈를 추출한다. 2단계에서는 추출된 19개 이슈가 내·외부 이해관계자와 공단의 비즈니스에 미치는 영향도를 설문조사와 포커스 그룹을 통해 분석한다. 마지막 3단계에서는 이해관계자 및 비즈니스 영향도 분석 결과를 제3자의 검증을 거쳐 우선순위를 정한다.

〈그림 5-7〉은 3단계 과정을 거쳐 도출된 이중중대성 평가 결과이다. 이해관계자의 관심도와 비즈니스 영향도의 교차점을 기준으로 평가한 결과, 공단은 ① 연금제도, ② 기금 운용, ③ 리스크 관리, ④ 윤리 및 청렴성, ⑤ 고객 정보보호를 상위 5대 중대 이슈로 선정하였다.

〈그림 5-6〉과 〈그림 5-7〉의 절차를 거쳐 공단이 발굴한 ESG 핵심이슈는 공단의 설립목적(연금급여를 실시하여 국민 생활안정과 복지증진에 이바지)과 대체로 연계되지만 ESG 경영의 목적과는 정확히 일치하지는 않는다. 이러한 문제점을 보완하기 위해 중대성 평가 이외에 민간 기업에서는 전과정평가(Life-Cycle Assessment: LCA)를 사용하고 있다. LCA는 제품이나 서비스의 전체 수명주기 동안의 환경적 영향을 평가하는 방법으로 제품의 생산·유통·폐기 등 전 단계에 걸쳐 발생하는

환경적 영향을 측정하고 비교한다. 복잡한 서비스 공급망에서 환경적 영향을 파악하기 어려우므로 중대성 평가를 하기 전에 미리 LCA를 통해 환경적 영향을 분석하고 그 중대성을 고려하자는 것이다. 다만 에너지 공기업에겐 적절한 보완책으로 보이나 준정부기관의 경우 투입되는 비용과 시간 대비 실질적인 효용성이 얼마나 클지는 의문이다.

또 하나의 문제는 공공기관의 중대성 이슈가 ESG의 'S(사회)'를 균형 있게 고려하지 못할 가능성이 있다는 점이다. 예를 들어 국민연금공단의 경우 기금 운용의 전문화, 연금제도의 다양성, 윤리경영 및 투명경영을 중대한 이슈로 선별했으나, 안전과 건강, 인권 및 인재경영, 상생과 지역사회 공헌과 같은 'S' 관련 이슈들은 상대적으로 우선순위에서 밀려났다. 특히 상생과 지역사회 공헌은 19번째로 가장 낮은 순위에 위치해 있다.

'S' 관련 이슈들을 보완하기 위해 중대성 평가뿐만 아니라 제 1장 〈표1-2〉에 제시된 13가지 사회적 가치를 고려하여 중요 이슈를 재선별하는 방안을 검토할 필요가 있다. 민간기업에서 활용되는 중대성 평가가 주로 재무성과에 편중되어 있다는 점을 감안하면, 기존의 공공성 연구(유훈 외, 2014)를 토대로 공공기관의 공공성을 개념화하고 조작화함으로써 평가의 목표를 명확히 설정할 필요가 있다. 명확히 설정된 목표를 바탕으로 적절한 지표를 개발하고, 이러한 지표를 통해 ESG 활동의 궁극적인 임팩트를 체계적으로 측정해야 한다. ESG 활동의 목표가 명확하지 않다면 형식적인 데이터 수집에 그치고, 정작 정책적 목표는 상실될 위험이 있기 때문이다(서진석, 2021. 3).

이 밖에도 OECD는 2021년 7월 1일 글로벌 법인세 최저세율을

15%로 정하고, 2023년부터 적용하는 방안을 130개국의 서명을 받아 합의했다고 발표했다(한국무역협회, 2021). 구글, 페이스북 등 글로벌 대기업이 법인세율이 낮은 국가에 법인을 두어 세금을 회피하는 것을 방지하기 위한 조치이다. 그러나 2025년 1월 현재, 미국을 포함한 다수의 국가에서 해당 합의를 국내법으로 비준하지 않아 실제 시행 여부는 불확실한 상황이다. 우리나라의 경우도 15%의 글로벌 기준을 따르고 있지 않다. 2023년 1월 1일부터 개정 시행된 「법인세법」에 따라, 대한민국의 법인세율은 과세표준 구간별로 1%씩 인하되어 최저 9%에서 최고 24%까지 적용되고 있다.

2) 자율적 규범과 강제적 규제(국내)

이 시기 가장 중요한 변화는 공공기관 경영평가에서 사회적 가치가 핵심 평가 기준으로 부상했다는 점이다. 2017년 12월 정부는 공공기관 경영평가 제도를 개편하여 사회적 가치의 배점을 대폭 확대하고 2018 경영평가부터 적용하였다. 개편된 평가 제도는 '사회적 가치' 용어를 공식적으로 도입하고, 배점을 공기업의 경우 30-35점에서 40-45점으로, 준정부기관의 경우 45-50점에서 58-63점까지 대폭 확대하였다(김재환, 2018). 정부는 더 나아가 2019년 1월 「공공기관의 혁신에 관한 지침」을 일부개정 하여, 공공기관은 사회적 가치 실현 및 공공성 제고를 위해 일자리 창출, 안전하고 건강한 공동체 실현, 대·중소기업 간 상생 및 협력, 지역경제 활성화를 위해 노력해야 함을 명시했다. 지침에 따라 2019년부터는 경영평가의 기본 방향을 사회적 가치 구현으로 정하고 기관의 경영활동에 사회적 가치가 얼마나 내재되었는지 중

표 5-4 사회적 가치 관련 지표의 배점 변화(공기업 기준)

연도	범주	평가지표	지표(배점)
2010	경영성과	경영효율화	정부권장정책(2)
2011-14	리더십, 책임경영	사회적 기여	사회공헌(2)
			정부권장정책(5)
2015	경영관리	1. 경영전략 및 사회공헌	전략 기획 및 사회적 책임(2)
			정부권장정책(5)
2016	경영관리	1. 경영전략 및 사회공헌	전략 기획 및 사회적 책임(2)
			정부권장정책(5)
2017	경영관리	1. 경영전략 및 사회공헌	전략 기획 및 사회적 책임(5)
			정부권장정책(5)
	가점	가점	일자리 지표 가점(10)
2018	경영관리	2. 사회적 가치구현	사회적 가치구현(22)
2019-21	경영관리	2. 사회적 가치구현	사회적 가치구현(25)
2023	경영관리	2. 사회적 가치구현	사회적 가치구현(15)
	가점	가점	혁신가점(5)

출처: 허경선 (2020). p.13.
2023년도 배점은 2022년 10월 '제13차 공공기관 운영위원회' 회의 결과를 바탕으로 필자 작성.

점적으로 평가하기 시작했다.[22]

〈표 5-4〉는 공기업 경영평가에서 사회적 가치 관련 지표의 배점 변

22 행정안전부 역시 2017년 일자리 확대, 지역사회 공헌, 사회적 약자 배려 등 사회적 가치 중심의 평가를 지방공기업에 주문하였고, 지역 주민이 평가에 직접 평가에 참여하도록 하였다(행정안전부, 2017).

화를 2010년부터 2023년 8월까지 정리한 표이다. 2010년 공공기관 경영평가에서도 정부권장정책이 반영되었으며, 당시 서민경제 활성화, 취약계층 일자리 마련, 녹색성장, 장애인 생활기반 지원 등 4개 분야에서 8개 과제가 선정되었다. 구체적으로, 중소기업 제품 우선구매, 장애인·고령자 의무고용, 친환경상품 의무구매, 에너지 이용 합리화 등 현재도 활용되는 정책들이 포함되었다(기획재정부, 2009).

그러나 당시 정부권장정책 이행실적의 배점은 2점에 불과하여, 전체 경영평가 계량지표(55점) 중 3.6%만 차지하는 데 그쳤다(공기업 기준). 2011년부터는 사회공헌(2점)이 정부권장정책(5점)과 분리되어 개별적으로 평가되기 시작했다. 이후 2015년부터 사회공헌의 개념을 확장하여 '사회적 책임'으로 명칭을 변경하였으며, 2017년까지 일부 조정을 제외하고 큰 변화 없이 유지되었다. 하지만 2017년 12월, 공공기관 경영평가 지표가 개편되면서 사회적 가치의 배점이 대폭 확대되었다. 경영 효율성보다 공공성, 즉 사회적 가치가 경제적 가치에 우선함을 명시한 개편이었다.[23]

2018년부터 확대 적용된 사회적 가치는 경영평가 결과를 가늠하는 척도가 되었다. 공기업 경영평가의 경우 100점 만점에 사회적 가치 배점만 30점에 달했고, A등급을 받은 6개 공기업(한국토지주택공사, 인천국제공항공사, 인천항만공사, 한국남부발전, 한국수자원공사, 한국중부발전)은 모두 사회적 가치 평가에서 높은 점수를 받았다(장지훈, 2019). 가장 큰 성과는 일자리 증가와 환경 및 안전 개선 분야였으며, 기획재정부는 이

23 그러나 코로나 팬데믹 이후 세계적인 경기침체와 지속적인 공기업 부채 부담 속에서, 윤석열 정부는 공공기관 경영평가에서 우선시되었던 공공성을 효율성과 균형을 맞추는 데 중점을 두었다.

를 통해 공기업이 본연의 공공성을 회복하고 있다고 평가했다. 그러나 영업이익과 당기순이익은 전년도보다 감소했으며, 각 기관의 특성을 충분히 반영하지 못한 채 획일화된 지표를 적용하는 문제에 대한 비판이 지속적으로 제기되기 시작했다(김현희·박광동, 2018).

표 5-5 K-ESG 가이드라인 구성

구분	주요 항목
정보공시(5)	• ESG 정보공시 방식·주기·범위 등
환경(17)	• 환경경영목표 및 추진체계, 친환경 인증, 환경 법규위반 등 • 온실가스 배출량, 폐기물·오염물질 배출량, 재활용률 등
사회(22)	• 사회책임경영 목표, 채용, 산업재해, 법규위반 등 • 채용, 산업안전, 다양성, 인권, 동반성장, 사회공헌 등
지배구조(17)	• 이사회 전문성, 이사회 구성, 주주권리 등 • 윤리경영, 감사기구, 지배구조 법규위반 등

출처: 관계부처합동 (2021). K-ESG가이드라인 v1.0.

정부는 또한 ESG의 본격적인 확산에 발맞춰 관계부처합동으로 2021년 12월 K-ESG 가이드라인을 발표하였다(〈표 5-5〉). 한국ESG기준원, 두이에스지(DoESG), DJSI, MSCI, EcoVadis, Sustainalytics 등 국내·외 주요 13개 평가기관의 3,000여 개 이상의 지표와 측정 항목을 분석하여 정보공시(5개), 환경(17개), 사회(22개), 지배구조(17개)의 총 61개 지표를 개발했다. 기존의 국내·외 ESG 지표와 달리 평가를 위한 지표라기보다는 평가 대상기관에서 평가를 준비하기 위한 범용적 지침서(template)로서의 성격이 강하다. 특정 산업을 대상으로 개발되지 않았기 때문에 개별 기관의 특성에 맞게 각색하여 자체적으로 활용할 수 있도록 설계되었다. 또한 글로벌 기준을 반영하면서도 국내 상황과 공공기관의 특성을 고려하여 설계되었기 때문에, 유사한 성격의 공공기관 ESG 평가 결과 간의 일관성을 확보할 수 있는 장점이 있다. 정부는 K-ESG 지표를 1-2년 주기로 글로벌 환경 변화에 맞춰 개정하도록 권고하고, 평가결과를 바탕으로 ESG 우수 기업 포상·격려, 수출 중소·중견 기업 ESG 지원협의회 발족을 목표로 하고 있다(관계부처합동, 2021).

세부적인 ESG 지표를 보면,

- 환경(E) 부문은 환경경영 목표 수립 여부, 재생 원부자재 비율, 온실가스 배출량, 재생에너지 사용 비율, 재사용 용수 비율 등 17개 항목
- 사회(S) 부문은 정규직 비율, 여성 구성원 비율, 장애인 고용률, 산업재해율. 협력사 ESG 지원 등 22개 항목
- 지배구조(G) 부문은 사외이사 비율, 대표이사와 이사회 의장 분리, 이사회 여성 위원 수. 윤리규범 위반사항 공시. 지배구조 규제 위반 등 17개 항목으로 구성됐다.[24]

바로 다음 해인 2022년 12월, 정부는 EU 등 주요국의 공급망 실사 확산 움직임에 대응하여 「공급망 실사 대응 K-ESG 가이드라인」을 발표하였다(산업통상자원부, 2024). 공급망 실사는 기초, 심화, 추가 진단으로 구분되며, 기초진단은 12개 범주/25개 진단항목, 심화진단은 18개

24 자세한 K-ESG 기본 진단항목은 〈부록 3〉 참조.

범주/60개 진단항목, 추가진단은 6개 진단항목으로 구성되었다. 대기업 및 EU 등 글로벌 ESG 이니셔티브에서 공통적으로 요구되는 실사 지표를 반영한 것이다. 예를 들어 환경 분야에서는 환경경영 추진체계, 대기 및 소음 관리, 제품 내 유해물질 관리 등이 포함되며, 사회 분야에서는 정규직 비율, 인권정책 수립, 안전보건 추진체계, 비상상황 대응체계 등이 주요 항목으로 제시되었다. 지배구조 분야에서는 윤리헌장 및 실천 규범, 공익제보자 보호, 정부 공개 투명성 등이 포함되어 있다.

탄소중립 시대를 목표로 2020년 4월 제정되고, 2021년 2월부터 시행된 「수소경제 육성 및 수소 안전관리에 관한 법률」(이하 「수소법」)은 미래 에너지원으로서 수소경제의 중요성을 인식하고, 관련 인프라 구축 및 제도적 기반을 마련하기 위해 제정되었다. 수소법은 수소충전소 및 연료전지 설치, 수소특화단지 지정, 수소경제위원회 설치 등을 포함하여 수소 생태계 조성을 위한 종합적인 지원체계를 구축하는 데 초점을 맞추었다. 특히, '탄소중립위원회'의 출범과 함께 관련 정책에 대한 기대가 높아졌으며, 수소경제를 미래 에너지 중심으로 자리매김하기 위한 야심찬 전략으로 추진되었다. 그러나 2024년 7월 기준, 전국에 구축된 수소충전소는 단 17개에 불과하며, 이 중 11개소는 시운전, 시설 정비, 또는 인근 주민들의 민원 등의 문제로 인해 운영이 중단된 상태다(가스신문, 2024). 윤석열 정부 출범 이후 수소경제 정책의 추진 동력이 약화되었거나, 수소 인프라 확대 및 관련 정책의 실효성 확보를 위해 보다 강력한 지원과 조정이 필요함을 보여준다.

마지막으로, 2021년 1월 26일 논란 끝에 「중대재해 처벌 등에 관한 법률(중대재해처벌법)」이 제정되었다. 2022년 1월 27일부터 상시근로자

50인 이상 사업장 대상으로 시행되었고, 2024년 1월 27일부터 50인 미만 5명 이상 사업장에도 적용되었다. 〈표 5-6〉에 제시된 것처럼 동법 제1조에 따르면 사업장에서 안전·보건 조치의무를 위반하여 중대한 산업재해나 시민재해가 일어나 인명 피해가 발생한 경우 사업주나 경영책임자를 처벌하도록 명문화하였다. 실제 2023년 4월 「중대재해처벌법」으로 회사대표가 법정구속되는 첫 사례가 나왔다. 2022년 3월 한국제강 하청업체 소속 60대 근로자가 크레인에서 떨어진 철판에 맞아 숨진 사건으로, 철판에 달린 고리에 연결된 부실한 섬유벨트가 끊어지고 안전고리도 없어 사고가 발생한 것으로 보인다. 2023년 4월 창원지법 재판부는 중대재해처벌법 위반(산업재해치사) 등의 혐의로 기소된 한국제강 대표에게 징역 1년을 선고하고 법정구속했다. 또한 한국제강 법인에 벌금 1억 원을 부과하고, 한국제강 하도급 업체 대표인 강모 씨에게도 징역 6개월에 집행유예 2년을 선고했다(이용경, 2023).

표 5-6 중대재해처벌법의 목적과 중대재해의 두 가지 분류

<table>
<tr><td colspan="2">목적
제1조: 사업 또는 사업장, 공중이용시설 및 공중교통수단을 운영하거나 인체에 해로운 원료나 제조물을 취급하면서 안전·보건 조치의무를 위반하여 인명피해를 발생하게 한 사업주, 경영책임자, 공무원 및 법인의 처벌 등을 규정함으로써 중대재해를 예방하고 시민과 종사자의 생명과 신체를 보호</td></tr>
<tr><td>중대산업재해</td><td>가. 사망자가 1명 이상 발생
나. 동일한 사고로 6개월 이상 치료가 필요한 부상자가 2명 이상 발생
다. 동일한 유해요인으로 급성중독 등 대통령령으로 정하는 직업성 질병자가 1년 이내에 3명 이상 발생</td></tr>
<tr><td>중대시민재해</td><td>가. 사망자가 1명 이상 발생
나. 동일한 사고로 2개월 이상 치료가 필요한 부상자가 10명 이상 발생
다. 동일한 원인으로 3개월 이상 치료가 필요한 질병자가 10명 이상 발생</td></tr>
</table>

출처: 중대재해 처벌 등에 관한 법률

중대재해처벌법은 민간기업뿐만 아니라 공무원과 공공기관 경영자에게도 적용되는 법률로, 공공부문에 처음으로 적용된다는 점에서 그 의미가 크다. 이에 따라 법의 주요 내용과 의무사항을 정확히 파악하고, 공공부문의 제도적 특성과 운영 현실을 고려한 해석과 이행 전략이 요구된다. 우선 기존의 「공공기관운영에 관한 법률」, 「공공기관의 안전관리에 관한 지침」, 「공공기관 안전관리등급제 운영에 관한 지침」, 「산업안전보건법」 등 산업안전 관련 법률과의 관계를 정립하고, 「중대재해처벌법」의 적용에 있어 의무의 주체와 보호의 대상이 누구인지, 또한 재해의 종류 및 범위를 명확히 하여야 한다(최지연, 2022). 공공기관 직원들의 경우 사무직이 대다수이고 주로 기술직 종사자의 사이에서 사고가 발생할 수 있으며, 시민을 대상으로 하는 대민서비스 분야에 초점을 맞춰야 할 것이다. 예를 들어 철도, 도로, 가스 등의 분야는 직원과 사용하는 시민 모두에게 치명적인 인명피해가 발생할 수 있으므로 각별한 주의를 요한다.

몇몇 공공기관들의 ESG 채권발행에 있어서도 지켜야 할 의무가 있다. 한국거래소는 2020년부터 사회적책임투자 채권을 녹색채권, 사회적 채권, 지속가능채권, 지속가능연계채권으로 분류하여 상장하고 있다. 2022년 현재 주택금융공사, 중소기업진흥공단, 예금보험공사 등이 사회적 채권을 발행하고 있다. ESG 채권을 발행하기 위해서는 ESG 채권관리 체계를 수립하고 외부기관의 인증을 받도록 하고 있다. 또한 채권 발행 후에는 자금 사용 현황과 환경 및 사회적 개선 효과를 정기적으로 보고하도록 규정하고 있다. 2022부터는 유가증권시장에 상장을 추진하는 기관은 ESG 심사통과를 의무화하고 있다(한국경영학회, 2023).

3) 위기요인

이 시기 국내외적으로 공공기관의 사회적 책임 활동에 영향을 미친 다양한 위기 요인이 존재했다. 무엇보다 2020년부터 시작된 코로나 팬데믹은 보건 위기를 넘어 경제·사회·환경 전반에 걸쳐 거대한 변화를 초래했다. 인명 피해뿐만 아니라, 근무 방식의 변화, 기관 및 국가 간 교류 제한, 곡물 및 원자재 가격 상승, 인플레이션, 공급망 불균형 등이 공공기관 운영의 리스크를 증가시켰다. 팬데믹은 또한 ESG를 '선택'이 아닌 '필수 전략'으로 변화시키는 계기가 되었다. 일시적으로 많은 국가에서 경제 활동이 둔화되면서 온실가스 배출량이 감소했지만, 팬데믹의 발생 원인 중 하나가 기후변화일 수 있다는 주장이 제기되면서 환경문제의 심각성이 더욱 부각되었다. 아산정책연구소는 해외에서 수행된 연구결과를 인용하여, 기후 온난화가 생태계 변화를 일으켜 바이러스의 기생 매개체인 박쥐 종의 증가를 초래했으며, 이로 인해 코로나바이러스가 창궐했을 가능성을 제기하고 있다(최현정, 2021). 이 연구결과는 기후변화 대응과 ESG 경영의 중요성을 더욱 강조하는 계기가 되었다.

사회적 측면에서 팬데믹 기간 동안 공공기관의 역할은 더욱 강조되었다. 특히 백신 접종과 긴급재난지원금 배분 과정에서 건강 불평등 및 사회적 불평등 문제가 부각되었다(최규진, 2023). 불평등을 완화하기 위해 공공기관은 사회 안전망을 강화하고, 의료 및 경제적 지원의 형평성을 높이는 역할을 수행할 필요성이 커졌다. 또한 비대면 문화의 확산으로 재택근무와 원격 업무가 증가하면서 디지털 전환과 에너지 소비 전략의 변화가 요구되었다. 기관 내부적으로는 직원의 건강과 안전보호, 인권 및 인재경영을 강조한 노동 환경 조성이 중요한 사회적 책임 요소로 자리잡았다. 공급망 관리 측면에서도 공정거래 및 윤리적 노동 관행이 중요한 주제로 떠오르면서 원재료 및 부품 공급처의 다변화, 창고 관리 최적화, 조달 경로의 자동화 등의 전략이 도입되었다. 팬데믹으로 인해 공급망의 취약성이 드러난 만큼, 공급망의 안정성과 지속가능성을 고려한 ESG 경영이 더욱 중요한 과제로 대두되었다.

코로나19 팬데믹은 공공기관의 역할과 책임을 더욱 부각시키며, 이에 따른 거버넌스 구조의 재검토 필요성을 제기했다. 기관장, 이사회, 감사위원회로 구성된 공공기관의 내부 지배구조에서 독립성과 투명성 강화가 중요한 과제로 떠올랐다. 팬데믹을 거치면서 공공기관의 의사결정 과정에서 객관성과 책임성을 확보하기 위한 이사회 및 감사위원회의 독립성 강화 요구가 커졌으며, 이사회의 구성원이 정치적 영향력이나 특정 이해관계로부터 자유롭고 이해충돌을 방지할 수 있도록 제도적 개선이 필요하다는 점이 강조되었다. 이러한 흐름은 2015년 개정된 「OECD 공기업 지배구조 가이드라인」에서도 이미 지적된 바 있으며, 팬데믹 이후 급변하는 환경에 유연하게 대응하고 공공기관 운영의 투명성과 효율성을 제고하기 위해 보다 독립적이고 전문적인 의사결정 체계 구축이 필요하다는 인식이 자리잡고 있었다.

공공기관의 사회적 책임 활동을 통한 지역균형발전을 도모하기 위해 정부가 야심 차게 추진한 공공기관 지방이전의 효과에 대한 의문도 제기되었다. 정부는 혁신도시 정책의 성과를 긍정적으로 평가하며 ① 목표 인구 유입률 87.1% 달성, ② 지역인재 채용률 30% 목표 달성, ③ 입주 기업 수 2,000개 초과에 따른 지역 고용 증대 등을 주요 성과로 제시했다(김정홍, 2022). 그러나 현실적으로 공공기관 직원들이 여전히 주말이면 서울로 이동하고 있으며, 유입된 인구도 수도권보다는 인접 도시에서 온 경우가 많아 인접 도시의 공동화 현상이 심화되고 있다.

혁신도시 내 공공기관의 지역인재 채용률은 2016년 13.3%에서 2021년 35.2%로 목표치(27%)를 초과 달성했지만(김정홍, 2022), 신입사원 평균 급여가 높은 금융 공공기관들은 여전히 수도권에 남아 있고, 가장 많은 공공기관이 이전한 2015년 이후에도 청년인구의 유출은 오히려 증가했다(김유현·김석은, 2022). 또한 수도권에서 혁신도시로 이전한 기업 비율은 13.7%에 불과하며, 그중에서도 동일한 광역 지자체 내에서 이동한 비율이 49.5%를 차지하고 있다(김정홍, 2022). 정부의 정책적 의도는 긍정적이었으나, 실질적인 지역균형발전 효과를 거두기 위해서는 해결해야 할 과제가 여전히 남아 있다.

〈그림 5-8〉에서 보는 것처럼 공공기관이 혁신도시에 정착하기 시작한 2015년 이후 2021년까지 비수도권에서 수도권으로의 청년 인구 순유출 규모는 지속적으로 증가했다. 지역 대학 졸업자들에게 제공되는 우대 정책이 채용자의 수를 증가시킬 수는 있으나, 입직 후 업무 만족도나 경력 개발 기회가 충분하지 않다는 점에서 한계를 보이고 있기 때문이다. 또한 지방에서는 양질의 사무직 일자리가 지방공무원 직군에 한정되는 경향이 있어, 민간 및 공공부문 전반에서 직업 선택의 폭이 좁다는 점이 청년들의 수도권 유출을 가속화하는 요인으로 작용하고 있다. 따라서 공공기관 이전 정책이 실질적인 지역 정착으로 이어지기 위해서는 지역 내 우수 일자리 확대, 경력 개발 프로그램 강화, 직무 만족도 개선 등 보다 포괄적인 접근이 필요하다.

그림 5-8 비수도권에서 수도권으로의 청년인구(20-34세) 순유출 규모(단위: 만 명)

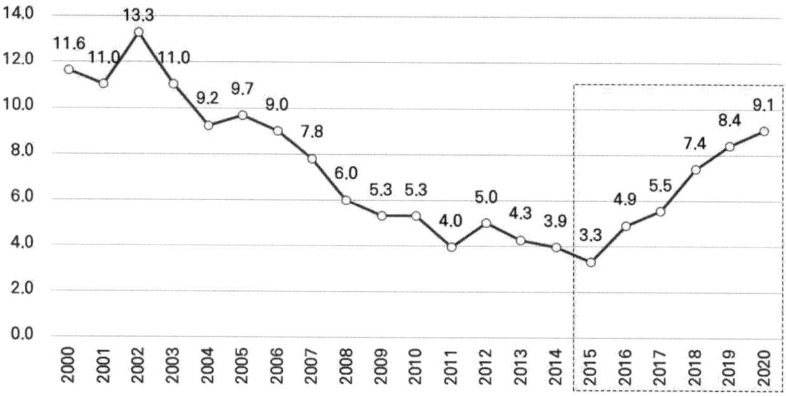

출처: 김유현(2021). p.350.

울산, 경남, 전남 등 전통 제조 산업이 집중된 지역을 중심으로 청년인구 유출이 급증하는 현상을 고려할 때, 수도권으로의 청년 유출을 막기 위해서는 오로지 공공기관의 지역인재 채용 확대에 의존하기보다는 ICT 첨단산업 및 고부가가치 서비스업의 발전이 필요하다(김유현, 2021). 하지만 임금수준이 높은 양질의 일자리를 창출하려면 적정 규모의 인구와 도시 인프라가 뒷받침되어야 한다는 점에서 정책 추진의 한계를 마주하게 된다. 전문가들 사이에서는 판교와 같은 정보기술(IT) 산업단지를 지방에 조성해 청년 유입을 유도해야 한다는 의견이 제시되지만, 현재 혁신도시의 정주 여건으로는 IT 전문가들의 유입이 쉽지 않을 것으로 보인다. 혁신도시보다는 이미 인프라가 구축된 광역시를 중심으로 집중 육성하는 것이 더욱 효과적인 전략이 될 것이다.

4) 기관목표와 행위자

문재인 정부 시기 사회적 가치는 100대 국정과제 중 하나로 선정되었으며, 모든 공공기관 책임경영의 핵심 지침으로 자리잡았다. 국회에서는 「공공기관의 사회적 가치 실현에 관한 기본법(안)」을 여러 차례 발의하며 법적·제도적 기반을 마련하고자 했으나, 결국 법제화에는 이르지 못했다. 법제화 실패는 공공기관 설립법과 사회적 가치 실현 활동 간의 충돌이라는 구조적 모순을 지속시켰다. 김현희·박광동(2018)은 공공기관이 설립법에 명시된 본래 목적을 수행하지 않으면 위법이 될 수 있음을 지적하며, 한전의 경우 '전력수급 안정'이라는 설립 목적과 무관한 모든 사회적 활동은 법률 위반 소지가 있다고 보았다. 예를 들어 한전이 지속해 온 개안수술 지원, 취약계층 전기요금 지원 등의 활동은 본래 설립 목적과 충돌하는 문제가 발생한다.

그럼에도 불구하고 문재인 정부의 적극적인 정책 기조 아래 많은 공공기관이 사회적 책임 활동을 확대했으며, 지속가능경영보고서에 주요 성과로 기록되었다. 그러나 2022년 말 새 정부가 출범하면서 공공기관 운영 기조가 변화하였고, 사회적 가치보다는 재무성과, 부채관리, 경영 효율성 강화에 초점이 맞춰지면서 기관들은 다시 본래의 설립 목적 중심으로 운영 방향을 전환하는 흐름을 보이고 있다.

이 시기의 또 다른 주요 특징은 공공기관의 사회책임 활동에 직·간접적으로 참여하는 행위자의 수가 증가했다는 점이다. 주주자본주의에서 이해관계자 자본주의로 이행하는 과정에서 자연스럽게 나타난 현상으로 볼 수 있다. 과거 공공기관 운영에서 주요 행위자는 정부와 주주였으나, 최근에는 기관 임직원, 협력사, 자회사, 최종 소비자 등 공급망 참여자, 전문가 집단, 시민단체, 학계, 언론 등 다양한 이해관계자들이 공공기관 운영에 직·간접적인 영향을 미치고 있다.

사회책임에 대한 공공기관의 역할이 더욱 강조되면서 정부 행위자들의 수도 증가하였다. 구체적으로, 정부는 사회책임 활동 감시를 위해 여러 가지 평가를 추가로 도입하였다. 기존의 청렴도 조사와 동반성장 평가 이외에도 국가인권위원회가 주관하는 인권영향평가(2018년), 교육부 및 고용노동부의 지역균형인재 고용영향평가(2020년), 기획재정부 및 고용노동부의 공공기관 안전관리등급제 및 안전활동수준 평가(2022년) 등 새로운 평가체계가 도입되면서 자연히 사회책임 행위자의 수도 증가하였다.[25]

이 시기의 주목할 만한 변화 중 하나는 공공기관 임직원이 사회책임 활동의 핵심 행위자로 전면에 부각되기 시작했다는 점이다. 기존의 연구들은 주로 제도적·조직적 수준에서 공공기관의 사회책임 활동을 분석하는 데 집중해 왔다. 그러나 최근 연구들은 사회책임 활동을 실행하는 주체인 조직 내 개인, 즉 임직원의 역할을 강조하고 있다(Aguinis & Glavas, 2012; Gond et al., 2017; Soundararajan et al., 2018). 개인에

25 인권영향평가는 해당 정책이 인권에 미치는 긍정적·부정적 영향을 분석하고, 부정적 영향을 최소화하며 인권 친화적인 정책을 수립하도록 돕는 것이 목적이다. 국가인권위원회는 유엔의 인권 기준을 반영하여 정부와 공공기관이 인권을 보호하고 인권침해를 사전에 예방할 수 있도록 유도하고 있다. 지역균형인재 고용영향평가는 혁신도시로 이전한 공공기관들이 해당 지역 출신 인재를 얼마나 고용하는지를 점검하고, 이를 통해 지역 내 고용 활성화와 인재 유출 방지에 기여하는 것을 목적으로 한다. 안전관리등급제 및 안전활동수준 평가는 공공기관의 안전관리 역량을 체계적으로 평가하고, 안전한 작업 환경을 조성하기 위한 제도로 2016년도에 도입된 온실가스 감축 이행실적 평가와 더불어 ESG 경영이 확산된 이후 더욱 중요한 평가체계로 자리잡았다. 이 평가는 안전관리 계획 수립, 재해 예방 대책, 사고 발생 시 대응 체계, 안전 교육 및 훈련 등을 포함하며, 평가 결과에 따라 1등급에서 5등급까지 안전관리등급을 부여한다.

초점을 둔 미시적 수준(micro-CSR/ESG) 연구에서는 내부적 사회책임의 중요성을 강조한다.[26] 조직 내에서 임직원들이 주인의식을 가지고 사회책임 활동을 주도할 수 있도록 자기개발의 기회를 부여하고 직원으로서의 권리를 보호할 때, 이들이 더욱 질 높은 기여를 할 수 있다는 것이다. 이는 임직원의 권리 보호와 인재경영이 ESG의 S(사회) 부문에서 공공기관이 수행해야 할 핵심 의무임을 시사한다. 따라서 학자들과 전문가들은 조직 외부보다 먼저, 조직 내부의 직원들에게 책임 있는 경영을 실천할 것을 권고하고 있다(Chen et al., 2020).

우리나라 공공기관들도 2018년부터 임직원의 권한 강화, 인권 보호, 인재경영 등 내부적 사회책임을 위한 노력에 더욱 관심을 기울이고 있다. 2021년 ESG 경영의 중요성이 부각되면서부터는 지배구조 개혁에 초점을 두고, 이사회의 독립성뿐만 아니라 임직원의 보수 및 인권 보호, 교육 개발, 윤리경영 등에 본격적인 초점을 맞추기 시작했다. 임직원을 지역사회 일원으로 존중하고 그들의 직무만족, 자긍심, 조직헌신도를 향상시키며, 조직에 대한 매력도를 높여 고급 인력을 유치하기에도 유리한 환경을 구축할 수 있기 때문이다(Farooq et al, 2017).

2018년에는 공공기관에서도 양성평등 문화를 정착시키기 위한 정책적 기조가 강화되면서, 「공공기관의 운영에 관한 법률」 제24조의 제2항(양성평등을 위한 임원임명 목표제)이 신설되었다. 해당 조항에 따르면, 공기업과 준정부기관은 여성 임원 임명을 위한 연차별 목표를 수립하

26 Farooq et al. (2017)은 사회책임 활동의 수혜자에 따라 이를 내부적·외부적 사회책임으로 구분하였다. 내부적 사회책임은 임직원에게 권한을 부여하고, 교육훈련 기회를 제공하며, 안전하고 쾌적한 업무환경을 조성하는 활동을 의미하고, 외부적 사회책임은 지역사회, 자연환경, 고객 등 조직 외부 이해관계자를 위한 활동을 포함한다.

고 이를 실현하기 위해 노력해야 한다고 명시되어 있다(국회예산정책처, 2024). 그러나 여성 관리자 승진 기회는 여전히 제한적이었다. 이를 보완하기 위해 2022년에는 자산 2조 원 이상의 상장기업에 최소 1명의 여성 이사를 두도록 하는 여성 이사 할당제가 시행되었으며, 이에 따라 주요 공기업들이 여성 임원 확대를 위한 움직임을 가속화하고 있다.

블랙록 서한(요약)

지속가능성의 요인들이 경제성장, 자산 가치, 그리고 금융시장 전반에 미치는 영향에 대한 이해가 점차 향상되고 있습니다. 그중 가장 중요한 요인은 기후변화와 관련되어 있는데, 이에는 전 세계 온도 상승과 관련된 물리적 리스크 뿐만 아니라 전환리스크(즉, 저탄소 경제를 향한 전 세계의 전환 과정이 특정 기업의 장기적 수익성에 미칠 수 있는 영향)도 따릅니다. 기후변화에 따른 투자 리스크로 상당한 규모의 자본 재분배가 빠르게 이뤄지고, 이는 다시 세계 시장 내 리스크 및 자산 가격 책정에 막대한 영향을 미치게 됩니다. 블랙록의 모든 액티브 투자팀은 투자 프로세스에서 ESG 요소들을 고려하고 있으며, ESG 요소들을 투자 프로세스에 반영하는 방식을 확립한 상황입니다. 2020년 말까지 모든 액티브 포트폴리오와 투자자문 포트폴리오에 ESG 요소들이 완전히 반영될 것이며, 이는 각 포트폴리오 단에서 저희의 포트폴리오 매니저들이 ESG 리스크에 대한 익스포저를 적절히 관리하고, 이러한 고려 사항이 투자 결정에 어떠한 영향을 미쳤는지 기록할 책임을 지게 된다는 것을 의미합니다. 발전용 석탄은 매우 탄소 집약적이며, 경제적 유효성이 점점 떨어지고 있고, 환경에 미치는 영향 때문에 집중적인 규제를 받습니다. 글로벌 에너지 전환 과정의 가속화를 고려할 때, 장기적인 경제 또는 투자 논리 측면에서 이 섹터에 대한 지속적 투자는 정당화될 수 없다고 생각합니다. 그 결과, 저희는 매출의 25% 이상을 발전용 석탄 생산으로부터 얻는 기업들의 상장증권(채권과 주식 모두)을 액티브 일임투자 포트폴리오에서 매도하는 과정 중에 있으며, 매출의 25% 이상을 발전용 석탄 생산으로부터 얻는 기업들에 대한 직접 투자를 앞으로 하지 않을 것입니다. 저희는 지속가능성 벤치마크 방식의 표준화 및 투명성을 개선할 것입니다. 저희는 발전용 석탄 등과 같이 ESG 리스크가 높은 기업은 ESG 벤치마크에서 배제되어야 한다고 믿으며, 이 문제와 관련하여 지수 제공업체들과 소통하고 있습니다.

저희는 저탄소 경제로의 전환에 대한 준비가 된 전략들을 확대할 것이며, 이를 통해 이행 리스크를 가장 효과적으로 관리하는 기업들에 대한 익스포저를 투자자들에게 제공할 것입니다.

저희는 대화를 통해 해당 기업이 지속가능성 관련 리스크를 적절히 공개 및 관리하고 있는지 파악하고, 해당 기업이 그렇게 하지 않고 있는 경우에는 의결권 행사를 통해 책임을 물을 의무가 있습니다.

블랙록은 투자자, 기업, 규제당국, 그리고 기타 주체들 사이의 협업이 지속가능성 문제 관리의 개선을 위해 필수적이라고 생각합니다. 저희는 기후관련 재무정보공개 협의체(TCFD)의 창립멤버이며, 유엔책임투자원칙의 서명권자입니다. 최근 블랙록은 Climate Action 100+에 가입했으며, 그 이전에는 이 그룹의 다섯 개 후원기관들 중 하나였습니다.

매년 저희는 관여 우선순위와 투표 가이드라인을 조정합니다. 올해 저희는 관여 우선순위를 구체적인 유엔지속가능발전목표(성평등, 모두를 위한 깨끗한 에너지 등)에 맞게 구성할 예정입니다. 또한 저희는 핵심 성과지표들을 관여 정책에 포함하여 기업들에 대한 기대치를 명확히 밝힐 것입니다.

저희는 스튜어드십 프로세스의 투명성 개선을 위해 노력하고 있으며, 고객들, 그리고 해당 기업들의 광범위한 이해당사자들을 위해 아래와 같은 의무가 있습니다. 이번 분기부터 저희는 의결권 행사 내역 공시의 주기를 기존 연간 공시에서 분기 공시로 바꿀 예정입니다.세간의 주목을 받는 의결권 행사건에 대해, 저희는 그 내역을 즉시 공개하고 그 결정에 대한 설명도 제공할 것입니다.

마지막으로, 저희는 개별 기업에의 접촉 과정에서 논의했던 주제들을 스튜어드십 연차보고서에 명시함으로써, 기업에 대한 경영참여 내역의 공시를 개선할 것입니다.

블랙록 글로벌 집행위원회(2020년 1월)

출처: 블랙록 https://www.blackrock.com/kr/blackrock-client-letter를 바탕으로 요약

제6장

혼돈기
(2023년-현재)

2020년 1월 블랙록 회장이 발표한 서한은 ESG를 국제적인 투자 기준으로 정착시키는 데 결정적인 역할을 했다. 각국은 ESG 도입 준비에 박차를 가하며 지속가능한 경영을 위한 노력을 강화했다. 그러나 2022년 2월 러시아-우크라이나 전쟁의 발발은 글로벌 공급망 불균형, 원자재 및 에너지 가격 상승, 인플레이션 심화 등을 초래하며 세계 경제에 충격을 주었다. 충격의 여파가 완전히 해소되기도 전에, 2023년 10월 이스라엘-하마스 전쟁이 시작되면서 글로벌 경제는 또 다시 불확실성에 직면했다.

국내에서도 2022년 5월 윤석열 정부 출범 이후 정책 기조가 사회적 가치 중심에서 경제적 가치 중심으로 이동하면서, 공공기관의 ESG 경영 추진력은 약화되는 모습을 보이고 있다. 더욱이 ESG를 둘러싼 찬반 논쟁이 심화되는 가운데, 블랙록 회장이 'ESG'라는 용어의 사용 중단을 선언하자 ESG가 일시적 유행에 그칠 수 있다는 우려도 제기되었다(이진원, 2023). 비록 'ESG'라는 용어 자체는 점차 사용되지 않을지라도 지속가능성을 향한 논의는 계속될 것이다. 정책 기조 변화와 국제 정세의 불확실성 속에서 공공기관이 도달해야 할 목표는 점점 흐려지고 있다.

제도적 맥락

1) 거시적 환경(국외)

분열된 세계에서의 협력이란 주제로 2023년 1월 개최된 세계경제포럼(다보스포럼)에서 참가자들은 기후변화에 대응하기 위한 글로벌 협력을 강조하였다. 이에 앞서 발표된 2023 글로벌 리스크 보고서는 경제, 환경, 지정학, 사회, 기술 등 5개 분야의 글로벌 리스크를 분석하여, 〈표 6-1〉에 제시된 바와 같이 단기 및 장기 리스크의 심각성 순위를 매겼다. 향후 2년간 인류를 위협할 단기 리스크로 식량공급, 물가상승, 에너지 공급위기 등으로 인한 생활비 위기를 들었고, 향후 10년간 장기 리스크로는 기후변화, 자연재해, 생물다양성 손실 등 환경 관련 리스크가 6개나 순위에 올랐다(김다은 · 김유신, 2023). 이러한 분석을 바탕으로 다보스포럼에서는 자연기반 솔루션(Nature-based Solutions, NBS)이 기후위기 대응의 핵심으로 부각되었으며, 블루카본(Blue Carbon)과 해양테크(Ocean Tech) 등 해양 생태계를 활용한 지속가능한 해결책에 대한 관심이 집중되었다.

같은 해 말 열린 2023 유엔기후변화협약 당사국총회(COP28)에서

표 6-1 장단기 글로벌 리스크 심각성 순위(상위 10위)

〈 향후 2년간 인류를 위협할 단기 리스크 〉		〈 향후 10년간 인류를 위협할 장기 리스크 〉	
1	생활비 위기	1	기후변화 완화 실패
2	자연재해와 이상기후	2	기후변화 적응 실패
3	지정학적 대립	3	자연재해와 이상기후
4	기후변화 완화 실패	4	생물다양성 손실 및 생태계 붕괴
5	사회결속력 약화 및 양극화	5	대규모 비자발적 난민사태
6	대규모 환경피해	6	천연자원 위기
7	기후변화 적응 실패	7	사회결속력 약화 및 양극화
8	사이버범죄 및 사이버불안 확산	8	사이버범죄 및 사이버불안 확산
9	천연자원 위기	9	지정학적 대립
10	대규모 비자발적 난민사태	10	대규모 환경피해

경제 환경 사회 기술 지정학

출처: 김다은·김유신(2023). 세계경제포럼(WEF) Global Risk 2023 주요내용 및 시사점. p. 1

는 기후변화로 피해를 본 국가들을 지원하기 위한 재해보상기금(Loss and Damage Fund) 설립에 합의했다. 아랍에미리트와 독일이 각각 1억 달러를 기부하기로 했으며, 영국은 6천만 파운드(약 5천만 달러)를 지원하기로 약속했다. 그러나 미국은 1,750만 달러만을 기부하기로 결정해 국제사회에서 비판을 받았다. 그나마 트럼프의 재집권으로 약속한 기부금마저 지급될지는 미지수이다.

COP28의 합의사항을 이행하기 위해 2024년 3월 21일 벨기에 브뤼셀에서 열린 원자력정상회의에서 한국을 비롯한 미국, 유럽, 아시아의 38개국이 친환경 에너지원으로서 원자력의 확대를 공식 선언했다. 이미 COP28에서 2050년까지 원자력 발전을 3배로 확대하겠다는 목표가 제시된 바 있지만, 원전 확대 움직임 속에서 새로운 도전과제가 부각되었다. 원자로 가동에 필수적인 우라늄 농축 기술을 보유한 국가는 미국, 프랑스, 러시아 등 몇 개국에 불과하며, 현재 서방 세계의 우라늄 공급량 중 러시아가 약 20%를 차지하고 있다. 다시 말하면 러시아-우크라이나 전쟁으로 촉발된 에너지 위기를 해결하기 위해 원자력 사용을 늘리려는 서방 국가들의 노력이 러시아의 이익으로도 돌아갈 수 있다는 역설적인 상황을 초래하고 있다(KBS 뉴스, 2024).

다보스포럼이 열리기 직전인 2023년 1월, EU는 기업지속가능성보고지침(CSRD)을 최종 발효하였다. 이에 근거하여 유럽재무보고자문그룹(European Financial Reporting Advisory Group: EFRAG)은 2023년 7월 31일 유럽형 지속가능성 보고기준(European Sustainability Reporting Standards: ESRS)을 채택했다. ESRS 기준에 따라 2025년까지 EU 내 약 50,000개 기업이 ESG 보고서를 발간해야 하며, 이는 EU 기업뿐만 아니라 비(非)EU 기업에도 적용된다. ESRS는 글로벌 3대 지속가능성 공시 지침 및 기준 중에서도 가장 광범위하고 복잡한 기준으로 평가된다.[27] 따라서 EU에 지점이 있는 국내 기업 및 공공기관 역시 ESRS 기준에 맞는 보고서 제출을 위해 철저한 준비가 필요하다.[28]

EU는 이외에도 2023년부터 탄소국경조정제도(Carbon Border Adjustment Mechanism: CBAM)를 시행하여 철강, 알루미늄, 비료, 전기, 시멘트, 수소제품 등 EU로 수출하는 6개 탄소집약 품목에 대해 탄소배출량 보고 의무를 부과했다. 이에 더해 2026년부터는 CBAM 인증서 구매(탄소세) 의무를 따라야 한다(정한교, 2023). 더불어 2024년 7월 25일에는 공급망 실사지침(EU Corporate Sustainability Due Diligence

27 글로벌 3대 공시 제도는 EU의 CSRD, 국제지속가능성기준위원회(ISSB)의 IFRS S1(일반적 지속가능성 관련 재무정보 공시요구안)과 S2(기후 관련 재무정보 공시요구안), 미국 증권거래위원회(Securities and Exchange Commission; SEC)의 기후 공시기준을 포함한다.

28 CSRD는 EU의 지속가능성 보고 지침으로 기업의 ESG 공시 의무를 강화한 법적 규제이며, ESRS는 CSRD의 시행을 위한 구체적인 기준으로 기업이 지속가능성 보고서를 작성할 때 따라야 하는 세부 보고 기준을 제시한 보고 프레임워크이다.

Directive: CSDDD)이 발효되었다. CSDDD는 EU에 본사를 두었거나 EU 시장에서 사업을 영위하는 기업이 공급망 전반에서 인권과 환경적 영향을 사전 예방하고 관리하도록 의무화하는 법안이다. 지난 2년간 EU 집행위원회의 제안과 여러 협의 과정을 거쳐 2023년 12월 EU 이사회와 의회의 3자 합의를 통해 조율되었고, 2024년 4월 24일 EU 본회의에서 최종 통과된 후 7월에 발효되었다.

EU는 탄소중립 달성을 위한 정책을 추진하는 동시에, 일부 조치에서는 산업계와의 타협으로 인해 정책적 후퇴로 해석될 수 있는 움직임도 나타났다. 2021년 발의되어 2023년 최종 통과된 「핏 포 55」는 유럽국민당(EPP)의 반발에 직면하였으며, EPP는 무배출 대체연료인 E-퓨얼(E-fuel)을 사용하는 차량에 한해 2035년 이후에도 내연기관차의 판매를 허용할 것을 요구하였다.[29] 〈그림 6-1〉에서 보는 바와 같이 E-퓨얼은 수소에 이산화탄소등을 합성해 만든 연료로, 완전한 무공해 연료로 이행하는 중간단계 연료라 할 수 있다.[30]

29 「핏 포 55」는 전체 배출량의 4분의 1을 차지하는 운송 부문의 탄소배출량을 줄이기 위해 2035년부터 하이브리드차를 포함한 모든 내연기관 신차 판매를 금지하는 안을 포함하고 있었다.

30 E-fuel은 electronic fuel이란 이름에서 알 수 있듯이 전기 기반 합성연료를 말하는 것으로 물을 전기분해하여 얻은 수소에 이산화탄소를 합성하여 만든 액체연료이다. 탄소 포집기술을 사용하여 공기 중의 이산화탄소를 포집하기 때문에 연소과정에서 탄소가 배출되기는 하지만 기존 연료에 비해 탄소배출량이 거의 제로에 가까워 친환경연료로 불리고 있다. 내연기관차에 그대로 사용할 수 있다는 장점이 있지만, 탄소포집을 비롯한 합성연료 생산과정에서 발생하는 비용 때문에 휘발유의 4~6배 정도도 가격이 비싸다는 단점이 있다. 원래 석유를 자급하지 못하는 독일이 2차 대전 중 석탄을 액화시키고 수소를 첨가하여 인공석유를 만들어 사용한 데부터 시작하였다. 충분한 석유가 생산됐던 미국에 대항하기 위해 독일이 고안한 골육지책이었다. 2010년대 중반 미국에서 셰일가스 붐이 일자 한때 생산이 주춤했지만 ESG가 전면으로 부각된 지금 유럽, 일본, 한국 등 주요국에서 E-fuel 연구가 활발히 진행되고 있으며, 2021 발의된 EU의 「핏 포 55」에서는 항공연료의 28%를 E-fuel로 충당할 것을 의무화하였다(매트 리들리 저/이한음 역, 2023).

그림 6-1 E-fuel 생산 과정

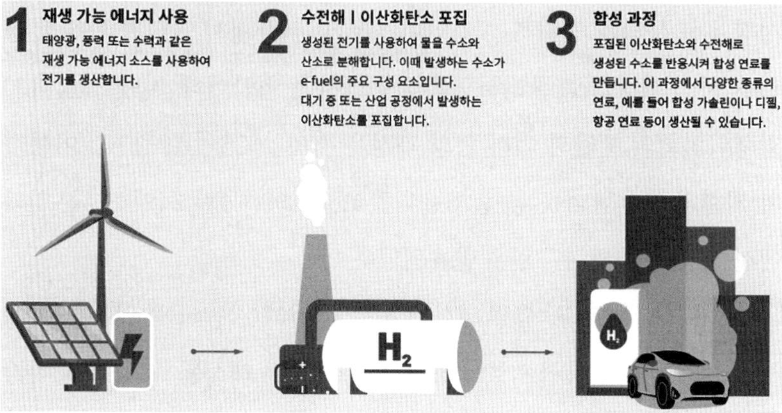

출처: GS 칼텍스 https://gscaltexmediahub.com/energy/energy-column/efuel-application-cases-industry/

독일의 주도로 EPP는 관련 법안에 예외 조항을 요구했고, EU 집행위원회는 이를 수용하였다. 기존 내연기관차의 구조적 변경 없이도 E-퓨얼을 사용할 수 있다는 점에서, 독일 자동차업계 입장에서 보면 친환경 전선에 동참하면서 100년 넘게 유지되어 온 자동차 패권을 놓치지 않는 묘수이기도 하다. 이에 따라 2023년 3월, EU는 일정 요건을 충족하는 E-퓨얼 차량에 한해 2035년 이후 판매를 허용하는 예외 조항 도입에 합의하였다. 그러나 현재까지도 E-퓨얼 전용 차량에 대한 기술적 정의, 연료 검증 절차, 시장 감독 체계 등 제도적 기반은 미비한 상태로, 사실상 E-퓨얼 차량의 상용화를 위한 법적·제도적 틀은 아직 마련되지 않은 상황이다(김연지, 2024).

EU의 움직임과 더불어 2023년 6월, 국제재무보고기준(IFRS) 산하의 국제지속가능성기준위원회(ISSB)가 IFRS S1(일반적 지속가능성 관련 재

그림 6-2 IFRS S2 기후 관련 재무정보 공시요구안의 온실가스 배출량 규정

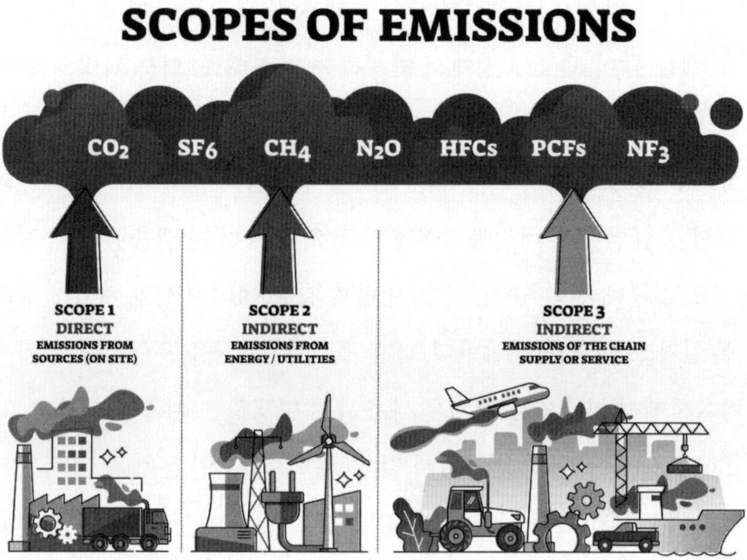

출처: ESGPRO. https://esgpro.co.uk/what-are-carbon-reporting-scopes/

무정보 공시 요구안)과 S2(기후 관련 재무정보 공시요구안) 공시기준을 확정하면서 ESG 공시 의무화가 본격적으로 시작되었다. IFRS S1 공시 요구는 TCFD 권고안을 기반으로 거버넌스, 전략, 위험 관리, 지표 및 목표에 대한 정보 공시, 지속가능성 관련 위험·기회가 재무제표에 미치는 현재 및 예상 영향에 대한 정보를 포함해야 한다. IFRS S2는 기후 관련 위험 및 기회에 대한 구체적인 공시 요구안으로 핵심은 온실가스 배출량(Scope 1, 2, 3) 공시 의무화이다. Scope 1과 Scope 2 배출량 공시는 2025년부터, Scope 3 배출량 공시는 2026년부터 의무화될 예정이다.

〈그림 6-2〉는 IFRS S2 기후 관련 재무정보 공시 요구안의 온실가스 배출량에 대한 규정이다. Scope 1은 기업 운영과정에서 발생하는

모든 직접적인 온실가스 배출을 말하는 것으로, 기업이 사용하는 연료나 에너지 자원으로 인해 발생하는 배출량을 측정하여 보고하도록 한다. 예를 들어 제조 공정에서 발생하는 탄소배출, 회사 차량의 연료 사용, 난방을 위한 화석연료 연소 등이 포함된다. Scope 2는 기업의 간접적인 온실가스 배출을 의미한다. 기업이 직접 배출하지는 않지만, 외부에서 공급받은 에너지를 소비함으로써 발생하는 배출량을 측정하는 것으로 구매 전력, 증기, 난방, 냉방과 같은 에너지 사용에서 발생하는 온실가스 배출을 포함한다. 예를 들어 사무실을 운영하면서 외부 전력회사에서 공급받은 전기를 사용하여 발생하는 배출을 말한다.

Scope 3은 공급망 전체에서 발생하는 간접적인 온실가스 배출을 의미하며, Scope 1과 Scope 2에 포함되지 않은 모든 기타 간접 배출을 포함한다. 예를 들어 기업이 사용하는 원자재나 부품이 공급업체에서 생산될 때 발생하는 온실가스 배출이나, 기업이 판매한 가전제품이 사용되는 과정에서 발생하는 배출까지 포함하는 매우 광범위한 개념이다. 따라서 기업들에게는 매우 치명적일 수 있어 애초부터 반발이 있었고 금융위원회는 이를 반영하여 Scope3 온실가스 배출량 공시 의무화 여부는 아직까지 결정을 미루고 있다.

EU의 CSRD와 ISSB의 IFRS 공시기준이 발표된 지 1년 후인 2024년 3월 6일, 미국 증권거래위원회(Securities and Exchange Commission: SEC)도 기후 공시기준을 최종 발표했다. 이 기준에 따라 미국 내 상장기업들은 온실가스 배출량(Scope 1 및 Scope 2)과 기후변화가 기업 재무성과에 미치는 영향을 공시해야 하며, 특정 기업은 기후 관련 리스크 관리 및 거버넌스 정보도 공개해야 한다. 다만 공급망 전체에서 발생하는 간접 배출량(Scope 3) 공시는 기업 부담을 고려해 최종 규정에서 제외

표 6-2 글로벌 3대 기후 관련 공시 제도 비교

구분	미국 SEC 기후공시 규정	EU CSRD 지침	ISSB IFRS S2 기후공시기준
발표 또는 발효시기	• 2024. 3. 6. (현지시각) 최종안 통과 • 발표일로부터 60일 이후부터 발효	• CSRD: 2023. 1. 5. 발효. • First Set of ESRS: 2024. 1. 1. 발효 • 각 회원국은 CSRD의 내용을 2024. 7. 6. 까지 자국 법률로 제정할 의무를 부담	• 2023. 6. 26. 발표
적용대상 및 적용시점	• 상장 대기업: 2025년 정보부터 적용 (2026년 공시) • 이후 상장 중견기업, 상장, 소기업·신생성장기업에 확대 적용	• Non-EU 기업: EU에 상장된 기업 중 (1) 직원수 500인 초과 대기업 또는 (2)직원수 500인 초과 대그룹의 모기업: 2024. 1. 1. 부터 적용(2025년 공시). 이후 확대 적용 • EU 기업: PIE 중 (1) 직원수 500인 초과 대기업 또는 (2)직원수 500인 초과 대그룹의 모기업: 2024. 1. 1. 부터 적용(2025년 공시). 이후 확대 적용	• 2024년 정보부터 적용(2025년 공시, 개별 국가에서의 시행은 각 국가가 정하는 바에 따름) • Scope3 공시 의무는 1년 유예 (2026년 공시)
주요 공시 요구사항	• Regulation S-K-1500: 정기보고서 및 증권신고서에 기후 관련 공시(상장 대기업, 상장 중견기업의 경우 Scope 1 및 Scope 2 온실가스 배출량이 중요한 경우의 공시 포함) • Regulation S-X 14: 기후 관련 재무제표 주석 공시(심각한 기상이변 및 기타 자연현상이 재무 제표에 미치는 영향포함)	• 지속가능성 사안에 대한 정보. 여기에는 (1) 회사가 해당 지속가능성 사안에 미치는 영향 (2) 해당 사안이 회사의 발전, 성과 및 지위에 미치는 영향이 포함되어야 함. • 세부적인 내용은 ESRS 에서 규정하는 것으로 위임.	• 기후 관련 지배 구조, 전략, 위험 관리, 지표 및 목표(Scope 1, Scope 2 및 Scope 3 온실가스 배출량 포함)

구분	미국 SEC 기후공시 규정	EU CSRD 기준	ISSB IFRS S2 기후공시기준
특이점	• 2022년에 발표된 초안 대비 Scope 3 배출량은 공시사항에서 제외됨 • 10개 주가 SEC를 상대로 소송을 제기했고, 미국 제5연방순회 항소법원은 효력 정지 신청 인용	• First Set of ESRS: 2022년에 발표된 초안에서 중대성 평가결과 불문 의무공시 대상이던 기후변화(E1)는 자발적 공시로 전환됨. • Second Set of ESRS: 업종별, 기업유형별로 적용되는 것으로, EC가 2026. 6.까지 발표 예정	• 기존의 IFRS 적용국(한국 포함)은 ISSB 공시기준 도입 고려 중

출처: KIM & CHANG 국내외 기후공시 기준 및 정책 동향.

되었다. 이 규제는 단계적으로 시행되며 상장 대기업의 경우 2026년부터 적용될 예정이다.

〈표 6-2〉는 글로벌 3대 기후 관련 공시 제도를 비교한 것이다. 미국 SEC 공시 내용은 기후 관련 거버넌스, 위험 평가, 위험 관리, 지표 및 목표를 포함한다. EU의 CSRD는 2024년부터 EU 및 특정 요건을 충족하는 비EU 기업에 단계적으로 적용되며, 각 EU 회원국은 이를 2024년 7월 6일까지 자국 법률로 제정할 의무가 있다. 공시 세부사항은 ESRS에 따라 규정되며, EU 집행위원회가 2023년 7월 발표한 First Set of ESRS는 모든 산업에 적용되는 공시기준으로 2024년 1월 1일부터 발효되었다. ISSB의 지속가능성 공시 기준(IFRS Sustainability Disclosure Standards)은 온실가스 배출 기준을 Scope 1, 2, 3으로 체계화하였으며, 2024년부터 시행되었다. 다만 Scope 3 온실가스 배출량 공시 의무는 재계의 반발로 2026년부터 적용된다(Kim & Chang, 2024).

OECD는 같은 해인 2023년에 다국적기업가이드라인을 개정하여 ESG의 핵심 요소들을 포함시켰다. 1976년에 처음 도입된 이래 몇 차례 개정을 거치는 동안 수정되었고 지난 2011년엔 인권에 관한 내용이 추가되었다. 그로부터 12년 후인 2023년 6월 8일 재개정되었다. 개정된 주요 내용은 ESG의 확산과 함께 강조되고 있는 기후변화 대응 및 생물다양성 추구, 인권 보호, 경영진의 윤리, 지배구조의 투명성과 청렴성 등에 관한 것을 포함하고 있다.

2014년 시작한 RE100 이니셔티브는 기업 활동에 필요한 전력의 100%를 재생에너지에서 얻는다는 글로벌 캠페인의 성격을 갖고 있다. 2025년 1월 현재 3M, Accenture, Danone, Apple 등 400개가 넘는 글로벌 기업들이 참여하는 등 국제적인 규약으로 자리잡았다(The Climate Group, 2025). 국내 공공기관으로는 2021년에 한국수자원공사와 2022년에 인천국제공항공사가 글로벌 RE100에 가입해 있다.[31] KDI는 이제부터 RE100 기준을 지키지 않는 제품은 자동차 15%, 반도체 31%, 디스플레이 분야에서 40%까지 수출이 급감할 것으로 예측하였다(Bae & Kim, 2021). RE100에 가입하지 않더라도 탄소배출량을 줄이기 위한 노력은 더욱 증가할 전망이다. 점차 대기업뿐 아니라 제품

31 이는 글로벌 RE100 가입 현황을 말하는 것이고, 국내에서는 한국형 RE100을 만들어 차별화하였다. 2020년 6월 출범한 '기업 재생에너지 이니셔티브'가 정부에 요청해 만든 K-RE100은 2022년 현재 118개 기업이 참여해 있고 31개 공공기관 및 기타 기관을 포함하고 있다. 글로벌 RE100과의 차이는 ① 글로벌은 연간 100GWh 이상 전력을 소비하는 기업을 대상으로 하는 반면, 한국형의 경우 산업용·일반용 전기소비자는 누구나 참여할 수 있다. ② 글로벌은 2030년 60%, 2040년 90%, 2050년 100%의 단계별 중간목표 설정을 권고하지만, 한국형은 중간목표의 경우는 자발적으로 설정하고 2050년까지 100% 이행 목표만을 권고한다. 셋째, 글로벌은 전 세계 보유사업장이 대상이지만, 한국형은 국내 보유사업장만을 대상으로 한다(우태희, 2022).

생산에 참여하는 중소 협력업체도 동참하여 기준을 충족해야 하는 그야말로 기업의 생존이 걸린 문제가 되었다.

기후그룹(The Climate Group)이 추진하고 있는 EP(Energy Productivity)100, EV(Electric Vehicle)100를 통해서도 탄소배출 감축 노력을 엿볼 수 있다. 각각 2016년과 2017년에 시작했지만 최근 들어 가입 국가와 기업이 급속히 증가하고 있다. 두 이니셔티브 모두 에너지 효율성과 친환경 교통수단을 촉진하여 기후변화를 해결하려는 글로벌 이니셔티브이다. EP100은 기후그룹과 에너지 절약 연합(Alliance to Save Energy)이 주도하는 프로그램으로, 기업들이 에너지 생산성을 늘리도록 권장한다. 에너지 생산성은 동일한 에너지 소비로 더 많은 가치를 창출하거나, 동일한 가치를 더 적은 에너지로 달성하는 것을 의미한다. EP100 참여기업은 특정 연도까지 에너지 생산성을 두 배로 높여 에너지 비용 절감, 온실가스 배출 저감, 지속가능경영 실현을 추진한다. 한편 EV100 이니셔티브는 전기차 전환을 가속화하는 데 목적이 있다. EV100 참여기업은 자사 보유 차량의 전기차 전환과 전기차 충전 인프라 구축 등을 통해 친환경 모빌리티 전환을 추진하고 있다.

2024년 11월 아제르바이잔 바쿠에서 개최된 제29차 유엔기후변화협약 당사국총회(COP29)에서는 선진국들이 2035년까지 개발도상국의 기후변화 대응을 지원하기 위해 연간 최소 421조 원 규모의 공공재원을 제공하기로 합의하였다. 기존 민간 및 공공재원을 합산한 연간 140조 원 대비 약 3배 증가한 수준이나, 당초 개발도상국들이 요구한 연간 700조 원에는 미치지 못해 불만이 제기되고 있다. 재원 조달에는 미국과 EU 등 약 20개 선진국이 참여하며, 한국은 재정 부담 의무에서 제외되었다. 다만 중국을 선진국 범주에 포함할지 여부에 대해서는 합의에 이르지 못하였다.

COP29에서는 국가 또는 기업이 해외에서 감축한 온실가스 실적을 유엔의 검증을 통해 인정받아 국제 탄소배출권 거래를 가능하게 하는 제도적 틀에 합의한 점이 주요 성과로 평가된다. 한 예로 휘발유 사용으로 인한 온실가스 배출이 심각한 캄보디아에 한국이 전기오토바이를 수출할 경우, 약 80만 톤의 온실가스 감축 효과가 발생하며, 이를 한국의 감축 실적으로 인정받을 수 있게 되었다(SBS 뉴스, 2024). 기존 파리협정 제6조에 해외 감축분 인정 조항이 포함되어 있었으나, 구체적 이행 지침 합의는 이번이 처음이다. 다만 트럼프 대통령의 재집권으로 미국의 합의 이행 여부에 대한 불확실성이 커진 상황이다.

2) 거시적 환경(국내)

이 시기 글로벌 3대 공시기준의 수립은 국내 공공기관의 ESG 경영에 큰 영향을 미치고 있다. 국제적인 흐름에 발맞춰 우리 정부도 2025년부터 자산 2조 원 이상의 코스피 상장사에 대해 단계적으로 국제지속가능성기준위원회(ISSB) IFRS S2의 Scope 1과 Scope 2 공시 의무를 도입하고, 2030년까지 코스피 전체 상장사로 확대할 계획을 수립했다. 공공기관 중에서는 한국전력공사, 한국가스공사, 한국수력원자력 등이 직접적인 영향을 받을 것으로 예상된다.

이에 발맞춰 한국 금융위원회 산하 지속가능성기준위원회(KSSB)는 2024년 4월 국내 지속가능성 공시기준 초안을 발표했으나, 공시 의무화 일정, 대상 기업, Scope 3 온실가스 배출량 공시 의무 등의 세부 사항은 포함하지 않았다. 대한상공회의소와 한국경영자총협회 등 주요 경제 단체들은 기업 부담을 고려해 지속가능성 공시를 2029년부터 자율 공시로 전환하고, Scope 3 온실가스 배출량 공시를 제외할 것을 요구하고 있기 때문이다(채예빈, 2024. 12). 결국 정부는 기업들의 ESG 공시 의무 도입을 2026년 이후로 연기하기로 결정했는데, 국내 대기업조차 준비가 부족할 뿐만 아니라, 유럽과 미국 등 선진국들도 관련 제도의 의무화를 미루고 있기 때문이다.

IFRS S2의 Scope 1과 Scope 2 공시의무는 최근 국제공공부문회계기준위원회(IPSASB)가 공개한 공공부문에서의 기후 관련 공시 초안(Sustainability Reporting Standard Exposure Draft 1: SRS ED1)을 바탕으로 수정될 가능성이 높다.[32] IPSASB는 2024년 10월 31일 SRS ED1를 공개하고, 2025년 2월 28일까지 이해관계자들로부터 의견을 수렴하여 2025년 하반기에 최종 기준을 확정할 계획이다. 세계은행의 지원을 받아 개발되는 기후관련 공시기준은 지속가능성 공시 일반사항과 자연자본 공시기준을 포함할 예정이다(이신형, 2024. 11).

SRS ED1은 공공기관이 기후변화가 기관의 재무 및 운영에 미치는 영향을 보다 투명하게 공시하도록 요구하는 지속가능성 공시 기준 초안으로 주요 내용은 다음과 같다.

① 공공기관 운영 관련 공시: 공공기관이 운영 과정에서 직면하는 기후 관련 위험과 기회에 대한 정보를 공개하도록 요구

② 정책 프로그램 공시: 일반 목적 재무정보 이용자에게 유용한 공

32 IPSASB는 공공 재정 관리 강화를 위해 발생주의에 기반한 국제공공부문회계기준과 기타 재무보고 지침 및 지속가능성 보고 기준을 제정하는 기구다.

공기관의 기후 관련 정책 프로그램과 주요 성과를 공시

③ 성과의 정량적 측정: 질적 설명에 그치지 않고, 종합적 지속가능성 지표에 따라 성과와 진행 상황을 정량적으로 측정 및 보고

④ 국제 기준과의 정합성: ISSB의 IFRS S2 기준 및 TCFD(기후변화 재무정보 공개 협의체) 권고안과 유사한 체계를 채택하여 국제 기준과의 조화를 지향

IPSASB는 SRS ED1 초안을 통해 공공기관이 기후변화 대응에 대한 책임성을 강화하고, 재무 정보뿐만 아니라 지속가능성 관련 정보를 더욱 투명하게 공개하도록 하는 것을 목표로 하고 있다.

3) 아이디어

전환기의 중심 아이디어가 사회적 가치와 이해관계자 자본주의였다면, 혼돈기에는 경제적 가치로의 회귀와 주주 및 기관 내부 임직원을 핵심 이해관계자로 보는 시각이 두드러진다. 국제사회에서 이해관계자 자본주의가 공식적으로 천명되기 전인 2017년, 한국 정부는 이미 사회적 가치를 국정의 핵심 목표로 설정했다. 이에 따라 경제적 가치 추구에 집중하느라 논의의 중심에서 소외되었던 지역사회에 대한 사회적 책임이 공공기관의 최우선 과제로 부각되었다.

이러한 흐름 속에서 ESG 개념이 빠르게 확산되었지만, ESG는 '경제(Economy)' 영역이 빠지고 환경(E)과 사회(S)적 목표가 상대적으로 우선시되는 듯했다. 그러나 사회적 책임 활동의 실질적 지속가능성에 대한 의문이 제기되면서, ESG 활동과 기관의 재무적 성과 간 관계

에 대한 논쟁이 끊이지 않았다. 특히 팀버랜드(Timberland)나 유니레버(Unilever)와 같이 지역사회를 위해 다양한 사회적 책임 활동을 적극적으로 추진했던 민간기업들조차 경영 실적 악화를 경험하면서, 이윤을 넘어선 사회적 책임 활동이 기업 경영에 미치는 부정적 영향에 대한 우려가 확대되었다. 이에 따라, ESG 활동의 실질적 지속가능성을 확보하기 위해 경제적 가치와의 균형을 모색해야 한다는 논의가 본격화되기 시작하였다.

이에 대한 대응 전략으로 Kramer & Pfitzer(2022)는 ESG와 재무성과를 연결할 수 있는 지속 가능한 비즈니스 모델을 제시하였다. 이들은 기업이 재무성과와 직결될 수 있는 ESG 이슈를 적극적으로 발굴하고, 이를 전략적으로 활용할 필요가 있다고 강조하였다. 예컨대 디스커버리(Discovery) 의료보험회사는 고객들에게 애플워치(Apple Watch)를 제공하여 걷기 운동을 자연스럽게 유도하고, 식습관 개선 및 정기검진을 장려함으로써 의료비를 약 15% 절감하는 성과를 거두었다. 서비스 품질을 유지하면서 비용을 절감해 재무 성과를 높인 성공 사례라 할 수 있다.

ESG 경영은 한국 기업들에게 여전히 부담스러운 과제로 인식되고 있다. 우리나라 금융위원회 역시 당초 2025년부터 상장 대기업을 대상으로 도입하기로 했던 ESG 공시 의무를 재계의 부담을 고려하여 2026년 이후로 연기하기로 결정하였다. 2023년 6월 국제지속가능성기준위원회(ISSB)가 확정한 ESG 공시 기준 역시 기후위기 대응 역량보다는 기업의 재무적 지속가능성 관리 역량에 상대적으로 더 큰 비중을 두고 있어, 환경 이슈보다는 재무건전성을 중시하는 방향으로 설계된 것이 특징이다. 이에 따라 기업들은 ISSB 기준 외에도 글로벌 지속

그림 6-3 공공기관 부채 규모(2023년 12월 말 기준)

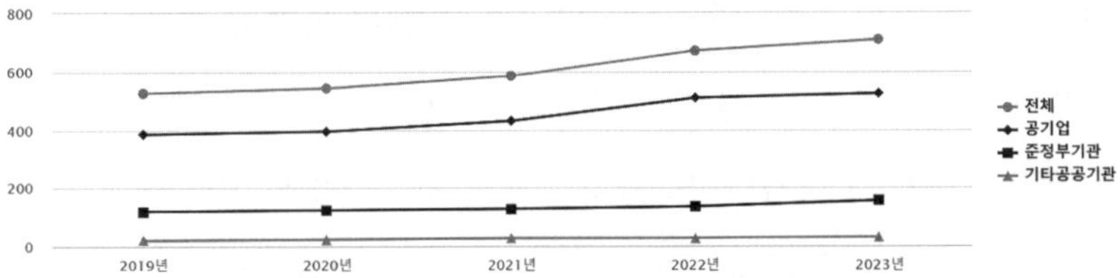

출처: 알리오.

가능성 보고기준(GRI) 등 다양한 기준을 함께 고려해야 하는 복잡한 상황에 직면해 있다.

우리나라 공공기관도 재정건전성에 대한 우려로 인해 본래 설립 목적 이외의 사업이 우선순위에서 밀려나고 있다. 〈그림 6-3〉에서 볼 수 있듯이, 2023년 12월 기준 이미 700조 원을 넘은 공공기관의 전체 부채 규모는 이윤 창출 외의 환경·사회적 책임이나 윤리경영에 대한 투자의 정당성에 의문을 제기하게 한다. 공공기관의 부채 증가 원인은 경영 비효율성뿐만 아니라 정부의 요금 규제 및 정책사업 강요도 큰 요인으로 작용하고 있다(오영민·하세정, 2015). 하지만 어떤 이유에서든, 큰 규모의 부채를 안고 기관 본연의 업무 외에 추가적인 투자를 한다는 것은 현실적으로 어려운 일이다. 공공기관들은 ESG 추진체계를 구축하고 지속가능경영보고서를 발간하며, 내부 직원들의 경력 개발과 지배구조의 독립성·전문성·다양성 강화를 위한 투자에 집중하고 있지만, 실질적으로 ESG 경영공시 외에는 큰 변화가 나타나지 않고 있다.

정부는 2023년부터 시행된 경영평가에서 재무성과의 배점을 두 배로 확대하고, 사회적 가치 항목의 배점을 절반으로 축소하였다. 공공기관의 부채 규모에 대한 우려를 반영한 조치다. 2022년 정부는 한국전력, 발전 5사, 한국수력원자력, 지역난방공사 등 14개 공공기관을 재무위험기관으로 지정하고, 2023년과 2024년에 걸쳐 부채 감축 노력을 본격화했다. 2024년 9월 국회에 제출된 '2024-2028년 공공기관 중장기 재무관리 계획'에 따르면, 정부는 2026년까지 해당 14개 재무위험기관의 부채를 57조 3,000억 원 감축하는 것을 목표로 설정했다(박광범, 2024). 그러나 이들 기관을 포함한 35개 중장기 재무관리 대상 공공기관의 부채는 2028년까지 800조 원에 육박할 것으로 진망되며, 정부의 부채 감축 노력은 지속될 것으로 보인다.

사회적 가치 중심의 ESG 경영이 재무성과 중심으로 전환되는 흐름은 주주를 핵심 이해관계자로 보는 관점의 부상과 맞물려 나타나고 있다. 블랙록 회장 래리 핑크는 2022년 주주서한을 통해 "이해관계자 자본주의의 핵심은 주주에게 지속적이고 장기적인 수익을 제공하는 것"이라고 명확히 밝히며, 기업이 투명한 지배구조와 넷제로(Net Zero)를 향한 구체적 이행 계획을 투자자에게 제시해야 한다고 강조하였다. ESG 경영이 환경, 인권, 다양성, 지배구조 등 비재무적 요소를 포괄하고 있음에도 불구하고, 궁극적으로는 기업가치 제고와 재무성과 확보를 위한 전략적 수단이라는 것을 의미한다.

불안정한 국제정세와 에너지 위기로 인해 ESG 선진국인 유럽과 미국조차 관심을 화석연료로 돌리고 있으며, 이에 따라 기관의 위기 대응 역량과 리스크 관리 체계 구축이 ESG 경영의 핵심 과제로 부각되고 있다. 이러한 글로벌 흐름은 우리나라 공공기관 경영평가 지표에도 영향을 미쳐, 과거 사회적 가치 실현 중심에서 최근에는 부채 감축, 경영 회복력 확보 등 재무성과 중심으로 무게 중심이 이동하고 있다. 공공기관은 환경·사회적 책임을 간과하지 않으면서도, 재무적 지속가능성을 동시에 달성할 수 있는 균형 잡힌 ESG 전략 수립이 요구되고 있다.

한편 주주 및 투자자와 더불어 내부 구성원 또한 주요 이해관계자로서 ESG 경영의 핵심 대상이 되고 있다. 이에 따라 공공기관들은 조직문화 혁신, 인재경영, 인권경영 등 내부 이해관계자 관리 강화를 통해 '일하기 좋은 조직'을 구축하려는 노력을 확대하고 있다. 예를 들어 한국중부발전은 2024년 임직원과 지역 주민을 대상으로 'KOMIPO 절주 프로젝트'를 시행하여 음주운전 근절, 직장 내 괴롭힘 및 성희롱 예방 등 윤리·인권 리스크 저감을 위한 캠페인을 전개하였다. 한국농어촌공사의 경우는 채용, 평가·보상, 교육·훈련 등 인적자원 개발 체계를 고도화한 결과, 2024년 교육부로부터 최우수 공공기관으로 선정되는 성과를 거두었다.

한국농어촌공사의 인재경영

한국농어촌공사는 직원의 채용, 평가·보상, 교육·훈련 등 인적자원 개발에 있어 체계적인 접근 방식을 적용하고 있다. 첫째, 채용 부문에서는 정부의 정책 방향과 공사의 핵심 기능을 반영한 인력 기획을 실시하고, 이를 인력 산정 기준에 반영하였다. 또한 핵심사업에 맞춰 인력을 배분하거나 재배치하며, 시간선택제, 근무 시기 및 장소 자율제 등 다양한 근무 형태를 도입하여 채용 여력을 확대하였다. 둘째, 평가·보상 부문에서는 조직평가와 개인평가 지표를 연계하고, 저성과 부서에 대한 성과 분석, 컨설팅, 모니터링을 강화하여 성과 향상을 도모하였다. 아울러, 직무 가치별 평가를 통한 보수 지급, 직무 관련 학위 교육비 지원, 자기개발 휴직 제도 등을 통해 임직원의 경력개발을 적극 지원하였다. 마지막으로, 교육·훈련 부문에서는 직원이 스스로 학습을 계획하고 선택할 수 있는 자기개발 포인트 제도를 도입하였다. 또한 건설·재난 등 현장 부서에 특화된 맞춤형 교육 프로그램을 신설하고, 자발적인 학습조직을 지원하는 등 다양한 학습 기회를 제공하였다. 이 가운데 사내벤처팀, 멘토링, 혁신학습동호회, 학습동아리, OJT(On-the-Job Training) 등은 정기교육에서 충족하기 어려운 업무 특성에 맞춘 학습 환경을 조성하는 데 기여했다(교육부, 2024).

제도변화의 결정요인

1) 자율적 규범과 강제적 규제(국외)

국제사회를 중심으로 ESG 관련 자율적 규범과 강제적 규제의 종류와 적용 범위는 점차 확대되고 있으며, 그 강도 또한 더욱 강화되고 있다. EU는 2023년 기업지속가능성보고지침(CSRD)을 근거로 유럽형 지속가능성보고기준(ESRS)을 채택하였다. 이에 따라, 유럽 내 사업장을 보유한 한국 공공기관 역시 해당 기준에 부합하는 지속가능경영보고서 작성 및 제출이 요구되고 있다. 〈그림 6-4〉에서 보는 바와 같이 CSRD 공시항목은 공통 기준 2가지(ESRS 1, ESRS 2)와 환경(E) 5개항목, 사회(S) 4개항목, 지배구조(G) 1개 항목을 포함한 총 12개의 기준으로 구성되어 있다. 공통 기준 공시 주요 내용은 비즈니스 모델 및 전략, 지속가능성 목표 및 목표 달성 과정 및 중대성 평가 등을 포함한다.

CSRD는 기업의 재무성과와 동시에 기업이 사회와 환경의 지속가능성에 미치는 영향을 고려한 이중중대성 평가를 통해 ESG 경영활동을 보고하도록 요구하고 있다(PWC, 2024).

그림 6-4 CSRD 공시항목의 기본 구성

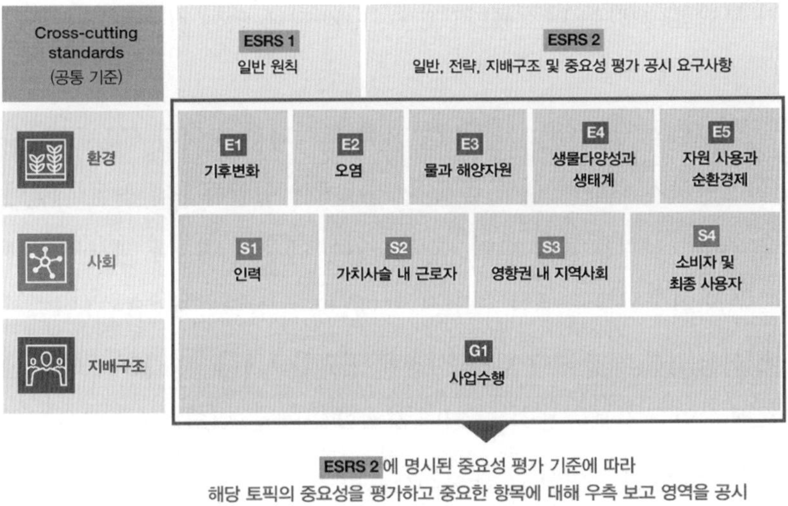

출처: PWC. https://www.pwc.com/kr/ko/services/sustainability-platform/csrd_202301.html.

EU는 2023년 10월부터 EU로 수출되는 철강, 알루미늄, 시멘트, 비료, 전기, 수소 등 6개 탄소집약 품목에 대해 탄소배출량을 보고하도록 하는 탄소국경제도(CBAM)를 시행했으며, 2026년부터는 탄소세 성격의 CBAM 인증서 구매 의무가 본격적으로 부과될 예정이다. 적용대상 국가는 EU와 전력시장이 통합된 국가 또는 EU 회원국의 역외 영토 등을 제외한 EU로 대상품목을 수출하는 모든 역외국이다(KOTRA, 2023). 탄소세로 알려진 인증서 구매가격은 EU내 탄소배출권거래제도(ETS)의 가격에 연동된다. 탄소배출이 많은 국가에서 생산된 제품의 가격경쟁력을 낮추고 저탄소 기술 도입을 촉진하는 효과가 있지만, 탄소저감기술 경쟁력이 없는 국가들에겐 매우 부담스러운 조치이다. 2021년 전국경제인엽합회는 탄소세가 부과되면 추가 세금부담이 최대 36.3조 원이며, 이중에서도 주요 발전에너지 공기업 및 7개 자회사가 부담해야 하는 탄소세만 7조 3000억 원에 달할 것으로 예측했다(정상훈, 2021).

〈그림 6-5〉는 CBAM 신고절차를 도식화한 것이다. CBAM 의무를 이행하기 위해서 대상 품목을 역내에서 수입하는 기업은 사전에 수입허가 신청을 해야 한다. 연중 수입한 제품에 내재된 배출량만큼 CBAM 인증서를 구매할 수 있으며, 매년 5월 31일까지 CBAM 인증서 및 신고서를 제출해야 한다. 신청에 필요한 서류는 연락처, EORI 번호,[33] 수입품 정보(수량, 가격), 역내 경제활동 정보, 범죄기록증명서(5년), 재정상황 증빙 등이다(KOTRA, 2023, p. 8).

그림 6-5 CBAM 신고절차

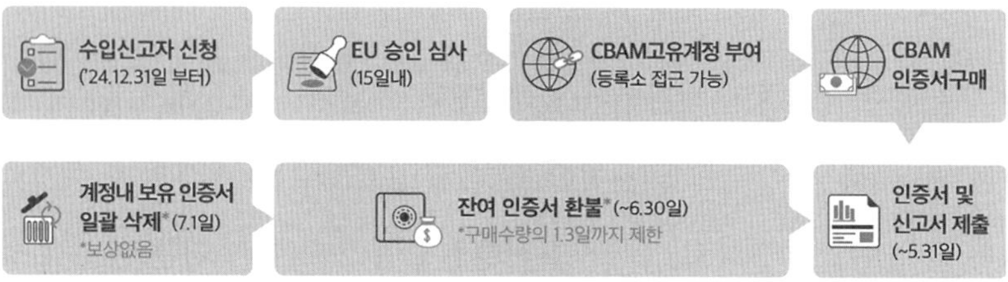

출처: KOTRA. (2023). EU 탄소국경조정제(CBAM) Q&A. p.7

33 EORI 번호(경제 운영자 등록 및 식별 번호, Economic Operators Registration and Identification Number)는 EU에서 수출입을 수행하는 기업 및 개인에게 부여되는 고유한 식별 번호를 말한다.

OECD 다국적기업 가이드라인은 EU의 탄소세만큼 직접적이지는 않지만, ESG 평가에 보다 포괄적이고 간접적인 영향을 미치는 국제규약이다(〈표 6-3〉). 이를 준수하지 않을 경우 ESG 평가나 기업 평판에 부정적인 영향을 미칠 수 있으며, 특히 해외에 진출했거나 진출을 계획하는 기업에는 치명적인 불이익이 발생할 수 있다. 따라서 기업뿐만 아니라 공공기관도 ESG 추진체계를 수립할 때 OECD 가이드라인을 면밀히 검토하여 공공기관 설립법과의 관계를 규명하고, 컴플라이언스 및 실사 체계를 구축하여 국제 수준의 공시 및 실사 지침과 연계해 대응할 필요가 있다.

표 6-3 2023년 개정 OECD 다국적기업 가이드라인 주요 내용

- 국제적으로 합의된 기후변화 및 생물다양성 목표에 부합하는 환경 목표 수립
- 진출국에 대한 기술의 개발, 판매, 라이센스, 데이터 공유, 사용에 관한 실사 및 사회적 책임 이행
- 공급망에 대한 위험 기반의 실사 수행 방법 권장 및 '사업관계' 범위 정의
- 기업의 경영 활동으로부터 발생하는 부정적 영향에 취약한 개인·집단에 대한 보호 강화
- 실사정책, 채택하고 있는 행동규범, 경영진의 책임경영 감독 지표, 식별된 중대한 영향이나 위험, 내부감사나 준법 컴플라이언스 시스템 등의 정보가 기업의 중요 정보가 될 수 있음을 명시
- 모든 형태의 부패에 대한 실사 확대 권고
- 기업 로비가 투명성과 청렴성 원칙에 부합하도록 하기 위한 권고사항 추가
- 기업 책임경영을 위한 국가별 연락사무소의 영향력 강화(독립예산 편성, 상호평가 의무화)

출처: 법무법인 세종. https://www.shinkim.com/kor/media/newsletter/

2024년 7월 25일부터 발효되는 EU의 공급망 실사지침(CSDDD)은 유럽 기업의 경우 직원수 1000명 이상, 연간 매출액 4억 5천만 유로 이상이 적용 대상이고. 역외기업(한국 등)의 경우 EU내 매출액 4억 5천만

유로 이상이 적용대상으로 대기업과 공기업이 영향을 받을 것으로 예상된다. CSDDD은 공급망내 인권 및 환경과 관련하여 부정적인 영향요인(예. 강제노동이나 산림벌채)을 자체평가하고 완화하거나 제거해야 하는 '공급망 실사지침'으로, 2029년부터 실사 내용이 공개된다. 위반 사항이 발견되면 과징금이 부과되며 상한은 최대 글로벌 순매출의 5%까지이다. 2027-9년부터 국내 기업들에도 순차적으로 적용될 예정이다. 대한상공회의소는 EU 공급망 실사 지침 시행으로 1만 8786개(24년 5월 기준)의 EU 진출 기업들과 협력사들, EU 기업들과 사업관계에 있는 국내 기업들이 직·간접적인 영향권에 들 것으로 전망하고 있다(대한상공회의소, 2024). 단계별 시행 시기는 〈표 6-4〉와 같다.

표 6-4 EU의 공급망 실사지침(CSDDD) 단계별 시행 시기

구분		2027년부터	2028년부터	2029년부터
역내	직원 수	5천 명 초과	3천 명 초과	1천 명 초과
	순 매출액(전 세계)	15억 유로 초과	9억 유로 초과	4.5억 유로 초과
역외	순 매출액(EU역내)	15억 유로 초과	9억 유로 초과	4.5억 유로 초과

출처: 법무법인 화우(2024).

2023년 6월 국제지속가능성기준위원회(ISSB)의 IFRS S1(일반)과 S2(기후) 공시 기준이 확정되면서 한국은 ISSB 기준을 수용하는 방향으로 가고 있으며, 금융당국과 회계기준원 등이 2026년까지 ISSB 공시기준을 국내에 도입하는 로드맵을 마련했다. IFRS S2 기반의 Scope 1과 Scope 2 공시는 2026년부터 의무화될 가능성이 크며, Scope 3

공시는 기업의 부담을 고려하여 단계적으로 적용할 것으로 보인다. 한국거래소(KRX)도 ESG 공시 의무화 확대를 추진하고 있어, 유가증권시장 상장 기업들은 점진적으로 ISSB 기준을 반영한 지속가능성 보고서 작성이 필요해질 전망이다.

2) 자율적 규범과 강제적 규제(국내)

우리나라 공공기관은 제5장에서 설명한 대로 2021년부터 이중중대성 평가를 실시하고 있고, 점점 중대성 평가 과정이 정교해지고 있다. 한전의 경우 GRI(2021)가 권고하는 영향도 식별 및 평가방식을 기준으로 하고, 이외에도 기후변화 재무정보 공개 협의체(TCFD), 지속가능성회계기준위원회(SASB), 유엔지속가능발전목표(UN SDGs), 국제재무보고기준(IFRS) 등 다양한 ESG 공시기준도 반영하고 있다. 이들 공시기준을 바탕으로 한전의 경영활동이 환경과 사회에 미치는 영향을 식별하고 평가하는 동시에 외부의 지속가능성 요인이 한전의 재무성과와 관리위험에 미치는 영향까지 종합적으로 평가한다(한전, 2023).

평가 프로세스는 기본적으로 지속가능경영 이슈풀 구성, 영향도 식별 및 우선순위 평가, 핵심 이슈 선정 및 유효성 검토의 3단계로 이루어진다. 2023년의 경우 한전이 속한 산업군의 특성과 최근 대내외 환경변화, 경영전략 및 정책, 현안 이슈 등을 종합적으로 분석하여, 환경(6), 사회(7), 경제 및 지배구조(8) 등 총 21개의 이슈풀을 도출하였다. 영향도 식별 및 우선순위 평가는 우선 재무적 영향도(Outside-in) 분석을 위해 재무성과기반 국제표준(SASB, S&PGlobal, MSCI)과 한국ESG기준원 평가기준(KCGS) 등 국내외 평가지표, 관련 법규 및 제도, 내부 전략 및 방침 등을 분석하고 임직원 설문조사를 실시하였으며, 환경·사회적 영향도(Inside-out) 평가를 위해 환경·사회적 영향 기반 국제표준(GRI, UN SDGs, UNGC), 동종기업 벤치마킹 분석, 미디어 기사분석 및 외부전문가 조사를 실시하였다. 이중중대성 평가 결과 아래 〈그림 6-6〉과 같이 환경 분야 2개 이슈(기후변화 대응 강화, 친환경 저탄소 사업 강화), 사

그림 6-6 이중중대성 평가 결과 (한국전력공사)

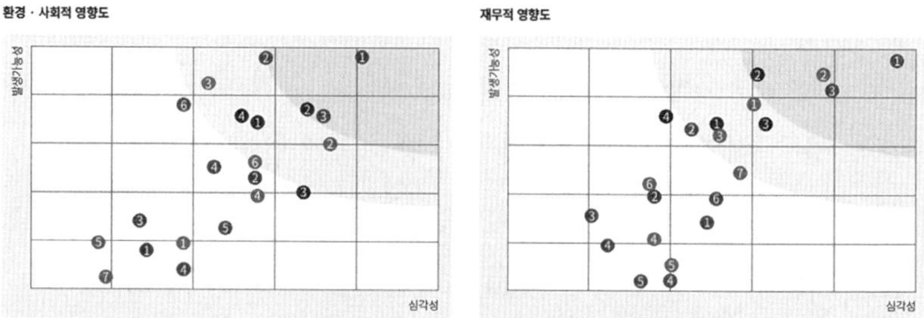

분야	구분	이슈	영향도		보고위치	GRI Index
			환경·사회	재무		
환경(E)	1	기후변화 대응 강화 ESG Focus 2	High	High	31-33	305
	2	대기 오염물질 관리	High	Medium	43	305
	3	친환경 저탄소 사업 강화 ESG Focus 1	High	High	28	305
	4	생물 다양성 및 생태계 보호	Medium	Low	43	304
	5	용수 사용 및 재사용	Low	Low	44	303
	6	폐기물 관리	Medium	Medium	44	306
사회(S)	1	인적자원 육성 및 관리	Low	High	49	401
	2	안전한 일터 구현 ESG Focus 3	High	High	35-37	403
	3	정보(디지털)자산 보안 강화	High	Medium	64	-
	4	에너지 산업 생태계 조성	Medium	Low	52	302
	5	고객 중심 경영	Low	Low	15	416
	6	책임있는 공급망 관리	Medium	Medium	51	414
	7	인권경영 및 임직원 존중	Low	Medium	50	406
지배구조(G)	1	지배구조 건전성 확립 및 투명성 확보	Low	Medium	58-59	2-9
	2	윤리경영 및 반부패 체계 강화	Medium	Low	62	-
	3	리스크 통합 관리	Low	Low	60-61	-
	4	이해관계자 커뮤니케이션 확대	Low	Low	61	102
경제(B)	1	신사업 개발 ESG Focus 1	High	High	29	201
	2	안정적 전력공급 ESG Focus 2	High	High	33	302
	3	경제적 가치 창출	Medium	High	16	201
	4	에너지 안보 강화	Medium	Medium	14	302

출처: 한국전력공사 2023 지속가능경영보고서. p.23

표 6-5 공공기관 경영평가 편람 수정(안)

<2022년도 경영평가편람>

범주	평가지표	배점 계	배점 비계량	배점 계량
경영관리(55)	1. 경영전략 및 리더십	9.5	8	1.5
	o 전략기획 및 혁신	7	7	-
	o 국민소통	2.5	1	1.5
	2. 사회적 가치 구현	25	14	11
	o 일자리 창출	6	4	2
	o 균등한기회와 사회통합	4	3	1
	o 안전 및 환경	5	1	4
	o 상생·협력 및 지역발전	5	2	3
	o 윤리경영	5	4	1
	3. 업무효율	5		5
	4. 조직·인사·재무관리	7	4	3
	o 조직·인사 일반	2	2	-
	o 재무예산 운영·성과	5	2	3
	5. 보수 및 복리후생관리	8.5	3.5	5
	o 보수 및 복리후생	3.5	1.5	2
	o 총인건비 관리	3	-	3
	o 노사관계	2	2	-
	소 계	55	29.5	25.5
주요사업(45)	주요사업 계획·활동·성과를 종합평가	45	21	24
	소 계	45	21	24
합 계		100	50.5	49.5
(가점) 코로나19 대응노력·성과		3	3	-

<2022년도 경영평가편람(수정안)>

범주	평가지표	배점 계	배점 비계량	배점 계량
경영관리(55)	1. 경영전략	9	8	1
	o 리더십	2	2	-
	o 전략기획 및 경영혁신	5	5	-
	o 국민소통	2	1	1
	2. 사회적 책임	15	8.5	6.5
	o 일자리 및 균등한 기회	5	3	2
	o 안전 및 재난관리	2	1	1
	o 친환경·탄소중립	1.5	1	0.5
	o 상생·협력 및 지역발전	4	2	2
	o 윤리경영	2.5	1.5	1
	3. 재무성과관리	20	3	17
	o 효율성 관리	6	-	6
	o 재무예산관리	3	3	-
	o 재무예산성과	11	-	11
	4. 조직·인적자원관리	4	4	-
	o 조직 및 인적자원관리	2	2	-
	o 노사관계	2	2	-
	5. 보수 및 복리후생관리	7	4	3
	o 보수 및 복리후생	4	4	-
	o 총인건비 관리	3	-	3
	소 계	55	27.5	27.5
주요사업(45)	주요사업 계획·활동·성과를 종합평가	45	21	24
	소 계	45	21	24
합 계		100	48.5	51.5
(가점) 혁신계획 실행노력·성과		5	5	

출처: 기획재정부(2022).

회 분야 1개 이슈(안전한 일터 구현) 및 경제 분야 2개 이슈(신사업 개발, 안정적 전력공급) 등 총 5개의 중대 이슈를 선정하였다(한전, 2023).

2022년 10월에 개최된 '제13차 공공기관 운영위원회'에서는 2023년부터 시행되는 경영평가에서 효율성과 공공성을 균형 있게 평가하자는 내용을 골자로 하는 공공기관 경영평가 편람 수정(안)을 심의·의결했다. 〈표 6-5〉에서 보듯이 가장 주목할 만한 개편안의 특징은 재무성과관리 배점을 기존의 10점에서 20점으로 두 배 확대하여 건전 재정 유지의 중요성을 강조했다는 것이다. '재무관리' 항목과 '업무효율' 항목을 통합하여 '재무성과 관리'로 개칭하고 부채비율, 자체수입비율 등을 고려하여 기관 유형을 분류, 유형별 특성에 맞게 3개 영역(활동성·수익성·안정성)의 가중치를 차등 적용하여 세부지표를 차별화하였다. 예를 들어 한전 등 공기업 중 부채 규모가 크고 부채 관리가 중요한 기관은 안정성 지표 가중치를 높게 설정하는 방식이다. 또한 '일반관리비 관리' 지표를 신설(3점)하여 사업비 외 업무추진비 등 일반관리비성 경비도 절감하도록 권고하고 있다.

반면 기존 '사회적 가치 구현' 항목을 '사회적 책임'으로 명칭을 변경하고, 배점을 공기업 기준 25점에서 10점이나 하향 조정하여 15점으로 하였다. 사회적 책임 아래 세부지표에는

① '일자리 창출', '균등한 기회와 사회통합' 지표를 '일자리 및 균등한 기회' 지표로 통합하고 배점을 10점에서 5점으로 축소

② '안전'(4점) 및 '환경'(1점)을 '안전 및 재난관리'(2점), '친환경·탄소중립'(1.5점)으로 변경하여 안전 분야 조정 및 환경 분야 평가 강화

③ '상생협력 및 지역발전' 지표 배점을 일부 조정(5→4점)

④ '윤리경영' 지표 배점을 5점에서 2.5점으로 축소하였다.

재무성과 배점을 두 배로 확대하고 사회적 가치 배점을 절반으로 축소한 조치는 장기화된 경기침체와 공공기관의 부채 문제, 그리고 ESG가 본질적으로 투자자 중심의 체계로 설계되었다는 점을 고려할 때, 일정 부분 정책적 타당성에 대한 논의의 여지를 제공한다. ESG의 핵심 축 중 하나인 G(지배구조)와 관련하여 새롭게 도입된 혁신 가점(5점)은 기관의 기능, 조직·인력, 예산, 자산, 복리후생 등 5대 분야의 효율성을 중점적으로 평가하려는 의도를 반영하고 있다(기획재정부, 2022).

그러나 친환경·탄소중립과 윤리경영 항목의 배점 축소는 지속가능성과 책임경영을 요구하는 시대적 흐름과 부합하지 않는다. 환경 부문의 배점이 기존 1점에서 1.5점으로 소폭 상향 조정되었지만, 기후변화로 인한 투자 리스크 관리의 중요성과 글로벌 규제·투자 환경의 변화를 고려할 때 여전히 충분하지 않은 수준이다. 대규모 에너지 공기업을 둘러싼 글로벌 투자기관들의 ESG 요구와 압력이 갈수록 심화되는 상황에서, 친환경·탄소중립 분야에 대한 배점은 오히려 대폭 확대되는 것이 바람직하다.

윤리경영 배점의 축소 역시 시대적 요구와 국민적 기대에 역행하는 조치로 평가된다. 정부는 2021년부터 위법행위 발생 시 최하 등급(배점의 20%) 대신 0점을 부여할 수 있도록 하여 평가의 변별력을 강화했다고 설명하지만, 윤리경영 배점 축소의 정당성을 충분히 뒷받침하기 어렵다. 최근 공공기관의 채용 비리, 경영 부실, 임직원 부패 사례 등으로 국민 신뢰가 지속적으로 저하되고 있는 상황에서, 윤리경영의 중요성은 오히려 더욱 강조되어야 한다. 윤리경영 항목의 배점을 확대하는 동시에, 중대한 위반·위법 사항에 대해서는 감점 또는 마이너스 점수를 부과하여 전체 사회적 책임 평가 점수에 직접적 불이익을 주는 방식도 적극 검토할 필요가 있다.

〈표 6-6〉은 2022년도 경영평가편람 수정안을 바탕으로 작성된 ESG 지표의 세부 평가 내용이다. 일자리 및 균등한 기회 등 총 5개 분

표 6-6 ESG 지표 세부 평가 내용

구분		내용
일자리 및 균등한 기회	계량지표	① 청년미취업자고용실적(1.5) ② 장애인 의무고용(0.3), 국가유공자 우선 채용(0.1), 용역근로자 보호지침 준수(0.1)
	배점	공기업, 준정부기관: 계량 2점
	비계량지표	일자리 창출과 고용의 질 개선, 사회형평적 인력 활용과 균등한 기회보장을 위한 노력과 성과
	배점	공기업: 비계량 3점, 준정부기관 비계량 1점
안전 및 재난관리	계량지표	① 안전관리등급제 심사결과, 안전활동수준평가결과(0.5) ② 개인정보보호 관리수준진단 및 정보보안관리실태평가결과 반영(0.5)
	배점	공기업 및 준정부기관: 계량 1점
	비계량지표	재난관리시스템(예방·대응·복구) 구축·운영 등을 통해 국민의 생명·재산을 보호하기 위한 노력과 성과
	배점	공기업 및 준정부기관: 비계량 1점
친환경·탄소중립	계량지표	① 온실가스 감축 및 에너지 절약 실적(0.3) ② 녹색제품 구매실적(0.2)
	배점	공기업 및 준정부기관: 계량 0.5점
	비계량지표	기관별 여건·특성을 고려한 친환경·탄소중립 노력 및 성과
	배점	공기업 및 준정부기관: 비계량 1점
상생·협력 및 지역발전	계량지표	지역경제 활성화와 중소기업, 소상공인, 사회적 경제 기업 등과의 상생·협력을 위한 구매실적
	배점	공기업 및 준정부기관: 계량 2점
	비계량지표	지역사회 발전 및 지역경제 활성화와 중소기업·소상공인 등과의 상생·협력을 위한 노력과 성과
	배점	공기업: 비계량 2점, 준정부기관: 비계량 1점
윤리경영	계량지표	자체감사기구 운영 등 내부통제시스템 구축 및 운영성과
	배점	공기업 및 준정부기관: 계량 1점
	비계량지표	경영활동시 경제적 법적 책임과 더불어 사회적 통념상 기대되는 윤리적 책임을 준수하려는 노력과 성과
	배점	공기업 및 준정부기관: 비계량 1.5점

출처: 국회예산정책처 (2024). 「대한민국 공공기관」. p. 113.

야는 계량적 지표와 비계량적 지표를 병행하여 이행 성과를 교차 검증하도록 설계되었다. 흥미로운 점은, 경영평가 편람에서는 '사회적 책임'이라는 용어를 사용했지만, 2024년 국회예산정책처가 발간한 「대한민국 공공기관」에서는 ESG라는 용어를 사용하고 있다는 것이다.

윤석열 정부에서 적용된 ESG 경영 지표는 전 정부의 사회적 가치 지표에 비해 배점이 축소된 것 이외에는 큰 차이가 없으나, 이미 공공기관들은 ESG 경영 체제로 전환한 상태이며, 경영평가와는 별개로 홈페이지를 통해 ESG 현황을 보고하는 기관이 증가하고 있다. 〈표 6-7〉은 한국수자원공사의 ESG 경영 지표를 홈페이지를 기반으로 정리한 것이다. 한국수자원공사와 같은 자원공기업이나 국민연금공단과 같은 기금관리형 준정부기관은 투자 유치와 투자 선택이 기관 운영에 미치는 영향이 큰 만큼, ESG 경영에 더욱 집중할 수밖에 없다. 블랙록과 같은 글로벌 자산운용사 및 글로벌 투자은행들이 친환경 사업과 기후변화에 따른 경영 리스크가 적은 곳에 투자를 집중하는 흐름과도 맞물려 있다(Heitmann et al., 2020).

표 6-7 한국수자원공사 ESG 경영 지표

구분	지표
E(환경)	온실가스 감축, 에너지 사용량, 폐기물 발생량, 용수 사용량, 환경법규 위반 현황, 저공해 자동차 현황, 녹색제품 구매실적
S(사회)	안전경영책임 보고서, 공공기관 안전관리 등급, 개인정보보호, 사회공헌 활동, 인권경영, 일·가정 양립지원제도 운영현황, 동반성장 평가결과, 장애인 고용현황, 혁신조달 구매실적, 중증장애인 생산품 구매실적, 중소기업 생산품 구매실적
G(지배구조)	이사회 회의록, 개별 비상임이사 활동 내용, ESG 운영위원회, 자체 감사부서 현황, 청렴도 평가결과

출처: 한국수자원공사 홈페이지. https://www.kwater.or.kr/water/sub02/total01Page.do?

3) 위기 요인

기록적인 공공기관 부채 증가, ESG 평가 기준의 혼선, 글로벌 공시 의무화 확대, 에너지 위기와 경기 침체, 그리고 미국과 유럽의 정치적 불확실성 등 복합적 요인들이 ESG 경영 환경의 불확실성을 한층 더 심화시키고 있다.

무엇보다 700조가 넘는 공공기관의 기록적인 부채는 경영평가의 초점을 사회적 가치에서 부채감축과 경영능력의 회복력 확보 등 재무성과 중심으로 이동시키고 있다. 사실 공공기관의 재정건전성을 악화시키는 주요 원인 중 하나는 정부 정책사업의 영향과 시장 수급 상황이 아닌 국민 정서에 따라 결정되는 요금체계이다. 이명박 정부 시절 자원외교, 경인운하 건설, 4대강 사업 등의 영향으로 한국광물자원공사, 한국석유공사, 한국수자원공사는 대규모 적자를 기록했다. 2015년 매출액 대비 당기순이익 비율은 한국광물자원공사가

표 6-8 주요 자원공기업의 부채 변동 현황(2007-2012년, 단위: 조 원)

기관명	2007년	2012년	증감
한국광물자원공사	0.4	2.4	▲ 1.9
한국석유공사	3.7	18.0	▲ 14.3
한국수자원공사	1.6	13.8	▲ 12.2
한국전력공사(발전사포함)	38.7	95.1	▲ 56.4
한국가스공사	8.7	32.3	▲ 23.5

출처: 최광해 (2013). p.7을 바탕으로 작성.

-692.6%, 한국석유공사가 -131.1%, 한국수자원공사가 -153.4%로 최저치를 기록했다(김유현 외, 2018). 〈표 6-8〉은 2007년과 2012년 사이 주요 자원공기업의 부채 변화를 비교한 것이다. 한국광물자원공사의 부채는 2007년 말 0.4조 원에서 2012년 말 2.4조 원으로 1.9조 원 증가했으며, 한국석유공사는 같은 기간 부채가 14조 3천억 원 증가했고, 한전의 부채는 56조 4천억 원 급등했다(박진·허경선, 2013).

한전은 2023년 5월 누적 적자를 줄이기 위해 전기요금을 kWh당 8원 인상하고 2026년까지 자산매각이나 임금조정 등으로 25조 원 이상 재무개선을 추진한다는 비상경영 계획을 발표했다. 여의도 건물 매각과 한전아트센터 임대, 2급 이상 임원 임금 인상분 반납, 3급 인상분의 50%를 반납하기로 결정했다. 하지만 요금인상과 자구대책을 합쳐도 재무구조의 정상화는 어려울 듯 보인다. 전문가들은 전기세를 30원은 올려야 한다고 주장하지만 표심을 우려하는 정치권의 생각은 다르다. 이렇듯 시장 논리보다 정치적 영향에 의해 경영이 좌우되면서 원가 이하의 요금체계가 유지되자, 한전과 가스공사 등 상장 공기업들의 실적이 악화되었으며, 외국인 투자 비율도 지속적으로 감소하고 있다(이재용, 2023).

국내에서 재무성과의 중요성이 부각되고 있는 동안 EU와 글로벌 자산운용사, 투자은행들은 ESG 이행에 대한 압박을 지속적으로 강화하고 있다. 다보스포럼과 유엔기후변화협약 당사국총회(COP)는 기후위기의 심각성을 재확인하며, 선진국이 개발도상국의 ESG 참여를 위해 분담금을 지급할 것을 요구하고 있다. EU는 기업지속가능성보고지침(CSRD), 지속가능보고서기준(ESRS), 기업지속가능성 실사지침(CSDDD)을 발표하여 EU 및 기타 국가들의 ESG 이행 상황을 점검하고 있으며, 2026년부터 탄소세를 부과할 예정이다. 또한 국제지속가능성기준위원회(ISSB)는 Scope 1(직접 배출)과 Scope 2(간접 배출)에 대한 공시 의무화를 도입하여, 자산 2조 원 이상 주권상장법인을 대상으로 2025년부터 본격 시행하고 있다. 2023년 개정된 OECD 다국적기업가이드라인 또한 지배구조의 투명성과 청렴성을 포함하는 ESG 핵심 요소들을 반영하고 있다.

따라서 ESG 규제가 엄격한 유럽에 지사를 두고 있거나 해외 투자를 필요로 하는 공기업은 해당 국가의 ESG 기준을 준수해야 할 부담을 안고 있다. 국제 기준을 이행하지 않을 경우 투자 유치 실패와 시장 경쟁력 약화로 기관의 생존 자체가 위협받을 수 있기 때문이다. 하지만 글로벌 ESG 기준 준수의 중요성이 커지는 동안에도, 국내에서의 ESG 정착은 여전히 쉽지 않아 보인다. 더욱이 국내외에서 600여 개가 넘는 ESG 평가 기준이 난립하면서, 평가기관별로 상이한 등급과 지속가능성 점수가 부여되고 있어 표준화의 부재가 기관들의 전략 수립과 이행에 혼선을 초래하고 있다(김진욱, 2021).

〈표 6-9〉는 한국거래소 ESG 포털에 공시된 2023년도 792개 기업 중 5개 공공기관의 ESG 등급을 국내외 주요 평가기관별로 비교한 것이다. K-ESG 가이드라인이 발표된 이후에도 공공기관의 ESG 평가 및 측정은 정부가 아닌 사단법인 한국ESG기준원, 서스틴베스트(SUSTINVEST), 두이에스지(DoESG) 등 민간 컨설팅 기관에서 수행하고 있다. 〈표 6-9〉에서 보듯이 하나의 피평가기관에 대해 평가기관별로 등급이 일치하지 않는다. 대체로 한국 평가기관에 비해 해외 평가기관의 등급이 낮은 편이다.

표 6-9 2023년도 5개 공공기관의 평가기관별 ESG 등급

기관명		강원랜드	지역난방공사	한국가스공사	한국전력공사	한전KPS
한국ESG 기준원	종합등급	A	A+	B+	B	A
	환경	B+	A	B+	B	B+
	사회	A+	A+	A	B	A
	지배구조	A	A+	B+	B+	A
두이에스지		B+	B+	A+	A	–
한국ESG연구소		A	–	A	A	A
서스틴베스트		A	–	AA	A	AA
Moody's		25	–	31	38	28
MSCI		BB	–	BB	BB	–
S&P		28	29	78	73	50
지속가능경영보고서 공시 여부		Y	Y	Y	–	Y

출처: 한국거래소(KRX) ESG포털. https://esg.krx.co.kr/contents/02/02020000/ESG02020000.jsp.

각 평가기관의 평가등급은 다음과 같다:

- 한국ESG기준원(7등급): S, A+, A, B+, B, C, D
- 두이에스지(7등급): A+, A, B+, B, C+, C, D
- 한국ESG연구소(7등급): S, A+, A, B+, B, C, D
- 서스틴베스트(4등급): AA, A, BB, B
- Moody's(0-100): 탁월(60-100), 양호(50-59), 미흡(30-49), 심각(0-29)
- MSCI(7등급): AAA, AA, A, BBB, BB, B, CCC
- S&P(1-100): 2022년도 평가에서 최고점수는 Worthington Industries(75.82점).

예를 들어 한국ESG기준원에서 'A' 등급을 받은 강원랜드의 경우 한국ESG연구소와 서스틴베스트에서 'A', 두이에스지에서 'B+'로 비슷한 등급을 받았으나, Moody's ESG 25점, MSCI 'BB', S&P 다우존스 100점 만점에 28점으로 평균이하 등급을 받았다. 한국ESG기준원에서 'A+' 등급을 받은 한국지역난방공사도 S&P 다우존스 지표에서 29점으로 평균 이하 등급을 받았다. 한전의 경우는 그 반대로, 한국ESG기준원에서 종합 'B'등급을 받았으나 한국ESG연구소, 서스틴베스트, 두이에스지에서 모두 'A' 등급을 받았고, S&P 다우존스에서는 73점으로 거의 최고점수를 받았다. 특히 ESG 평가에서 높은 점수를 받은 강원랜드, 한국지역난방공사, 한전은 같은 해 기획재정부의 경영평가에서 각각 D, C, D라는 저조한 성적을 기록했다. 해당 기관들의 기록적인 부채, 안전사고, 비위 행위 등 ESG 평가기관과는 다른 평가요소에 중점을 둔 결과이다(기획재정부, 2023; 김석은, 2024).

평가기관 간 등급이나 점수의 차이는 ESG에 대한 합의된 개념이 없이, 주요 사업과 핵심 역량이 다른 기관에 일률적으로 평가기준을 적용한 결과이다. 또한 평가 결과가 공개되지 않아 기관 간 학습효과를 기대할 수 없으며, 국민들의 신뢰도 얻기 어렵다.[34] 투자와 관련 없는 공공기관이나 대학들도 ESG경영을 도입하니 각자에 맞는 개별 지표를 따로 만들어야 하는 상황에 있고, ESG지표가 국제표준화기구의 ISO26000이나 유엔지속가능발전목표(UN SDGs)와 크게 다르지 않아 '라벨 갈아타기'에 지나지 않는다는 지적도 있다(더나은미래, 2023a). 또

34 국내 대기업 100개사의 ESG 담당 임직원을 대상으로 한 설문조사에서도 응답자의 63%가 ESG 평가기관의 결과를 신뢰하지 않는 것으로 나타났다(대한상공회의소, 2023).

한 너무 많은 ESG 지표들은 기관의 가치생산 활동의 파악을 힘들게 하고, 투자자나 다른 이해관계자들에게도 기관 활동의 투명성을 저해한다.

ESG 평가의 문제점을 해소하고 평가시장의 투명성과 신뢰성을 제고하기 위해, 금융위원회는 2023년 5월 24일 「ESG 평가기관 가이던스」를 제정하고, 같은 해 9월 1일부터 시행에 들어갔다. 이 가이던스는 한국ESG기준원, 한국ESG연구소, 서스틴베스트 등 주요 ESG 평가기관 3곳이 자율규제 형태로 마련한 모범규준으로, 내부통제 체계 구축, 이해충돌 방지, 평가체계 공개 등을 포함한 총 6장 21개 조문으로 구성되어 있다. 금융위원회는 한국거래소, 자본시장연구원과 함께 'ESG 평가기관 협의체'를 구성해 이행 현황을 정기적으로 분석·공개하고 있으며, 2025년부터는 법제화 여부도 검토할 계획이다.

ESG 평가의 문제에 더해, 러시아-우크라이나 전쟁으로 촉발된 불안정한 국제 정세와 에너지 위기는 ESG 선도국인 유럽과 미국의 에너지 전략에도 변화를 가져오고 있다. 당초 신재생에너지 확대에 집중되던 관심은 다시 원자력과 화석연료로 이동하고 있다. 에너지 밀도가 낮고 공급 안정성에 한계가 있으며, 환경 문제를 유발할 수 있다는 신재생에너지에 대한 회의론과, 전쟁 장기화에 따른 에너지 수급 위기가 복합적으로 작용한 결과다.

원자력은 에너지 밀도가 높고 탄소 배출이 거의 없어, 고효율·안정적인 전력 공급이 가능하다는 점에서 재조명되고 있으며, 그중에서도 소형모듈원자로(SMR)에 대한 관심이 급증하고 있다. SMR은 기존 대형 원자로에 비해 소규모·모듈식 설계를 기반으로 초기 건설 비용이 낮고, 지역별 분산 설치가 가능하다는 점에서 에너지 전환 시대의 안정

적이고 유연한 대안으로 부상하고 있다.[35]

영국과 프랑스는 이미 원자력 발전을 친환경 에너지로 공식 분류하기 시작했으며, 2035년까지 원전 6기를 추가 건설하는 등 과거의 원전 의존도 축소 정책을 사실상 철회하고 있다(고재원, 2023). 탄소중립을 달성하기 위해 현실적인 에너지 수급 전략이 필요하다는 인식에 따른 변화라 할 수 있다. ESG 선진국들이 신재생에너지 확대를 강조하고 있음에도 불구하고, 2022년 기준 세계 에너지 소비에서 화석연료가 차지하는 비중은 82%에 달하며, 신재생에너지는 7.5%에 불과해 여전히 화석연료가 압도적인 비중을 유지하고 있다(더나은미래, 2023b). 기후위기 대응 노력에도 불구하고 석탄 사용량이 오히려 증가하는 추세는 이러한 현실적 한계를 단적으로 보여준다.

차세대 에너지원으로 주목받고 있는 SMR에 대해서도 여전히 회의론이 존재한다. 안전성, 경제성, 폐기물 처리 등 해결해야 할 과제가 적지 않기 때문이다. 그럼에도 불구하고, AI 시대의 본격적인 도래와 함께 핵심 인프라인 데이터센터 운영에 필요한 전력 수요가 기존 대비 최소 5배에서 최대 10배 이상 증가할 것으로 전망되면서, SMR을 미래 에너지 전략에서 완전히 배제하기는 쉽지 않을 것으로 보인다. 에너지 밀도가 높고 탄소배출이 거의 없는 원자력, 특히 SMR은 에너지 전환과 디지털 전환이 동시에 진행되는 시대에 현실적이고 실용적인 대안일 수 있기 때문이다.

화석연료 및 원자력 산업과 이해관계가 얽힌 기업과 정치 세력의

35 예를 들어 테라파워에서 건립중인 SMR의 경우 44에이커의 부지에 세워진 반면, 태양광 발전소가 이 SMR과 동일한 전력량을 생산하려면 수천에이커의 토지가 필요하다(정윤희, 2024).

반발은 ESG 추진 동력을 약화시키는 또 다른 요인으로 작용하고 있다. ESG 선도국으로 평가받아 온 유럽에서도 이러한 변화의 조짐이 뚜렷하게 나타나고 있다. 네덜란드에서는 2023년 3월, 친환경 정책에 반대하는 신생 우익 포퓰리즘 정당이 지방선거에서 압승을 거두었으며, 2024년 6월 유럽의회 선거에서도 극우 정당들의 약진이 두드러졌다. 이들은 2019년 12월 EU가 추진한 '유러피안 그린딜(European Green Deal)'을 비판하며 환경규제 완화를 요구하는 이른바 '녹색 반발(Green Backlash)' 흐름을 주도하고 있다.

가장 강력한 반발은 미국 공화당으로부터 나오고 있다. 공화당은 석유, 천연가스, 석탄 산업에 대한 ESG 규제와 투자 제한이 일자리 감소와 지역경제 위축을 초래한다고 주장하며, ESG를 '오크 자본주의(Woke Capitalism, 깨어 있는 척하는 자본주의)'라고 비판해왔다. 일부 주 정부와 공화당 정치인들은 블랙록 등 ESG 투자 선도 기업에 대한 자금 회수에 나섰으며, 블랙록의 래리 핑크 회장은 ESG 용어 자체가 정치적 논란의 중심이 된 상황을 인정하며 더 이상 ESG라는 표현을 사용하지 않겠다고 한발 물러서는 모습을 보이고 있다.

4) 기관목표와 행위자

이 시기 공공기관의 상위 목표는 사회적 가치에서 재무성과로 옮겨갔다. 2022년 경영평가 개편으로 '사회적 책임'이라는 이름 아래 ESG 평가가 도입되었으나, 'S'의 배점은 절반으로 줄어들고 재무성과의 배점은 두 배로 증가하였다. 기록적인 공공기관 부채의 주요 원인이 '사회(S)' 활동에 있다고 본 정부의 시각을 반영한 것이다. 재무성과와 ESG

표 6-10 14개 재무위험기관

요건	기관명
사업수익성 악화(징후)기관(9)	한국전력공사, 한국수력원자력(주) 및 5개 발전자회사(남동·동서·남부·서부·중부), 한국지역난방공사, 한국토지주택공사
재무구조 전반 취약기관(5)	자원공기업(한국석유공사, 한국광해광업공단, 한국가스공사, 대한석탄공사), 한국철도공사

출처: 국회예산정책처(2024). 「2024 대한민국공공기관」. p.136

의 상관관계는 여전히 논쟁의 중심에 서 있지만(이은정, 2022), 실무계에서는 ESG가 제대로 실행된다면 재무성과에 부정적인 영향을 미친다는 인식이 확산되고 있는 듯하다(서진석b, 2021.4). 이윤 창출이 없는 ESG 활동은 지속 가능할 수 없으며, 반대로 ESG가 없는 이윤 창출은 불균형 발전과 사회적 갈등을 심화시킬 것이기 때문이다.

정부는 경영평가의 초점을 재무성과에 두고 공공기관의 재무 건전성 관리에 주력하기 시작했다. 그 일환으로 2022년 6월, 한전 및 발전 자회사를 포함한 14개 공공기관을 재무위험기관으로 선정하였다(〈표 6-10〉). 이들 기관의 부채 및 자산 규모가 전체 공공기관의 절반 이상을 차지하고 있기 때문이다. 정부는 이들 재무위험기관의 부채 비율을 200% 미만 또는 자본잠식을 목표로 수립한 5개년 「재정건전화계획」을 2023년에 수정·강화하였다. 2023-2027년 동안 추진되는 수정 계획에서는 총 42.2조 원의 부채 감축을 목표로 하고 있다(국회예산정책처, 2024).

우리 정부뿐만 아니라 다른 ESG 선진국들도 재무성과에 ESG 경영의 초점을 맞추고 있다. 예를 들어 국제지속가능성기준위원회(ISSB)나 미국의 증권거래위원회(SEC)와 같은 글로벌 공시기준을 따르는 여러 ESG 평가기관들은 재무성과를 중시하는 단일중대성 평가를 진행하고 있다. ISSB는 기업의 재무상태에 중대한 영향을 미치는 지속가능성 관련 정보만을 공시하도록 하고 있으며, SEC 역시 투자자 보호 관점에서 '중대한 재무정보의 공개'를 강조하고 있다. 이들 기관들은 기후변화, 산업안전 교육, 지배구조의 투명성 등이 사회나 환경에 미치는 영향보다는 기업의 재무성과에 미치는 영향에 집중하고 있다.

이들 글로벌 공시기준은 우선 자산 2조 원 이상의 공기업에 적용될 것으로 보인다. 이에 따라 한국 금융위원회 산하의 지속가능성기준위원회(KSSB)도 국내 지속가능성 공시기준 초안을 발표했으나, 재계의 반발이 만만치 않다. 국내 대기업들은 준비가 부족할 뿐만 아니라, 유럽과 미국 등 선진국들 또한 공시 의무화 시점을 미루고 있다.

공시 의무화를 미루는 배경에는 기후변화와 국제정세 불안으로 인한 에너지 위기, 그리고 친환경 정책에 반대하는 유럽과 미국의 정치적 변화가 있다. 블랙록은 ESG 찬성파와 반대파 양쪽 모두에게 공격을 받고 있으며, 이로 인해 글로벌 투자은행 UBS는 최근 블랙록에 대한 투자의견을 '매수'에서 '중립'으로 하향 조정하고 목표 주가를 크게 낮췄다. UBS는 블랙록의 ESG 투자 전략이 위험성이 크다고 판단했기 때문이다(이은정, 2022). 이러한 흐름은 미국 정치권의 ESG 및 친환경 정책에 대한 반감과도 맞물려 있다. 트럼프 대통령은 셰일가스 기업 CEO 크리스 라이트를 에너지부 장관으로, 환경규제 완화를 지지해 온 리 젤딘을 환경보호청(EPA) 청장으로 임명했고, 석유 시추를 지원해 온 내무부장관 더그 버검으로 하여금 국가에너지회의 의장을 겸임하게 하였다.

이해관계자 자본주의의 도래로 인해 공공기관 내부 직원들의 경력

개발과 안전한 근무 환경 조성 등 내부적 책임의 중요성이 제기되고 있지만, 여전히 ESG의 초점은 환경과 지배구조 개선을 통한 기관의 투자 리스크 감소에 맞춰져 있으며, 결국 주주들의 이익 창출을 우선시하는 방향으로 흘러가고 있다. 글로벌 공시기준이 확정되고, 노르웨이 국부펀드 등 해외 투자자들이 국내 공시기준 의무화를 요구하고 있지만, 구체적인 적용 시점은 불확실하다. 2024년 4월 30일, 한국회계기준원 지속가능성기준위원회(KSSB)가 국내 ESG 공시기준 초안을 공개했으나 도입 시점은 아직 결정되지 않았다. 금융위원회는 ESG 공시 의무화를 2026년 이후에 도입할 계획이라고 밝혔으나, 구체적인 시점은 역시 밝히지 않고 있다(채예빈, 2024. 9). 국제 정세의 불확실성과 글로벌 정치 변화 속에서 ESG 선진국들조차 공시기준과 의무화의 확정 시점을 미루고 있는 상황이다. 공공기관 ESG의 뚜렷한 목표 부재 속에 행위자들 간의 갈등도 심화되고 있다.

III

공공기관의 전략적 ESG 경영을 향하여

공공기관의 ESG 경영 도입과 적용 과정에서 나타난 경로의존성은 향후 국내 공공기관 ESG 경영의 발전 방향을 가늠할 수 있는 중요한 단서가 된다. 과거의 정책적 흐름과 제도적 환경은 공공기관이 ESG를 어떻게 수용하고 실행하는지에 결정적인 영향을 미쳤으며, 이러한 경로의존성은 앞으로 공공기관 ESG 전략이 더욱 정교하고 체계적인 방식으로 진화할 가능성을 시사한다. 따라서 공공기관은 단기적인 성과 지표를 넘어, 지속가능한 발전을 위한 근본적이고 구조적인 변화를 적극적으로 추진할 필요가 있다.

이를 위해 ESG 경영을 공공기관의 핵심 가치로 재정립하고, 형식적인 규제 준수를 넘어 실질적이고 구체적인 사회적 책임을 이행할 수 있는 실행력을 갖춘 전략 마련이 요구된다. 무엇보다도 ESG 경영을 조직문화와 운영 시스템 전반에 내재화하는 노력이 선행되어야 한다. 구체적으로, 환경(E) 영역에서는 탄소배출 저감을 위한 재생에너지 사용 확대, 친환경 인프라 구축 등 구체적이고 측정 가능한 목표 설정이 필요하다. 사회(S) 영역에서는 공정채용, 근로자 안전 및 복지 증진, 지역사회 기여 확대 등 이해관계자의 신뢰를 높일 수 있는 실천적 방안이 요구된다. 지배구조(G) 영역에서는 투명한 의사결정 절차, 독립적 외부감시 기구를 통한 상시적 평가와 피드백 체계 구축이 중요하다.

이러한 실천적 전략을 통해 공공기관은 ESG 경영을 형식적·일회적 활동이 아닌 조직의 일상적 운영 원리로 정착시킬 수 있으며, 궁극적으로 국민에게 실질적인 혜택과 사회적 가치를 제공하는 공공기관 본연의 역할을 강화할 수 있을 것이다.

제7장

공공기관의 ESG 어떻게 할 것인가 : 4S 모델[1]

지금까지 신제도주의를 근거 이론으로 삼아, 제도적 맥락과 제도 변화의 결정 요인들이 상호작용하며 사회적 책임 경영이 CSR에서 ESG로 변화해 온 과정을 살펴보았다. 공공기관의 ESG 형성 과정은 단절적 전환이나 급격한 변화보다는 역사적 맥락 속에서 행위자 간 지속적인 상호작용과 부단한 노력의 축적을 통해 이루어졌다. 그 결과, CSR, 지속가능성, 사회적 가치, ESG 등 명칭과 표현은 변화해 왔지만, 공공기관이 추구해 온 핵심적 가치와 내용은 본질적으로 큰 변화를 보이지 않는 경로의존적 특징을 띠고 있다.

그럼에도 불구하고, 각 시기별 제도적 맥락에 따라 단절적 변화가 나타나기도 했다. 레이첼 카슨의 「침묵의 봄」 출간, 월가 점령 시위, 국정 목표로서의 사회적 가치 강조, 블랙록의 ESG 투자 선언 등은 그 시

1 이 장은 필자의 논문(김석은, 2020)을 대폭 수정·보완하여 작성되었다.

기마다 강력한 파급력을 발휘하며 단절적 변화와 제도적 대응을 촉진했다. 환경보호법 제정, 기업 지배구조 혁신, 공공기관의 ESG 추진체계 구축 등과 같은 구체적인 제도 변화들이 그 예이다. 이러한 단절적 변화는 글로벌 공시기준과 같은 범세계적 자율규범을 생성하고, 각국 정부의 법제화와 규제 도입으로 이어지면서 강제적·모방적 동형화 과정을 통해 제도적 정착과 확산이 이루어져 왔다.

국내 공공기관의 ESG 경영 도입과 적용 과정에서 나타난 경로의존성은 향후 ESG 경영의 전개 방향이 예측 가능하다는 점을 시사하며, 과거 제도적 환경과 실행 관행이 앞으로의 ESG 경영 방식에 지속적으로 영향을 미칠 가능성이 크다는 것을 의미한다. 따라서 공공기관은 거시적 환경 변화에 대한 선제적 대응 역량을 강화하고, 국제적 규범과 공시 기준을 면밀히 분석하여 전략적 관점에서 ESG 경영을 추진할 필요가 있다. 여기서 전략적 ESG 경영이란 기관 내부 역량과 외부 환경을 종합적으로 진단한 후, 기관의 설립 목적과 밀접하게 연관된 사회·경제·환경·지배구조 문제를 발굴하고, 문제 해결을 위한 ESG 목표 및 프로그램을 기획·설계·수행하는 총체적 활동을 의미한다(Chandler, 2017).

본 장에서는 그동안의 사회적 책임 활동 변화 과정을 분석한 결과를 바탕으로, 전략적이고 지속가능한 공공기관 ESG 경영을 위한 12가지 핵심 조건을 제시한다. 이 조건들은 전략적 ESG 로드맵(Strategic Roadmap) 수립, 거버넌스 시스템(System Building) 구축, ESG 임팩트 평가(Screening Impacts), 공유와 확산(Sharing & Diffusion)의 4S 모델(Strategy-System-Screening-Sharing)로 구성된다.[2]

2 신호창(2014)은 사회적 책임 활동을 '경쟁우위를 창출하는 비즈니스'로 보고, 이를 위해

전략적 ESG 로드맵 수립은 ①내부 역량 진단, ②국내외 환경 요구 분석, ③설립 목적과 연계된 ESG 프로그램의 설계를 포함한다. 거버넌스 시스템 구축은 ④ESG 전담 조직, 전담 인력, 안정적 예산 확보, ⑤지배구조의 개혁, ⑥협력적 거버넌스의 확립을 의미한다. 임팩트 평가를 위해서는 ⑦평가 목표 수립, ⑧평가지표 개발 및 측정, ⑨평가의 피드백 및 모니터링이 필요하다. 마지막으로, 공유와 확산은 ⑩이해관계자와의 소통, ⑪인재·윤리경영의 확립, ⑫경영공시, 홈페이지 및 지속가능경영보고서를 통한 성과의 공유와 확산을 포함한다.

전략적 ESG 로드맵 수립 (Strategic Roadmap)

전략적 ESG 로드맵 수립을 위해선 ①내부 역량진단, ②국내외 환경요구 분석, ③설립목적과 연계된 ESG 로드맵의 설계가 필요하다.

1) 내부 역량진단

ESG 추진 방향을 전략적으로 설계하기 위해서는 조직이 전략적 관리를 실행할 준비가 되어 있는지 내부 역량을 점검하는 것이 선행되

S-S-C(System-Strategy-Communication) 모델을 제시하였다. 그는 기존 사회적 책임 활동이 투자 대비 사회적 지지 확보에 한계가 있었다고 지적하며, 전략적 활동을 위해서는 시스템 구축, 기업 미션·비전에 부합하는 프로그램 설계, 이해관계자와의 적극적 소통이 필요하다고 주장하였다. 그러나 S-S-C 모델은 구성요소에 대한 구체적 설명이 제시되지 않았으며, 무엇보다 공공기관의 사회적 책임 활동은 경쟁우위를 창출하는 비즈니스가 아니라 사회적 가치와 국가경제 발전을 지원하는 정책도구로 접근해야 한다.

어야 한다(Bryson, 2018). 조직 내부의 강점과 약점을 면밀히 분석하여 강점은 살리고 약점은 보완하는 과정이다. 공공기관의 경우 ESG 전담 기구의 존재, ESG 투자 기준과 의도 및 경영평가의 방향 등을 파악할 수 있는 전담 인력의 확보, ESG 활동을 위한 재정건전성 진단, 기관장과 임직원의 참여, ESG 평가와 인센티브 시스템 등이 마련되지 않고서는 ESG의 성과를 기대할 수 없다. 공공기관의 ESG 경영은 정부에 의해 강제되기 때문에 기관의 내부 역량에 상관없이 수신해야 하는 어려움이 있다. 그럼에도 불구하고 미리 내부 역량을 점검해야 하는 이유는 한정된 자원으로 다가올 기회와 위험 요인에 선제적으로 대응하는 것이 가능하기 때문이다.

〈그림 7-1〉은 사회책임 활동의 성과, 즉 임팩트를 창출하기 위한 내부 역량의 주요 구성 요소를 나타낸다. 먼저 기존의 전략적 로드맵을 점검한다. 기관의 설립 목적, 비전, 세부 목표가 명확하게 수립되고, 장·단기 실천을 위한 구체적인 추진 계획이 마련된 상태를 의미한다. 업무 프로세스는 기관 내 각 업무 단위 부서가 전반적인 업무 과정을 인지하고, 실행 준비가 완료된 상태를 의미한다. 또한 ESG의 성공을 위해서는 리더의 지속적인 지원과 혁신 문화 조성이 필수적이며, ESG 전담 기구의 구성, 업무분장, 책임 체계 및 협업 시스템이 정비되어 있어야 한다. 무엇보다 ESG 추진 계획의 수립과 실천을 위한 충분한 재원 확보가 필수적이다. 임직원들은 긍정적인 변화에 대한 확신과 역량을 갖추어야 하며, 기대한 임팩트를 실현하기 위해 외부 환경의 요구를 이해하고 적극적으로 대응해야 한다.

그림 7-1 임팩트 산출에 미치는 영향 요인

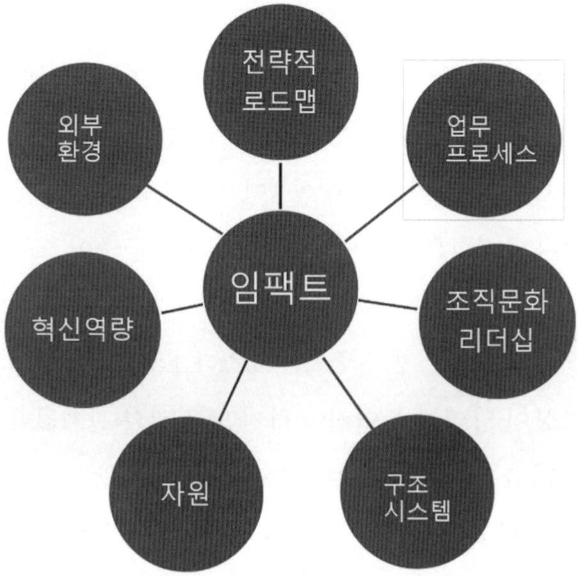

출처: Fuzi, Gryszkiewicz, & Sikora (2018).

내부 역량 중에서도 재정건전성의 점검이 무엇보다 중요하다. 부채를 안고 남을 돕는 것은 이치에 맞지 않을 뿐 아니라 지속 가능하지도 않다. 제6장에서 확인했듯이, 전체 공공기관의 부채는 이미 정부 지출 예산을 넘어 700조 원 이상에 달한다. 이러한 상황에서 공공기관의 재정건전성을 강화하려는 정부의 공공기관 혁신 기조는 당연한 결과다. 공공성보다는 경영 효율화에 초점이 맞춰지고 있으며, 자산 매각이나 성과급 반납 등의 조치를 통해서라도 재정건전성을 높일 것을 요구하고 있다. 앞으로도 정부의 재정건전성 압박이 지속될 것으로 예상되는 만큼, ESG 활동의 범위와 규모는 기관의 재정 상태와 균형을 이루어야 한다.

적정 규모의 ESG 전담 부서와 전문 인력들이 전 부서의 주요 전략적 의사결정 과정에 적극적으로 참여할 수 있는 구조도 마련되어야 한다. 현재와 같이 이사회나 사장실 직속 ESG 경영위원회가 주요 사안을 결정하고, ESG 전담 부서는 단순 집행 기능에 머무는 이원화된 구조로는 효과적인 ESG 프로그램의 설계와 실행이 어렵다. ESG 전담 부서가 조직 전반과 보다 유기적으로 협력할 수 있는 체계 구축이 요구된다.

아울러 정교한 인센티브 시스템도 중요한 요소다. ESG 관련 업무성과에 상응하는 보상이 당연히 주어져야 하지만, 결과와 관계없이 ESG를 위해 최선을 다한 노력 자체가 보상받을 수 있도록 동기부여 시스템이 마련되어야 한다. 이를 위해 기관장과 이사회의 적극적인 지원이 필수적이며, ESG 전담 인력뿐만 아니라 기관장과 이사회 구성원들도 ESG에 대한 충분한 이해와 전문성을 갖추어야 한다.

2) 국내외 환경요구 분석

기관 내부 역량의 강점과 약점을 면밀히 분석하는 동시에, 기회와 위협 요인이 될 수 있는 국내외 환경요구를 철저히 파악해야 한다. 기획재정부를 비롯하여 공공기관 운영에 영향을 미치는 내·외부 관리·감독 기관들의 요구와 환경 변화를 면밀히 분석하는 것은 전략적 이슈(예: 기후 및 에너지 위기 대응) 발굴에 중요한 정보를 제공한다. 확인된 전략적 이슈는 중요도에 따라 우선순위를 정하고, 기관의 내부 역량이 허락하는 범위 내에서 효과적인 ESG 프로그램을 설계해야 한다.

우선 대통령의 국정 기조를 명확히 이해하고, 기획재정부 및 주요 관리·감독 기관들의 요구를 면밀히 분석해야 한다. 기획재정부는 공공기관 운영 전반을 총괄하며, 공공기관 운영위원회를 통해 기관 지정·해제, 경영평가, 혁신 지원, 임원 임명 및 해임 등을 심의·의결한다. 공공기관 운영위원회의 결정 사항은 대통령과 국회에 보고되므로, 현 정부의 정책 기조와 ESG 방향성을 반영한 기획재정부의 요구를 분석하는 것이 핵심이다. 예컨대 사회적 가치 배점 축소 및 재무 성과 배점 확대는 윤석열 정부의 국정 기조가 반영된 정책적 의도로 볼 수 있다.

공공기관의 운영 및 사업 관리는 주무부처에서도 이루어진다. 각 주무부처의 차관급 공무원은 공공기관 운영위원회 위원으로 지정되며, 기관 지정·해제·변경 시 기획재정부 장관과 협의해야 한다. 산업통상자원부(에너지 공기업 관리), 국토교통부(한국토지주택공사 관리), 환경부(한국수자원공사 관리) 등 주무부처의 정책 방향은 공공기관의 재정건전성과 운영 방식에 직접적인 영향을 미친다. 예를 들어 한국토지주택공사의 보금자리주택 사업, 한국수자원공사의 4대강 사업 등은 공공기관 부채 증가의 주요 원인이었다. 따라서, 주무부처의 정책 변화를 면밀히 분석하는 것이 중요하다.

또한 공공기관 운영과 ESG 평가에 영향을 미치는 다양한 평가 주체의 요구 사항을 지속적으로 모니터링해야 한다. 국민권익위원회의 공공기관 청렴도 평가, 감사원의 회계감사 및 직무감찰, 교육부·고용노동부의 지역균형인재 고용 영향 평가, 공정거래위원회·중소벤처기업부의 동반성장 평가, 고용노동부의 공공기관 안전등급제 및 안전경영책임 보고서 등의 요구 사항을 포함한다. 환경부의 온실가스 감축 실적 이행평가 등 ESG 관련 정책과 직접 연계되는 평가 항목들은 철저한 대비가 필요하다. 공공기관은 다수의 평가 주체가 존재하는 만큼, 여러 기관의 평가 기준을 종합적으로 고려한 대응 전략을 마련해야 한다.

ESG의 목표가 조직의 투자가치 상승에 있는 만큼, 국제정세 및 해외 기관 투자자들의 투자 경향을 파악하는 것도 필수적이다. 무엇보다도 ESG를 선노하는 EU의 정책 변화를 면밀히 분석해야 한다. 유러피안그린딜, EU 택소노미 규정, 지속가능성 보고 지침, 탄소 감축 입법 패키지, 탄소세 부과 등은 국내 공기업과 대기업에 직접적인 영향을 미치는 사안들이다. 또한 블랙록 선언 이후 글로벌 자산운용사와 투자은행들의 ESG 투자 동향, 환경 단체들의 반응, 국제 유가 변동, 산유국 정책, 러시아-우크라이나 전쟁으로 인한 에너지 수요 변화, ESG에 반대하는 미국 공화당 의원들의 입장 등도 에너지 공기업과 투자 유치가 중요한 기금관리형 준정부기관에 직접적인 영향을 미칠 수 있는 환경 요인들이다.

마지막으로, 공공기관의 ESG 프로그램이 지역사회와 유기적으로 연결되기 위해서는 지역 이해관계자들의 수요를 정확히 파악하는 것이 중요하다. 공공기관이 사회적 양극화 해소 및 분배 정의 실현을 목표로 한다면, 지역사회가 원하는 것이 무엇인지 알아야 한다. 지방으로 이전한 공공기관은 혁신도시 내 지방자치단체, 민간기업, 타 공공기관, 지역 대학 등의 요구를 적극 반영해야 한다. 지역사회와 협력할 때, 공공기관은 보다 차별화된 ESG 프로그램을 설계할 수 있기 때문이다.

예를 들어 한국남동발전은 2015년부터 'KOEN CSV 여성 모니터단'을 운영하며 지역사회의 수요를 지속적으로 파악하고 있다. 한국철도공사 역시 '해피트레인', '코레일빌리지', '철도체험학습장' 등 주요 ESG 프로그램을 지역 수요 조사를 기반으로 설계하고, 프로그램 시행 이후에는 만족도 조사를 통해 운영 내용을 지속적으로 개선하고 있다. 이외에도 한국가스공사와 한국산업인력공단은 지역 사회복지기관 및 지자체와 협력하여 ESG 프로그램을 공동 개발하고, 주기적으로 프로그램을 수정·보완하여 지역 밀착형 ESG 경영을 추진하고 있다.

이처럼 공공기관의 ESG 경영은 정부의 정책 방향, 국내외 ESG 트렌드, 지역사회의 수요를 균형 있게 반영해야 하며, 이를 위해 지속적인 모니터링과 전략적 대응이 필요하다.

3) 설립목적과 연계된 ESG 로드맵의 설계

공공기관이 공동(사회적·경제적)가치창출을 실현하기 위해서는 해당 기관의 설립 목적에 부합하는 ESG 목표와 프로그램을 개발·실행하는 것이 필수적이다. 우선 각 공공기관의 설립법 제1조에 규정된 설립 목적에 ESG 활동의 목표가 반영되어야 한다. 예를 들어 오건호 '내가만드는복지국가' 위원장이 제시하는 것처럼 「한국철도공사법」 제1조의 설립 목적에 철도 운영의 전문성과 효율성은 수단적 가치로, 철도 서비스의 안전성·편리성·보편적 접근성은 궁극적 목표로 재구성할 필요가 있다. ESG 경영 목표를 설립 목적에 포함시키면 ESG 활동의 법적 근거가 명확해지고, 제도적 혼란을 방지할 수 있기 때문이다(김란영, 2019). 법적 정비가 이루어지지 않을 경우, ESG 경영 활동과 개별 공공기관 설립법 간의 구조적 충돌 가능성이 존재하며(김현희·박광동, 2018), 공공기관의 ESG 경영이 일관성과 지속가능성을 확보하는 데 장애 요인으로 작용할 수 있다.

ESG 목표가 공공기관의 설립 목적과 긴밀히 연계될 때, 개별 ESG 프로그램의 성공은 곧 기관 설립 목적 달성으로 직결된다. 이를 통해 자원의 낭비를 최소화할 수 있을 뿐만 아니라, 임팩트 평가 과정에서도 평가 기순의 일관성을 확보할 수 있다. 반면, 기관의 핵심사업과 무관하게 설정된 ESG 목표는 성과 측정이 어렵고, 설령 프로그램이 성공하더라도 해당 성과가 기관 설립 목적에 어떤 기여를 했는지 판단하기 어렵다.

설립 목적과 핵심사업에 적절히 연계된 ESG 목표를 기반으로 개발된 ESG 프로그램은 부가적 활동이 아니라, 기관 설립 목적을 실현하는 핵심사업의 일부로 기능하게 된다. 이러한 프로그램이 성공적으로 추진될 경우 자연스럽게 공동가치창출(CSV)로 이어진다. 즉, CSV는 CSR이나 ESG와 별개의 개념이 아니라, ESG 프로그램이 기관 설립 목적과 효과적으로 연결될 때 도출되는 구체적이고 실질적인 결과물인 셈이다.

가령, 한국전력공사(한전)의 「스마트 희망 빛 사업」은 AI 기반 빅데이터를 활용한 고독사 예방 서비스로, 한전 설립 목적 중 하나인 '전력데이터의 공익적 활용' 목표와 직접적으로 연계되어 있다. 이 프로그램은 독거노인의 전기 및 통신 사용 패턴을 실시간으로 모니터링하여 이상 징후를 조기에 감지하고, 고독사를 예방하는 것을 주요 목표로 한다. 한전은 이 프로그램을 통해 2024년 행정안전부 주최 정부혁신 사례 왕중왕전에서 대통령상을 수상했으며, 출품된 647개 사례 중 3회의 예선을 거쳐 최종 선정된 41개 수상작 가운데 최고의 영예를 안았다(행정안전부, 2024).

한국전력공사의 「스마트 희망 빛 사업」

이 사업은 독거노인의 일상적인 전기 사용량과 통신 활동 데이터를 수집하고, AI 알고리즘을 통해 평소와 다른 사용 패턴이나 비정상적인 변화를 탐지한다. 일정 시간 동안 전기 사용이 없거나 통신 활동이 중단되는 등의 이상 징후가 발견되면 즉시 관련 기관이나 가족에게 알림을 보내어 신속한 대응을 유도한다. 이를 통해 독거노인의 안전을 실시간으로 확인하고, 고독사와 같은 비극적인 사건을 예방할 수 있다.

강원도 영월군은 이 제도를 새롭게 도입하여 가구의 전력 사용량을 15분 단위로 기록한 후, 이를 1시간마다 서버로 전송하여 사용량 데이터를 축적함으로서 사용자의 생활패턴을 분석한다. 이러한 방식으로 사용자가 언제 기상하고 전등을 켜며 TV를 시청하거나 외출하고 귀가하는지 등을 파악할 수 있다. 전력 사용량 분석에 더하여 통신사의 전화 및 문자 사용량, 데이터 사용량까지 통합 분석하여 더욱 정교한 생활패턴을 파악한다. 수집된 데이터는 지자체 및 복지 기관에 전송되며, 공무원이나 직원이 이상 징후를 감지하면 신속히 대응한다(임순배, 2024).

출처: 행정안전부. (2024). 「스마트 희망 빛 사업」. 대한민국 정책브리핑

설립목적에 부합하는 ESG 프로그램을 설계할 때는 공공기관의 유형과 성격, 그리고 핵심사업에 따라 차별화하는 것이 중요하다. 해외투자 유치가 필요한 공기업의 경우 국제적인 ESG 투자 기준을 충족하는 프로그램에 집중하는 것이 효과적이며, 기금관리형 준정부기관은 기금의 사회책임투자(SRI)에 초점을 맞추는 방식이 적절하다.

〈그림 7-2〉는 한국가스공사(KOGAS)의 ESG 로드맵이다. KOGAS는 ESG 경영의 비전과 목표를 공사의 설립 목적과 긴밀히 연계함으로써, ESG 비전의 달성이 곧 공사 설립 목적의 실현으로 이어지도록 설계하였다. 이를 통해 ESG 활동을 별도의 부가적 업무가 아닌, 본래 핵심 업무의 연장선에서 추진할 수 있도록 체계적 기반을 마련하였다.

KOGAS는 ESG 목표를 명확히 설정한 후, 이를 달성하기 위한 전략적 추진방향을 환경(E), 사회(S), 지배구조(G)의 3개 영역으로 구분하고, 각 영역별로 전략과제와 실행과제를 도출하였다. 따라서 개별 실행

그림 7-2 한국가스공사(KOGAS) ESG 전략체계도(2025년 1월)

설립목적	천연가스의 장기·안정적 공급기반 마련을 통한 국민 편익 증진과 공공복리 향상		
VISION 2030	KOGAS, The Leader of Energy Innovation		
ESG 비전	KOGAS, 지속가능한 미래를 위한 청정에너지 실현		
ESG 목표	2018년 대비 2030년까지 온실가스 40% 감축	종합청렴도 1등급	안전관리 1등급
전략방향(Keyword)	Environment	Social	Governance
전략과제	1. 기후변화 대응체계 강화 2. 환경경영 및 생물다양성 3. 순환경제 활성화 및 환경오염물질 저감 4. 수소사업 기반 조성 5. 신사업 추진으로 환경개선	6. 동반·상생협력 확대 7. 천연가스 공공성 강화 8. 안전책임경영 실천 9. 일자리 창출 및 나눔 10. 임직원 역량 및 포용성 강화	11. ESG의사결정기구 운영 12. 청렴문화 확산 13. 준법경영 시스템 확립 14. 공정거래 질서 확립 및 문화 확산 15. 정보 공시·보안 강화
실행과제(60개)	기후변화 적응 대책수립 등 17개 과제	안전책임경영 실천 등 27개 과제	청렴문화 확산 등 16개 과제
중장기 로드맵	전환기(Transform) [2021년~2022년]	내재화기(Internalization) [2023년~2024년]	공유·확산기(Value Creation) [2025년~]
	· Top-Down 방식의 ESG 경영실행 · ESG 경영 현황진단 및 개선목표 수립 · 중장기 ESG경영 추진 계획 수립	· Bottom-up 방식의 ESG 경영실행 · ESG 경영 전략체계 고도화 · 지역사회 ESG경영 확산 지원	· ESG경영 롤모델 타 기관 확산 · 기업들과 협력체계 구축을 통한 지속력 확보 · 기업들과 공동의 ESG 목표 수립 및 실행

출처: 한국가스공사 홈페이지. https://www.kogas.or.kr/site/koGas/1050901020000

과제들이 E, S, G 각각의 전략과제 달성에 자연스럽게 기여하게 되어 ESG 경영 활동 전반의 정합성과 일관성이 높게 유지된다. 아울러 ESG 경영 로드맵을 전환기, 내재화기, 공유·확산기의 3단계로 구분하여 중장기적으로 추진하고 있다. 이러한 단계적 접근 방식은 ESG 경영을 일시적 활동이 아니라, 장기적이고 점진적으로 고도화해 나가는 공사의 전략적 변화관리 노력으로 해석할 수 있다.

거버넌스 시스템의 구축(System Building)

효과적이고 지속가능한 ESG 경영을 위해서는 단기적 대응이 아닌 장기적 관점에서 ESG 거버넌스 체계를 구축하는 것이 중요하다. 이를 위해 ①ESG 전담조직과 전담인력, 안정적 예산의 확보, ②지배구조 개편을 통한 ESG 책임성과 투명성 강화, ③민관 협력과 이해관계자 참여를 기반으로 한 협력적 거버넌스 확립이 필요하다.

1) ESG 전담조직, 전담인력, 예산의 확보

ESG 경영이 기관 운영 전반에 정착하고 지속 가능한 성과를 창출하기 위해서는 ESG 전담 조직, 전담 인력, 그리고 안정적 예산의 확보가 필수적이다(Kramer & Pfitzer, 2022). 유니레버 CEO 폴 폴먼은 ESG 경영이 전사적 활동인 만큼 별도의 전담 조직보다는 모든 부서가 함께 추진해야 한다고 강조한 바 있다(한상범 외, 2021, p.46). 그러나 ESG는 기존 경영 방식과는 다른 체계적이고 전문적인 접근을 요구한다. 환경, 사회, 지배구조라는 세 가지 분야가 조직의 전략적 목표와 유기적으로 결합되어 경영 전반에 영향을 미치는 복합적이고 통합적인 관리가 필요하기 때문이다.

ESG 전담 조직은 기관의 ESG 전략을 수립하고 이를 핵심사업과 정합성 있게 조율하며, 실행 과정 전반에서 일관성을 유지하는 컨트롤타워 역할을 수행한다. 전담 인력은 ESG 관련 정책 분석과 실무 추진을 담당하며, 지속적인 교육과 역량 강화를 통해 기관의 ESG 역량을 높이는 핵심 자원이다. 아울러 ESG 경영이 선언적 수준에 머무르지 않고 실질적 변화를 이끌어내기 위해서는 충분한 예산 확보가 필수적이다. ESG 프로그램 개발, 이해관계자 협력, 지속가능성 보고 및 인증 등 다양한 활동을 안정적이고 지속가능하게 추진하기 위해서는 재정적 뒷받침이 반드시 요구된다.

삼송그룹 보고서(2024)에 따르면, 2024년 기준 32개 공기업과 55개 준정부기관 모두가 ESG 경영 전략을 수립하고 추진하고 있는 것으로 나타났다. 또한 ESG 전담 부서는 공기업 31개(유사 부서 포함 11개)로 96.9%, 준정부기관 55개(유사 부서 포함 17개)로 100% 설치된 것으로 조사되었다(<표 7-1>). ESG 경영의 핵심 의사결정 기구인 ESG 경영위원회의 설치율도 크게 증가하여, 공기업 30개(93.8%), 준정부기관 52개(94.5%)가 ESG 경영위원회를 운영 중인 것으로 나타났다. 이는 ESG 경영이 선언적 수준을 넘어 실질적인 거버넌스로 자리잡아 가고 있음을 보여주는 중요한 지표라 할 수 있다.

표 7-1 ESG 전담조직 설치 현황(2023-2024년)

분류	2023		2024	
	전담 부서	유사부서 역할 부여	전담 부서	유사부서 역할 부여
공기업	22개	12개	20개	11개
준정부기관	38개	25개	38개	17개

출처: 삼송그룹. https://www.ss-con.com/post/

ESG 경영을 효과적으로 수행하기 위해서는 기관 내 전체 부서와 원활하게 소통할 수 있는 기획조정실이나 경영전략실 등 전략 기능을 담당하는 부서 내에 ESG 전담 조직을 두는 것이 바람직하다. 아직

ESG 경영이 성숙기에 이르지 않은 현 단계에서는 독립된 ESG 조직이 내부 부서나 대외 이해관계자들과의 소통과 협력에서 한계를 가질 가능성이 크기 때문이다. 따라서 ESG 추진 초기에는 기존 전략조정 기능과 연계하여 기관 전체의 방향성과 일관성을 확보하는 방식이 보다 현실적이고 효과적이다.

그림 7-3 한국전력공사의 ESG 경영 전담조직(2025년 1월)

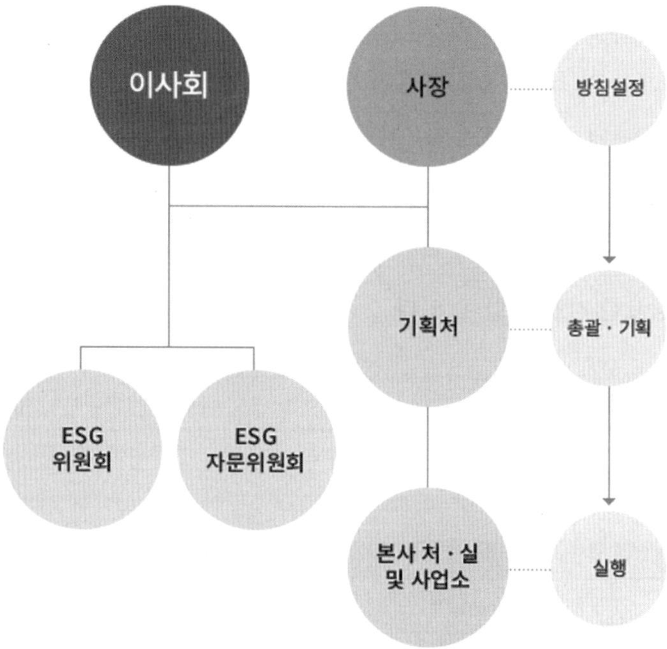

출처: 한국전력공사 홈페이지. https://home.kepco.co.kr/kepco/main.do

한 예로, 한전은 기획처에서 ESG 경영을 총괄하고 있다(〈그림 7-3〉). 본사의 29개 처(실) 및 269개 사업소에서 지속가능경영 실행 조직을 운영하며, 기관 전반에 ESG 전략을 내재화하고 있다. ESG 관리·감독

체계 확립과 성과 창출을 위해 2020년에는 이사회 산하에 ESG 위원회를 신설하였으며, 2021년에는 외부 전문가로 구성된 ESG 자문위원회를 설치하여 ESG 위원회의 의사결정을 지원하고 있다. 이처럼 기관의 특성과 운영 방식을 고려하여 ESG 전담조직을 전략적 부서 내에 배치하고 관리·감독체계를 정비하며, 외부 전문가의 조언을 반영하는 방식은 ESG 경영의 실효성을 높이는 중요한 요소가 될 수 있다.

ESG 전담 조직의 명칭은 점차 표준화되고 일관성을 갖추어가고 있으나, 전문적인 ESG 경영 역량을 갖춘 전담 인력은 여전히 부족한 실정이다(Kramer & Pfitzer, 2022). 예를 들어 A 공단은 경영지원실 산하에 ESG경영부를 설치하였으나, 총 11명의 담당자 중 ESG 투자와 직접적으로 연관된 인력은 전무하며, 대부분이 기존 사회공헌 업무를 수행하던 인력으로 구성되어 있다. 이는 다수의 공공기관에서도 유사하게 나타나는 현상으로, ESG 전담 부서 인력의 상당수가 ESG 관련 컨퍼런스 참여나 단기 교육 과정을 이수한 일반 정규직 직원들로 채워져 있어, ESG 기획 및 추진 역량에 대한 한계가 지적되고 있다. 국내외 ESG 공시 기준 변화나 투자 트렌드를 이해하고, 지역 밀착형 활동을 위해 지역 내 소외계층의 심리적·경제적 문제를 진단하고 대응할 수 있는 전문성을 갖춘 인력은 매우 부족한 상황이다.

ESG 전담 조직 및 전담 인력의 구성과 더불어 전략적 관리의 선행조건으로서 인적·물적 자원의 안정적 확보가 필요하다(Bryson, 2018). Latkin과 Scheubel(2011)은 효과적인 사회적 책임 활동을 위해 기관 총 수입의 최소 0.5%를 지출해야 한다고 주장했다. 우리나라 대기업의 사회적 책임 예산 규모는 이 기준을 훨씬 초과하고 있다. 2015년 기준, 우리나라 대표 255개 대기업은 총수입의 3.32%를 사회적 책임 활동에 지출했으며, 2022년에는 매출 상위 500대 기업의 절반이 지원 규모를 확대하여 총 2조 9000억 원을 사회적 책임 활동에 지출하였다(전국경제인연합회, 2023). 지출 예산 규모만 보면, 우리나라 민간 기업들의 사회 공헌은 적지 않다고 할 수 있다.

반면, 공공기관의 사회적 가치 및 ESG 활동을 위한 총지출 예산은 접근이 제한돼 있다. 필자가 9개 공공기관의 2016년 데이터를 분석한 결과, 2011~2015년 5년간 총매출액 대비 평균 사회적 책임 지출액은 0.19%로 나타났다(김석은, 2020). 민간기업 평균 3.32%에 비해 현저히 낮은 수준이다. 하지만 총매출액 대비 비율은 기관의 매출 규모에 따라 달라질 수 있으며, 실제 지출액에는 큰 차이가 있었다. 한전의 경우 2015년 사회적 책임 활동에 58억 원을 지출했으나, 같은 해 한전의 매출이 58조 5천억 원을 넘었기 때문에 매출액 대비 지출 비율은 가장 낮은 수준을 기록하였다.

당기순이익 대비 사회적 책임 지출액을 보면, 우리나라 공공기관은 사회적 책임 활동에 적지 않은 노력을 기울이고 있었다. 5년간(2011-2015년) 평균 지출 비율은 5.89%로 나타났으며, 기관별로 큰 차이를 보였다. 국민체육진흥공단이 23.8%로 가장 높은 비율을 기록했고, 한국가스공사가 18.6%로 뒤를 이었다. 반면, 한국철도공사는 0.1%로 가장 낮았다. 비록 대기업이나 Latkin and Scheubel의 권고 기준에는 미치지 못했지만, 사회적 책임 우수 공공기관들은 평균 6.5% 이상을 지출하며 사회적 책임 활동을 적극적으로 수행하고 있었다.

다만 조사 대상 기관들은 규모가 큰 우량 공공기관에 한정되어 있어, 상대적으로 자원이 부족한 소규모 공공기관에게 사회적 책임 활동은 재정적·인적 부담으로 작용할 수 있다. 민간기업과의 파트너십 형성 역시 지역적 한계나 인지도 부족 등으로 인해 쉽지 않은 것이 현실이다. 다행히 선행 연구들은 사회적 책임 지출이 기관의 재무성과 개선에 긍정적인 영향을 미칠 수 있음을 보여주고 있다. 김유현 외(2018)의 연구에 따르면, 사회적 책임 지출 규모가 증가할수록 공공기관의 매출액 대비 당기순이익이 증가하는 경향이 나타났다. 특히 사회적 책임 전담 부서를 보유한 기관은 그렇지 않은 기관에 비해 사회적 책임 지출 증가율이 높을수록 수익성 개선 효과가 더 크게 나타나는 것으로 분석되었다. 이 결과는 사회적 책임 활동의 기획·운영 과정에서 전담 부서 인력의 전문성이 활동의 성과를 결정짓는 핵심 요인임을 시사한다.

2) 지배구조의 개혁

공공기관의 지배구조는 외부통제 뿐만 아니라 내부통제 시스템도 포함하고 있다(〈그림 7-4〉). 공공기관의 내부 지배구조는 기관장, 이사회, 감사위원회로 나눠지며, 독립성이 강조되는 이사회와 감사위원회의 구성원에 대한 관심이 높다. 내부 지배구조의 독립성·전문성·다양성 확보는 ESG의 핵심 요소로, ESG의 환경(E)과 사회(S) 성과는 지배구조(G)가 얼마나 잘 작동하느냐에 달려 있다. 따라서 글로벌 자산운용사나 투자은행들도 지배구조를 가장 중요한 평가 요소로 보고 있다. 투명한 의사결정, 위기 상황에서의 리더십, 이해관계자와의 소통이 강화되면서 지배구조의 대응능력과 회복력은 중요한 평가 요소로 자리잡았다.

그림 7-4 공공기관의 지배구조 체계도

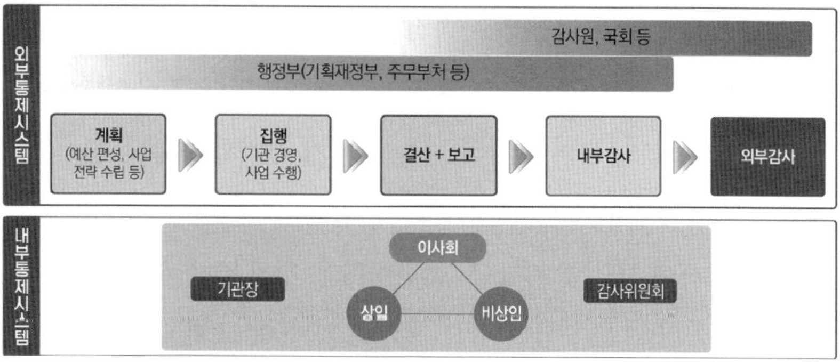

출처: 국회예산정책처. (2024). 2024 대한민국 공공기관. p.18.

그러나 정부 소유 공공기관에서 내부 지배구조의 독립성과 전문성을 확보하는 것은 현실적으로 어려운 과제다. 공공기관 ESG 담당자들은 이사회의 독립적 의사결정이나 임원 보수 문제는 사기업에나 해당하는 사항이라며, 공공기관에서는 오히려 윤리·청렴·투명 경영에 초점을 맞춰야 한다고 주장한다. 현재 공공기관들이 형식적으로는 내부 지배구조의 독립성·전문성·다양성을 갖춘 듯 보이나, 여전히 낙하산 인사가 이루어지고 있으며, 관련 업무에 대한 경험이나 학문적 배경이 전혀 없는 인물이 기관장, 이사회 임원, 감사로 임명되는 관행이 지속되고 있는 것이 현실이다. 무엇보다 미국의 대표적 공공기관인 TVA처럼 지배구조의 정치적 중립성 확보가 필요하다. TVA는 연방정부 소속으로 정치적 영향력을 완전히 벗어날 수는 없지만, 요금 결정과 관리, 예산 운영에 있어 상당한 자율성을 갖고 있다. 대통령과 의회의 승인하에 전기료는 TVA 이사회에서 결정하며, 9명의 이사들은 대통령이 임명하지만 상원의 재가를 받아야 한다.

TVA(Tennessee Valley Authority)의 정치적 중립성

TVA의 정치적 중립성은 오래도록 유지돼 온 전통이 되었다. 비록 연방 정부 소속 공기업으로서 정치적 영향력에서 벗어날 순 없지만, 운영에 있어 상당한 자율성을 갖고 있다. 1933년 루즈벨트 대통령이 TVA 법안에 서명하면서 설립된 사실 만큼이나 중요한 것이, 1959년 아이젠아워 대통령이 자유시장경제 원칙을 옹호하는 공화당과 국민권력을 옹호하는 민주당 의원들과의 사이에 맺은 대협정(Great Compromise)이다. TVA가 몇몇 공화당 의원들에게는 사회주의를 전파하는 매개체처럼 보였기 때문이다. 일자리를 창출하고 저렴한 값에 전기를 공급해 주변 지역 주민들의 소득이 놀랄 만큼 증가했지만, 공화당 출신 대통령이 부임할 때마다 정부지원은 삭감됐다. 마침내 공화당 출신 아이젠아워 대통령은 1959 TVA법 수정안에서 TVA가 회사채를 발행할수 있도록 하여 정부부채 10억 달러를 갚을 수 있게 하였다. 9명의 이사들은 대통령이 임명하지만 상원의 재가를 받아야 하고, 재원의 자율성을 보장하고 있다. 예산과 운영 전략은 대통령과 의회의 승인을 받아야 하지만 전기료는 TVA 이사회에서 결정한다. 가격결정은 전력생산비용, 기관운영비용, 고객과 전체 경제에 미칠 영향, 민간전력회사 및 국민들의 정서 등 여러 요소들을 고려한다. 그렇다고 해서 TVA가 완전히 독립적인 것은 아니다. TVA 이사회는 최소한 연방에너지규제위원회와 환경보호청 및 에너지 관련 부처에 대한 책임에서 벗어날 수 없다. 하지만 우리나라처럼 정권의 입맛에 따라서 가격이 인위적으로 결정되거나 정부정책 사업에 무리하게 동원되지는 않는다.

출처: Tennessee Valley Authority(TVA).

지배구조의 개혁에 대한 한전의 노력은 주목할 만하다. 한전은 이사회의 독립성을 위해 과반수를 비상임이사로 구성하고, 의장은 반드시 비상임이사 중에서 선출하도록 하고 있다. 특정 안건에 이해관계가 있는 이사는 의결에 참여할 수 없으며, 비상임이사의 공사와의 특수관계 여부를 엄격히 검증하는 제도를 운영하고 있다. 아울러 이사회 후보자의 업무 전문성을 주요 선발 기준으로 삼고 있으며, 정기적으로 공사 업무에 관한 교육도 실시하고 있다(한전, 2023).

다만 이사회의 다양성은 여전히 과제로 남아 있다. 한전 이사회(총 17명) 중 여성 이사는 단 1명에 불과한데, 이는 2019년 자본시장법 개정으로 "자산 총액 2조 원 이상 상장기업은 2022년 7월부터 최소 1명의 여성 등기임원을 포함해야 한다"는 규정을 형식적으로 충족한 것에 가깝다(사회적가치연구원, 2021). 여성 이사의 숫자도 중요하지만, 왜 여성 이사를 두어야 하는지에 대한 고민도 필요하며, 단지 효율성 확보를 넘어 사회적 가치 향상의 관점에서도 고려되어야 한다(서진석b, 2021.4).

그동안 공공기관 이사회에는 정부 대표가 참여할 수 있지만, 근로자 대표는 포함되지 않았다. 반면 덴마크, 네덜란드, 호주 등 선진국에서는 이사회에 정부 대표가 없으며, 상당수의 OECD 회원국은 근로자 대표를 선임하고 있다. 프랑스의 경우, 공공부문 민주화에 관한 법률에 따라 이사회 인원의 3분의 1을 근로자 대표로 구성해야 한다(허경선, 2015). 우리나라에서도 2019년부터 한국가스공사 등 다수의 공공기관이 근로자 이사회 참관제를 도입하고 있다(정연승 · 김창수, 2023). 근로조건 및 처우 개선 등을 검토하고 의견을 반영하기 위해 직원 중 대표 1인을 이사회에 참여시켜 발언권을 부여하는 제도지만, 의결권이 없어 실질적인 영향력은 제한적이다.

이에 정부는 2022년 1월 「공공기관의 운영에 관한 법률」을 개정하여 같은 해 8월부터 공공기관 노동이사제도를 도입했다. 2022년 개정된 동법 제25조 제3항에 따르면, "3년 이상 재직한 해당 기관 소속 근로자 중에서 근로자 대표의 추천이나 근로자 과반수의 동의를 받은 사람" 1명을 반드시 비상임이사로 임명하도록 하고 있다. 선임된 비상임이사는 발언권뿐만 아니라 의결권도 가지게 되어 주요 안건의 의사결정에 직접 참여할 수 있다. 따라서 발언권만 부여되는 근로자 이사회 참관제보다 진일보한 제도로 평가된다. 2022년 8월 기준, 공기업 36곳과 준정부기관 94곳 등 총 130개 기관은 임기 만료 등으로 이사 자리가 공석이 될 경우 노동이사 1명을 의무적으로 선임해야 한다(안승현, 2022).

3) 협력적 거버넌스 구축

정부는 공공기관의 지방 이전을 통해 지역균형발전을 도모하고 있으며, ESG 활동을 지역사회 발전의 핵심 도구로 삼고 있다. 이때 ESG 활동이 성공적으로 지역균형발전에 기여하기 위해서는 협력적 거버넌스 구축이 필수적이다. 공공기관이 단독으로 ESG 목표를 추진할 경우, 지역사회의 다양한 이해관계를 충분히 반영하기 어려운 경우가 많기 때문이다. 공공기관을 중심으로 기업, 지역 대학과의 연계를 통해 우수 인재를 유치하고 유출을 방지하며, 중소기업과 협력하여 일자리를 창출하고 비영리단체와 협력할 때, 지역 주민의 삶의 질 향상이라는 집합적 결과물(collective impact)을 도출할 수 있다(Kania & Kramer, 2011). 〈그림 7-5〉는 공공기관의 핵심역량, 10대 혁신도시의 핵심 성장

동력, 그리고 지역 이해관계자들의 공공서비스 수요를 연계한 ESG 협력적 거버넌스 모델이다.

먼저 10개 혁신도시에 위치한 공공기관의 핵심역량을 파악하는 것이 중요하다. 핵심역량(core capacity)은 조직이 보유하고 있는 여러 자원과 기술의 조합으로 차별화된 제품이나 서비스를 생산하는 것을 말한다(Prahalad & Hamel, 1990).[3] 공공기관의 핵심역량을 파악하려면 설립목적, 주요 전략, 핵심사업 등을 분석하는 것이 중요하다. 한 예로 한전은 '고품질 전력의 안정적인 공급', '차별화된 고객 서비스 제공', 그리고 '글로벌 경쟁력 강화'라는 미션을 가지고 있으며, 이를 실현하기 위한 핵심사업으로 송·변전소 건설 및 운영, 전력판매, 전력수요 관리 등을 포함하고 있다. 따라서 한전의 핵심역량은 전력 공급을 위한 송·변전소 건설·운영 능력과 전력 판매 능력으로 정의할 수 있다. 이러한 핵심역량을 바탕으로 ESG 프로그램을 선별하고 실행하면, 투입 대비 효과를 극대화할 수 있을 것이다.

더불어 지역이 보유하고 있는 핵심성장동력을 파악하는 것도 중요하다. 예를 들어 울산 혁신도시의 경우 한국동서발전(주), 에너지경제연구원, 한국석유공사, 에너지관리공단 등 에너지 산업관련 공공기관이 위치하고 있으며, 울산대학교는 전통적으로 에너지, 전자, 조선, 자동차 관련 학과들이 발달해 있다. 공공기관은 동종 산업에서 필요로 하는 인재상을 대학에 제시하고 대학은 지역 공공기관에 필요한 맞춤

3 Prahalad and Hamel(1990)에 의하면 핵심역량은 다음의 세 가지 조건을 충족해야 한다. ①넓은 시장을 확보할 만큼의 잠재성을 가지고 있어야 하고, ②수요자를 충분히 만족시킬 수 있어야 하며, ③경쟁자가 모방할 수 없는 정도의 제품이나 서비스를 생산할 수 있는 것을 말한다.

그림 7-5 10대 혁신도시 공공기관 ESG 협력적 거버넌스 모델

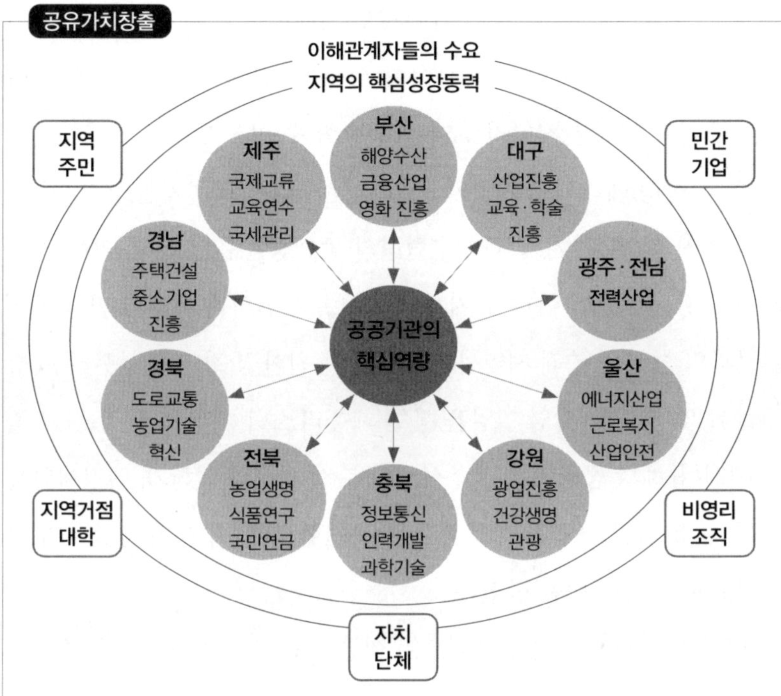

형 교육을 제공하며, 공공기관은 이들에게 취업 우선권을 부여함으로서 지역 인재의 유출을 막을 수 있다.[4]

혁신도시 내 차별화된 역량을 강화하는 것 또한 중요하지만, 혁신도시 간 협업을 고려하는 것도 필수적이다. 예를 들어 충북 혁신도시

4 필자가 생각하는 지역 인재란 반드시 해당 지역 대학 출신만을 의미하는 것은 아니다. 오히려 지방에서 태어나 우수한 성적으로 수도권 소재 대학에 진학하고, 졸업 후 고향으로 돌아와 지역 발전에 기여하는 인재를 말한다. 다만 이 경우에도 일정 기간 이상 해당 지역에서 근무하도록 하는 최소한의 의무 근무 조건은 필요할 것이다. 무조건 지역 대학 출신만을 고집하는 지금의 방식은 현대 조직 운영의 핵심 원리인 능력주의(principle of meritocracy) 원칙에 위배된다.

는 정보통신, 인력개발, 과학기술을 핵심 성장동력으로 삼고 있으며, 화장품 산업과 건강·생명 분야에서도 경쟁력을 갖추고 있다. 따라서 충북 혁신도시와 건강·생명 분야를 성장동력으로 삼고 있는 강원 혁신도시 간의 협업은 시너지 효과를 창출할 수 있을 것이다.

한 시장형 에너지 공기업의 ESG 담당자 역시 공공기관, 지자체, 비영리 조직 및 유관 기관들과의 협력의 중요성을 강조했다. 위에서 아래로의 정책 전달이 아니라, 지자체의 신속한 인허가 승인과 민간단체, 기업과의 협업을 통해 지역사회의 발전과 친환경 경영을 실현하는 사례들이 많다. 울산시의 협업을 통한 폐플라스틱 재활용 사업은 그 좋은 예시다. 해당 공공기관은 울산시의 부지 제공과 인허가, 행정지원을 받아 수소 생산 사업을 성공적으로 추진했으며, 자원 재순환의 모범사업으로 대외 인증을 받았다.

ESG 활동의 역사가 상대적으로 짧은 우리나라 공공기관은 중간조직의 지원이 필요하다. 중간조직은 사회적기업진흥원과 같이 민간기업, 지역 유관기관과 연계하여 경영컨설팅, 네트워크 구축 및 민간 자원 연계를 지원할 수 있다. 중앙정부에 의한 지원은 자율성 침해 및 행정업무의 증가로 이어질 수 있으므로, 보다 효율적인 방법은 10대 혁신도시별로 광역단위의 중간조직을 두고 공공기관의 ESG 전략 수립, 투자자 관리, ESG 지표 개발, 임팩트 측정 등을 지원하는 역할을 하는 것이다. 중간조직은 각 혁신도시 내 공공기관 ESG 활동을 공유하고 협력할 수 있도록 돕는다. 중간조직 인력은 각 공공기관의 ESG 전담인력과 독립적으로 구성하여 객관성을 유지해야 하며, 개별 공공기관의 ESG 실무진을 지원하는 역할을 맡는다.

이와 같은 지원 시스템은 미국의 Taproot Foundation과 유사하게,

민간 ESG 전문가와 자원봉사자들이 공공기관과 협업하는 방식으로 구현할 수 있다.[5] 이를 통해 개별 공공기관 ESG 실무진은 더욱 효과적으로 협력하고, 혁신도시 간 ESG 협력체계를 강화할 수 있을 것이다.

ESG 임팩트 평가(Screening Impacts)

매년 시행되는 경영평가와 국내외 ESG 공시 요구는 점점 더 복잡하고 정교해지고 있다. 이러한 변화에 대응하여 공공기관들은 ESG 목표 설정부터 지표 개발·측정, 피드백 및 개선에 이르는 전 과정에서 다양한 도전에 직면해 있다. ESG 임팩트 평가 과정은 ①평가 목표의 설정, ②평가지표의 개발 및 성과 측정, ③평가 결과에 대한 피드백과 모니터링 단계로 구성된다.

1) 평가목표 수립

임팩트란 조직의 활동을 통해 궁극적으로 발생하는 의미 있는 변화를 말한다(Bhatt, 2021). 예를 들어 금연 프로그램의 직접적 성과는 '금연'이지만, 궁극적으로 기대하는 임팩트는 '더 건강하고 질 높은 삶'

5 Taproot Foundation은 미국의 501(c)(3) 비영리조직으로, 각 분야의 전문가들이 도움이 필요한 비영리조직이나 자영업자에게 자발적으로 프로보노(pro bono) 서비스를 제공할 수 있도록 연결해주는 플랫폼이다. 도움이 필요한 비영리조직이나 자영업자가 구체적으로 어떤 지원이 필요한지 Taproot Plus(www.taprootplus.org) 웹사이트에 등록하면, 해당 분야 전문가들이 이를 검색해 온라인으로 지원하고 매칭되는 방식으로 운영된다.

이라고 할 수 있다. 공공기관의 ESG 임팩트 측정은 환경, 사회, 지배구조의 각 영역에서 기관이 지역사회 및 이해관계자에게 미치는 긍정적 변화를 평가하는 과정이다. 구체적으로, 친환경 서비스 제공, 온실가스 감축, 지역사회 기여, 투명한 지배구조 구축 등 다양한 활동이 임팩트의 대상으로 논의된다.

하지만 공공기관의 경우 ESG 임팩트 측정에는 고유한 한계와 특징이 존재한다. 공공기관은 본래 사회적 가치 실현을 목적으로 설립된 조직이기 때문에, ESG 활동과 설립 목적 간의 구분이 모호한 경우가 많다. 이로 인해 '어떤 변화가 임팩트인가?'라는 질문에 대한 답변은 기관마다 다를 수밖에 없다(Mulgan, 2010). 임팩트 개념에 대한 합의가 없으면 적절한 측정 지표를 개발하기 어렵고, 수집된 자료와 평가 결과 역시 타당성을 확보하기 어렵다.

ESG 목표 설정과 세부 지표개발은 임팩트 개념과 긴밀히 연결되어야 한다. 임팩트의 정의가 모호하면 ESG 목표 자체가 불명확해지고, 결과적으로 세부 지표들이 기관의 설립 목적과 연계되지 못할 가능성이 높아진다. 따라서 공공기관 ESG 관리체계 구축의 출발점은 'ESG 활동을 통해 무엇을 변화시키려 하는가?'라는 질문에 대한 충분한 논의와 합의에서 시작되어야 한다. 이러한 과정 없이는 ESG 활동이 단순히 경영평가 점수 확보나 정부 정책 순응을 위한 수단으로 전락할 수 있다.

결국 ESG 임팩트 측정은 각 기관이 지향하는 바와 사업 특성에 따라 '어떤 변화를 만들어내고 싶은가'에 대한 답을 찾고, 그 변화를 드러낼 수 있는 핵심 지표를 설정하는 과정이다. 에너지 공기업이라면 탄소배출량 감축이나 재생에너지 전환율이 주요 지표가 될 수 있고, 금융 공공기관이라면 사회적 금융 지원 규모나 윤리적 투자 비율 등이 주요 지표가 될 수 있다. 임팩트는 기관의 존재 이유와 전략적 방향에 따라 달라질 수밖에 없으며, 이를 구체적이고 측정 가능한 지표로 연결하는 작업이 ESG 경영의 출발점이라 할 수 있다.

2) 평가지표 개발 및 측정

ESG 평가지표 개발 과정의 출발점은 바로 중대성 평가이다. 중대성 평가는 기관의 사업 특성과 이해관계자의 요구를 종합적으로 반영하여, ESG 경영에서 우선적으로 관리해야 할 주요 이슈를 도출하는 과정이다. 최근에는 기업 내부의 재무적 영향뿐 아니라 사회·환경에 미치는 비재무적 영향까지 동시에 고려하는 이중중대성 평가 방식이 주로 활용되고 있다.

공공기관 ESG 평가지표 체계는 이러한 중대성 평가를 기반으로 구축되지만, 동시에 국내외 다양한 공시 기준과 규정을 반영하여 개발된다. 국내 공공기관 ESG 평가지표는 기획재정부가 주도하는 민·관 합동 제도개선 TF를 통해 마련되었으나, 정권 교체에 따른 국정 목표 변화, 지표 가중치 조정, 기관별 특성을 고려하지 않은 일률적 적용 등 여러 문제가 지속적으로 제기되어 왔다(김철, 2015).

이러한 문제를 개선하기 위해 정부는 2021년 12월 K-ESG 가이드라인을 발표하고, 공공기관 스스로 핵심 이슈를 도출하고 관리할 수 있도록 평가지표 개발의 자율성을 확대하고 있다. 그러나 가이드라인 도입 이후에도 2023년 공공기관 경영평가는 여전히 '사회적 책임' 지표 중심으로 진행되고 있으며, ESG 측정 및 평가는 정부보다 민간 전문기관이 주도하고 있다. 한국ESG기준원(KCGS)의 ESG 평가 모형(〈그림 7-6〉)은 가장 널리 활용되는 대표적 기준으로, 기관별 지속가능경영 수준을 진단하고 개선 방향을 제시하는 가이드라인 역할을 수행하고 있다.[6]

그림 7-6 한국ESG기준원(KCGS)의 ESG 평가모형

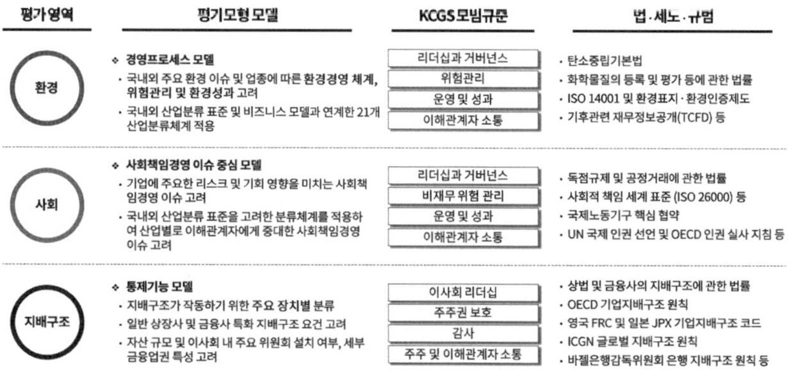

출처: 한국ESG기준원. (2024). ESG 평가 방법론. p. 16

6 한국ESG기준원(KCGS)은 2003년 기업지배구조 평가를 시작으로, 2011년부터 ESG 전 영역으로 평가지표를 확대하였다. 현재 유가증권시장 상장기업, 일부 코스닥 상장기업 및 주요 금융기관을 대상으로 ESG 평가를 수행하고 있다. 평가체계는 24개 대분류와 323개 핵심 평가항목으로 구성되며, 평가 결과는 한국거래소 ESG 포털을 통해 점수와 1페이지 분량의 평가요약보고서만 공개된다. 서스틴베스트(SUSTINVEST)는 기업의 ESG 리스크 관리 수준을 등급화하여 평가하며, 평가 점수와 함께 개별 기업의 ESG 보고서를 제공하고 있다. 두이에스지(DoESG)는 2022년 11월 17일 국내 370개 공공기관을 대상으로 ESG 평가 결과를 발표하였다. 평가 항목은 환경(E) 7개, 사회(S) 5개, 지배구조(G) 6개로 구성되며 총 79개의 평가지표가 활용되었다. 평가 점수는 공개하되 상세 보고서는 유료로 제공되고 있어 정보 접근성에 한계가 있다.

표 7-2 국내외 주요 ESG 공시 기준 및 측정지표[7]

공시 기준	표준로고	목적	측정 지표
국제보고기준 (GRI)	GRI STANDARDS	기업의 경제적, 환경적, 사회적 영향을 투명하게 보고하게 하여 지속가능발전을 촉진하는 글로벌지속가능 보고 기준	재무성과, 환경영향, 에너지소비, 물 사용, 생물다양성, 고용, 직장 내 안전과 보건, 교육훈련, 기회균등 등
ISO 26000 (국제표준화기구)	ISO 26000	조직이 사회적 책임을 효과적으로 이행할 수 있도록 2010년 표준가이드라인 제공	조직의 거버넌스, 인권, 노동 관행, 환경보호 및 지속가능한 자원 관리, 부패 방지, 소비자의 권리 보호, 안전성, 정보 제공, 지역사회 참여와 개발
유엔지속가능 발전목표 (UN SDGs)	SUSTAINABLE DEVELOPMENT GOALS	전 세계적으로 지속 가능한 발전을 달성하기 위해 2015년 유엔이 채택한 17개의 목표와 169개의 세부 목표로 구성된 국제적 의제. 2030년까지 인류의 번영과 지구 환경 보호를 동시에 추구하기 위한 종합적인 로드맵	빈곤 퇴치, 기아 제로, 건강과 웰빙, 양질의 교육, 성평등 깨끗한 물과 위생, 저렴하고 깨끗한 에너지, 좋은 일자리와 경제 성장, 산업, 혁신, 인프라, 불평등 감소, 지속 가능한 도시와 공동체, 기후 변화 대응 등 17개 지표
S&P Global ESG Index Series	S&P Global	기업의 환경, 사회, 거버넌스 성과를 평가하고, 이와 관련된 데이터 및 인사이트를 제공	기후변화위기, 노동관행, 인권, 이사회 구조, 윤리, 기업 투명성 등
유엔글로벌 컴팩트 (UNGC)	United Nations Global Compact	유엔이 주도하여 설립한 글로벌 이니셔티브로, 기업의 지속 가능한 발전을 위해 책임 있는 행동을 실천하도록 10개의 기본 원칙을 제시	인권보호, 노동권 보장, 환경보호, 반부패 등

7 〈부록 4〉 ESG 관련 주요 Websites 참조.

공시 기준	표준로고	목적	측정 지표
Moody's ESG Score Predictor	MOODY'S	ESG 성과를 기업 신용 평가와 결합하여 투자자들이 더 나은 결정을 내릴 수 있도록 지원	환경(탄소배출, 생물다양성, 물 관리, 오염방지 등) 사회(노동관계, 인사관리, 경력개발, 안전·보건, 공급망, 고객관리, 지역경제개발 등) 지배구조(이사회, 감사실, 주주, 임원보수, 인권 등)
MSCI ESG Indexes (모건스탠리 ESG 등급)	MSCI	모건스탠리투자회사가 제공하는 ESG 평가 시스템. 기업의 ESG 성과를 평가하고, 투자자들에게 ESG 리스크와 투자 결정에 정보 제공	환경(온실가스배출, 에너지효율, 물 관리, 생물다양성), 사회(직원다양성, 노동관행, 안전·보건, 공급망, 노동기준, 인권), 지배구조(이사회 다양성, 기관장 보수, 반부패, 주주권리, 윤리)
기후관련 재무정보 공개 협의체 (TCFD)	TCFD TASK FORCE ON CLIMATE-RELATED FINANCIAL DISCLOSURES	기후변화가 재무성과에 미치는 영향을 평가·공개하도록 권고하는 국제기준으로, 거버넌스, 전략, 리스크 관리, 목표의 네 가지 요소 포함	거버넌스, 전략, 리스크 관리, 지표·목표
국제재무 보고기준 (IFRS)	IFRS®	재무제표의 투명성과 비교가능성을 높여 글로벌 금융시장에서 신뢰성 확보. 2021년 ISSB 설립. 2022년 6월 SASB와 통합하여 재무재표와 지속가능성 공시기준 통합. CDSB, TCFD, VRF, WEF의 이해관계자 자본주의 공시 기준을 통합하는 과정에 있음	재무상태표, 손익계산서, 현금흐름표, 자본변동표, 포괄손익계산서
지속가능성회계기준위원회 (SASB)	SUSTAINABILITY ACCOUNTING SASB STANDARDS BOARD	ESG 관련 정보가 재무성과에 미치는 영향을 평가·공개하도록 권고하는 국제기준을 마련한 기구로, 산업별로 중요한 지속가능성 이슈와 이를 측정할 지표와 목표를 포함한 표준 제공	각 산업부문의 지속가능성을 위한 주요 성과지표. 에너지 산업의 경우 온실가스, 재생에너지, 물 관리, 파워그리드 회복력

공시 기준	표준로고	목적	측정 지표
과학기반감축 목표이니셔티브 이니셔 (SBTi)	SCIENCE BASED TARGETS	최신 기후 과학에 기반하여 온실가스 배출 감축 목표를 설정할 수 있도록 지원하는 글로벌 기구. 2030년까지 배출량을 절반으로 줄이고, 2050년까지 넷제로 배출을 달성하도록 전 세계 기업들의 참여를 촉구	scope1 배출(기업 내 직접 배출되는 온실가스), scope2 배출(기업이 구매해 사용하는 전기·열·증기 생산 과정에서 간접적으로 발생한 온실가스), scope3 배출(기업 밖 공급망에서 배출된 온실가스) 넷제로 목표 추구 등
탄소정보공개 프로젝트 (CDP)	CDP	기업과 정부의 환경 정보 공개를 촉진하고 관리하기 위해 설립된 비영리 기관. 온실가스 배출량, 기후변화 대응 전략, 물 자원 관리 등과 같은 환경 관련 데이터를 공개적으로 보고하도록 유도하며, 지속 가능한 경제로의 전환 지원	온실가스배출량, 배출량 절감 목표 및 성과, 기후리스크 및 기회, 기후변화대응전략, 재생에너지 사용 비율
한국ESG 기준원 (KCGS)	한국ESG기준원	ESG 요소를 포함한 기업의 전반적인 경영 투명성, 이사회 운영, 주주 권리 보호, 경영자 책임 등을 평가하고, 이를 기반으로 기업의 지배구조 등급 부여	환경(환경경영인증, 국제 이니셔티브 참여, 온실가스 배출량, 물 사용량 등), 사회(기간제 근로자 비중, 인권보호, 여성 근로자 비중, 공정거래, 사회공헌 지출액 등), 지배구조(이사회 독립성, 감사기구, 배당 등)
K-ESG	K-ESG 가이드라인 v1.0	2021년 12월 세계적인 ESG 열풍에 선도적으로 대응하기 위해 산업통상자원부 주최 관계부처합동으로 만든 ESG 측정 가이드라인	환경 (친환경 인증, 온실가스 배출량, 재활용률 등 17개), 사회(사회책임경영 목표, 채용, 산업재해, 인권, 산업안전 등 22개), 지배구조(이사회 전문성, 이사회 구성, 주주권리, 윤리경영 등 17개)
서스틴베스트 (Sustinvest)	SUSTINVEST	ESG 투자 및 평가 전문 기관으로, 지속 가능한 투자와 기업의 ESG 성과 평가 제공	환경(혁신활동, 생산 공정, 공급망 관리, 고객관리), 사회(인적자원관리, 사회공헌 및 지역사회 등), 지배구조(주주 권리, 이사의 보수, 이사회 구성과 활동 등)

공시 기준	표준로고	목적	측정 지표
두이에스지 (DoESG)		기업들이 지속 가능한 경영을 실현할 수 있도록 돕는 ESG 컨설팅 및 리서치 기관. 기업의 성과 개선, 지속 가능한 경영 전략 수립, 투명한 정보 공개 등 다양한 서비스 제공	**환경**(온실가스 배출, 자원재활용정책, 에너지 사용량, 친환경 제품보유 등), **사회**(인적자원관리, 부패방지, 이해관계자 소통 등), **지배구조**(이사회 구성과 활동, 주주 권리, 감사, 공시 등)
한국ESG 연구소		ESG 분야의 연구, 교육, 컨설팅 및 평가 서비스를 제공하는 전문 기관. 기업들이 지속 가능한 경영을 실현할 수 있도록 지원	**환경**(생물다양성, 온실가스 및 에너지, 용수 및 폐기물, 에코디자인 등), **사회**(인권경영, 고용환경, 지역사회공헌, 정보보호시스템 등), **지배구조**(주주권리, 이사회 구성, 이사회 성과보수, 감사기구 운영, 윤리경영 등)

주: GRI (Global Reporting Initiative), MSCI(Morgan Stanley Capital International Index), TCFD(Task Force on Climate-related Financial Disclosures), SASB(Sustainability Accounting Standards Board), SBTi(Science Based Targets initiative), CDP (Carbon Disclosure Project), KCGS(Korea Corporate Governance Service)

우리나라 공공기관의 ESG 평가는 국내 평가기관의 지표뿐만 아니라, 국외 주요 ESG 평가 기준도 폭넓게 적용하고 있다. 〈표 7-2〉는 국내 공공기관들이 이중중대성 평가에 활용하고 있는 국내외 주요 ESG 공시 기준을 정리한 것이다. 제시된 국내외 ESG 공시 기준들은 평가 초점, 세부 측정 항목, 점수 산정 방식, 등급 체계 등에 있어 상이한 특성을 보이고 있다. 이로 인해 공공기관 ESG 평가의 일관성과 비교 가능성에 한계가 존재한다는 지적이 제기되고 있다. 그중에서도 개별 공공기관들이 기관별 특성과 목적에 따라 서로 다른 ESG 공시 기준을 선별·활용하고 있어, 동일 기준에 따른 ESG 성과 비교가 어렵다는 문제가 있다. 〈표 7-3〉은 주요 공공기관 ESG 공시 기준 활용 사례이다.

표 7-3 주요 공공기관 ESG 공시 기준 활용 사례

기관	적용 ESG 기준	구체적 활용 방식
한국전력공사	SASB, S&P Global, MSCI, KCGS	재무성과 평가
	GRI, UN SDGs, UNGC	환경·사회적 영향 평가
한국도로공사	GRI, K-ESG, UNGC, UN SDGs	전반적 ESG 공시 기준
한국수력원자력	SASB, TCFD, K-ESG, UNGC, GRI	ESG 공시 및 경영전략

국내외 ESG 평가기관들은 각기 다른 공시 기준을 적용할 뿐만 아니라, 평가지표 수가 과도하게 확대되는 경향을 보이고 있다. 〈표 7-4〉에 따르면, ESG 평가지표는 최소 120개에서 최대 1,000개에 이르며, 평가기관들은 지표의 신뢰성 확보를 위해 지속적으로 개편과 개발을 반복하고 있다. 이러한 평가지표 확대와 신뢰성 확보 노력은 다음과 같은 근본적 의문을 제기한다.

- ESG 평가 자체가 ESG 경영의 목표가 되고 있는 것은 아닌가?
- 1,000개의 지표를 측정하고 보고하는 것이 현실적으로 가능한가?
- 규모가 작은 기관들도 이러한 복잡한 평가체계를 감당할 수 있는가?
- 평가 결과는 어떻게 해석하며, 실제 의사결정에 어떻게 활용할 수 있는가?

• 정교하게 개발된 수많은 지표를 측정하고 보고하는 것이 기관의 본래 목표 달성보다 중요한가?

이와 같은 문제 제기는 ESG 평가가 단순히 형식적 절차로 변질될 가능성을 시사하며, 평가지표의 수를 확대하는 것이 ESG 본래의 목표인 지속가능성과 기후위기 대응과 반드시 일치하는지에 대한 재검토가 필요함을 시사한다.

표 7-4 4대 글로벌 ESG 평가기관의 지표수 및 신뢰성 확보 방안

평가기관	지표수	신뢰성 확보 방안
MSCI	1,000	• Post-Feedback 시스템 오픈(2020) • 기업별 등급/백분위 공시(2020)
Bloomberg	700	• 데이터 산출 근거 확인 절차(2016) • 데이터 Quality-Control 강화(2019)
CDP	275	• 데이터 검증 시 가점 부여(2013)
S&P	120	• ESG 데이터 대외공시 강화(2018) • 평가항목별 평가점 제공(2020)

출처: 관계부처합동(2021). K-ESG 가이드라인 v1.0, p.12
주: MSCI(Morgan Stanley Capital International Index), Bloomberg ESG, CDP(Carbon Disclosure Project), S&P Global Ratings.

Ramanna & Kaplan(2021)은 ESG 공시·평가 지표가 과도하게 확장되고 복잡화되면서, 본래의 목적보다는 형식적 보고나 지표 관리가 우선되는 '지표 중심주의' 문제가 제기되고 있다고 비판한다. 이에 저자들은 다음과 같은 보다 현실적인 측정 방법을 제안한다.

- 환경(E) 부문에서는 국제지속가능성기준위원회(ISSB)의 IFRS 기준 중 S2의 Scope 1(기업이 생산 과정에서 직접 배출한 온실가스)만을 측정하는 E-liability 개념을 도입한다. 아울러 EU에서 부과 예정인 탄소세와 유사한 E-tax 개념을 적용하여 net E-liability를 산출한다. 계산은 E-liability disposals(온실가스 배출량)에서 E-liability acquisition(온실가스 감축량)을 차감하는 방식으로 이루어진다.
- 사회(S) 부문은 환경 임팩트 측정보다 훨씬 복잡하고 측정하기 어려운 영역이다. 학계에서 비교적 합의가 이루어진 산업안전, 아동노동 금지, 탈세 금지 항목을 우선적으로 고려하고, 점진적으로 확대해 나가는 것이 바람직하다. ESG 보고서에서 자주 언급되는 기부나 자원봉사는 투입(input) 요소일 뿐, 사회적 성과(outcome)로 보기 어렵다.
- 지배구조(G)는 결과(outcome)라기보다 과정(process)에 해당하므로, 경제·사회·환경 임팩트 측정 과정에 자연스럽게 통합되어야 한다.

공공기관의 ESG 지표개발 및 측정·평가의 일관성을 확보하기 위한 한 가지 대안으로, 관계부처가 공동으로 마련한 K-ESG 지표를 개별 기관의 중대성 이슈에 맞게 조정하여 활용하는 방안이 있다. K-ESG 지표는 61개 항목으로 구성되어 있으며, 두이에스지(DoESG)의 79개 지표에 비해 상대적으로 간소화되어 있어 측정에 소요되는 시간과 비용을 절감할 수 있다.

〈표 7-5〉에서처럼 가장 포괄적인 두이에스지 ESG 지표를 기준으

로 K-ESG 지표와의 차이를 비교하고, GRI 및 SASB의 글로벌 ESG 가이드라인, 그리고 국민연금(NPS) 주주의결권 가이드라인의 주요 지표와도 비교하여 표준화된 ESG 평가체계를 마련한다. 또한 공공기관의 유형, 핵심 사업, 재무 상태를 고려하여 지표별 가중치를 조정하고, 필수·선택 지표를 선별적으로 적용하는 방식이 효과적일 것이다. 예를 들어:

- 추가할 지표: 이해관계자 소통 지표는 이해관계자 자본주의 시대에 중요한 요소이므로 환경, 사회, 지배구조에 모두 포함하고, 지배구조에 대표이사, 이사, 감사의 전문성 추가.
- 제외할 지표: 공공기관의 특성을 고려할 때 관계사 위험이나 배당 지표는 민간 기업과 달리 필요성이 낮으므로 제외.
- 가중치를 부여할 지표: Ramanna & Kaplan(2021)의 연구에서 제안한 바와 같이 온실가스 배출량이나 산업안전 항목에 높은 가중치 부여.

결론적으로 공공기관 ESG 평가체계는 기관별 특성과 핵심 사업을 반영하여 지표를 조정하고 평가 목적에 따라 가중치를 부여하며, 필수·선택 지표를 구분하는 방식으로 일관성과 유연성을 동시에 확보하는 것이 바람직하다.

표 7-5 두이에스지 기준 K-ESG 평가 항목과 주요 평가지표와의 비교

구분	중분류	소분류	K-ESG	GRI	SASB	NPS
환경	환경정책	온실가스배출액 공시, 녹색경영, 자원재활용정책, etc.	V	V	V	
	국제단체 가입	EV-100, CDP, RE100, etc.	V	V	V	V
	기후변화	온실가스배출량, 화학물질배출량, 대기오염물질배출량, etc.	V	V	V	V
	에너지사용	에너지사용량, 재생에너지 사용, etc.	V	V	V	V
	환경성과/감독	환경안전관련인증, 환경오염저감 투자, etc.	V	V		
	친환경제품 개발	친환경제품보유, 녹색제품구매, etc.	V			
	이해관계자 소통	공급업체환경관리, 이해관계자 대응조직, etc.		V		V
사회	인적자원 관리	근로자: 등기이사 평균보수액 vs 근로자 임금평균, 대표이사 보수 공시, 교육훈련비, 복리후생비, etc.				
		다양성: 성별 임금 비율, 여성근로자 비율, 여성임원 비율, 장애인 고용, etc.	V	V	V	V
		조직문화: 가족친화인증, 유연/재택근무, 출산휴가, 육아휴직, etc.				
		산업안전: 산업재해 발생건수 vs 산업평균, etc.	V			
	협력회사	공정거래준수, 동반성장 프로세스, 협력사 지원, etc.	V		V	V
	부패방지	부패방지 교육, 활동, 경영시스템, etc.	V	V		

구분	중분류	소분류	K-ESG	GRI	SASB	NPS
사회	제품안전	품질경영시스템, 고객만족도 조사, etc.		V		
	이해관계자소통	사회공헌기금, 매출액 대비 기부금 비율, 지역사회 공헌 전담 조직, etc.	V	V	V	V
지배구조	이사회 구성과 활동	대표이사와 이사회 의장의 분리, 사외이사 비율, 여성이사 비율, 위원회 독립성, 보상위원회 설치, 사외이사후보추천위원회 설치, 보상위원회 사외이사 참석률, etc.	V			V
	주주의 권리	서면/전자/집중 투표제, 이사선임안 분리 상정, 주주총회 소집 공고일과 주주총회일 차이, etc.	V	V		V
	감사제도	감사위원회 설치, 사외이사 참석률, 감사위원회의 독립성 지표 충족 여부, 독립감사부서의 지원, etc.	V			V
	관계사 위험	계열사 출자총액, 채무보증, etc.	V	V		V
	배당	총주주수익률 vs 3년 만기 회사채(AA) 수익률, etc.	V			V
	공시	자율공시, IR 횟수, 영문 공시, 사업계획 공시, 지속가능보고서 발간, etc.	V	V		

출처: 두이에스지. https://www.doesg.kr/?page_id=490.
Global Reporting Initiative(GRI), Sustainability Accounting Standards Board(SASB), National Pension Service(NPS)

3) 피드백 및 모니터링

ESG 경영에 대한 평가와 피드백은 ESG 프로그램의 축소·수정·폐지·지속 여부를 결정하는 중요한 과정이다. 따라서 ESG 평가 결과는 단순한 순위 산정이나 포상에 그쳐서는 안 되며, 의도된 결과뿐만 아니라 의도하지 않은 결과까지 심층적으로 분석해 효과가 낮은 활동은 축소하거나 중단하고, 성과가 입증된 활동은 확대 적용하는 등 실질적인 경영 개선으로 이어져야 한다. 이는 ESG가 선언적 수준을 넘어 실행 중심의 경영체계로 자리잡기 위한 핵심 과정이다.

이미 다수의 공공기관들은 다양한 형태의 평가와 피드백을 통해 ESG 경영의 품질을 제고하려는 노력을 하고 있다. 한국가스공사의 경우 온실가스 배출 사내목표를 사업소별로 부여하고, 목표달성 여부를 분기별로 모니터링하여 우수사업소에 포상 및 보상을 주고 있다. 한전은 전국사업소의 사회봉사단 활동을 평가하여 우수사례를 공유하고, 필요시 외부컨설팅을 통해 활동의 비전 및 발전전략 수립에 반영한다. 한국방송광고진흥공사는 청렴옴부즈만, 반부패실무추진단을 운영, 수요조사를 통한 의견 청취를 하고 있다.

하지만 대부분 우수 사례 공유나 비전문적인 단순 평가와 피드백에 그치고 있어, ESG 지표의 수정이나 새로운 프로그램 개발, 전략적 ESG 추진체계의 개선과 같은 실질적인 지원으로 이어지지 못하고 있다. ESG 평가의 경우 국내외 투자자, 이사회와 감사위원회, 임직원들의 피드백이 상대적으로 중요해질 것이다. ESG가 근본적으로 투자의 개념이라면 투자자의 권리가 어떻게 보호받고 있으며, 그들의 관심사가 어떻게 반영되고 있는지가 무엇보다도 중요하다. 시간과 공간의 제약 없이 피드백에 참여할 수 있도록 평가 피드백 사이트를 운영하는 방안도 고려할 수 있다. 이때, 피드백을 수시로 접수할지 또는 일정 기간을 정해 접수할지 결정하고, 접수된 피드백이 어떻게 반영되었는지를 구체적으로 소통해야 한다.

ESG 평가 결과는 긍정적인 인센티브와 연계될 때 지속적인 아이디어 창출과 적극적인 참여를 유도할 수 있다(Kramer & Pfitzer, 2022). 따라서 향후 공공기관 경영평가는 기관장 해임이나 임직원 성과급 축소 등 네거티브 인센티브 중심의 운영 방식에서 벗어나, 승진, 성과급, 특별휴가, 해외연수 등 긍정적 보상에 더 큰 비중을 두는 방향으로 전환할 필요가 있다. 또한 현재 실적 부진 기관에 한정된 맞춤형 경영컨설팅을 전체 공기업으로 확대하며, 해외 ESG 평가기관들이 주요 평가지표로 활용하는 재무성과, 리더의 이해관계자 소통 역량, ESG 기반 경영전략 수립 여부 등을 경영평가 항목에 반영하고 이에 가중치를 부여하는 방안도 검토할 필요가 있다.

인센티브는 개인과 부서로 나누어질 수 있고, 임직원뿐 아니라 혁신에 공로가 있는 협력적 거버넌스 안의 모든 참여자를 포함해야 한다. SK그룹 산하 사회적가치연구원에서 개발한 사회성과인센티브(Social Progress Credit: SPC)를 활용하는 방법도 한 가지다. SPC는 사회적 가치(50)+재무적 가치(30)+SV-BM(20)의 총 100점 만점을 기준으로 사회적 기업과 소셜벤처의 사회문제 해결 성과를 화폐가치로 측정하고 보상하는 프로젝트이다.[8] SK에 따르면 2015년 SPC 프로젝트 실

8 사회성과인센티브의 자세한 내용은 홈페이지(http://www.socialincentive.org/) 참조. SV-BM은 Social Value-Based Management로 ESG 중심 경영 혁신, 지속가능한 공급망 관리, 사회적 가치 창출을 위한 사업모델 등을 가리킨다.

시 이후 SPC 참여기업들이 총 4,953억 원의 사회성과(환경, 사회생태계, 사회서비스, 고용 성과 등)를 창출했고, 사회성과에 비례하여 총 715억 원의 현금인센티브를 지급했다고 발표했다. 비록 SPC 측정방법에 여러 문제점이 있지만(예: 객관적으로 측정가능한 결과만 측정, 장기적 임팩트 배제), 사회성과를 수치화하고, 학습 기회를 얻으며, 현금 인센티브로 참여기업을 동기부여 하는 등 ESG 선순환 생태계 조성에 한 발짝 다가섰다.

2023년 3월부터 수여하고 있는 미국 연방정부의 「지속가능한 연방정부를 위한 대통령상(Presidential Federal Sustainability Awards)」과 같은 중앙정부 차원의 ESG 공로상을 벤치마킹하는 것도 좋은 방안이다. 이 공로상은 전력의 탄소중립화, 탄소제로 전기차 사용, 탄소중립 건물, 지속가능한 공급망 구축, 환경 정의 실현 등에 기여한 연방 프로그램이나 프로젝트에 수여된다. 2021년부터 수여하기 시작한 영국 정부의 「국가지속가능성대상(National Sustainability Awards)」도 유사한 취지에서 운영되고 있다. 급변하는 ESG 환경 속에서 처벌보다는 칭찬이 필요한 시점이다.

공유와 확산(Sharing & Diffusion)

전략적 ESG 경영의 마지막 단계는 ESG 임팩트의 공유와 확산을 통해 조직의 정당성을 확보하고, 이를 기반으로 새로운 혁신을 창출하는 것이다. 이는 외부 이해관계자와의 소통뿐만 아니라 내부 임직원의 동기를 유발하고, 우수 인재를 확보·유인하는 인사혁신 전략이기도 하다. 구체적으로 ①이해관계자와의 적극적 소통, ②인재확보 및 윤리경영 체계 확립, ③ 경영공시, 홈페이지, 지속가능경영보고서 등을 통한 성과 공유와 확산 등이 포함된다.

1) 이해관계자와의 소통

이해관계자와의 소통은 경영평가에서 리더십 평가의 핵심 요소 중 하나이며, 이해관계자 사본주의 시대에서 더욱 중요한 필수 덕목이다. 이해관계자에는 조직 구성원, 고객, 주무 부처, 유관 기관, 공급망 내 협력사, 국내외 투자자 등이 포함된다. 한 해 동안의 성과를 이해관계자와 공유하고, 향후 계획과 비전을 수립하는 과정은 지속적인 혁신 생태계를 조성하는 데 필수적이다. 이를 통해 조직 구성원의 사기를 진작시키고, 투자자들에게 투명한 경영을 확신시켜 조직 전반의 투자 리스크를 낮출 수 있다.

사회적 가치가 화두가 된 2018년 이후, 이해관계자와의 소통이 더욱 구체적이고 제도화되기 시작했다. 이해관계자와의 소통은 오래전부터 중요하게 여겨졌지만, 제도적 접근성은 여전히 해결해야 할 과제였다. 모범적인 사례로, 한국수자원공사는 국민이 직접 참여하는 '행복디자인'과 리빙랩 '수상(水上)한 시민실험' 등 국민참여 혁신 프로젝트를 추진하고 있으며, 2019년에는 공기업 최초로 '국민참여예산제'를 도입하여 시민들의 아이디어를 반영하는 데 총 75억 원의 예산을 할당하였다.

한국수자원공사(K-water)의 국민소통센터

K-water는 홈페이지 첫 면에 '국민소통센터'라는 별도의 아이콘을 올려놓아 물 관리 문제를 국민과 함께 해결하겠다는 의지를 나타내고 있다. 국민소통센터는 민원과 국민제안을 접수받을 뿐 아니라 국민이 직접 사업 개발 과정에 참여하는 「국민참여혁신 프로젝트」를 추진하고 있다. 국민디자인단이 활용하는 서비스디자인은 서비스공급자인 K-water와 수요자인 국민과 전문가가 함께 디자인적 사고를 적용해 서비스를 개발하고 개선해 나가는 활동이다. 팀은 K-water직원 2-3명, 서비스디자이너 1명, 4-5명의 국민, 지자체나 유관기관, 전문가 1-2명으로 구성된다. 해마다 다른 프로젝트를 공모하여 추진하는데, 2022년에는 스마트폰으로 언제 어디서나 간편하게 요금정보를 확인할 수 있는 모바일 앱을 구축하여 수돗물 공급 관리의 혁신을 도모하고자 하는 과제였다. 수돗물 정보를 간편히 확인하고자 하는 국민들의 요청에 부응하기 위한 것으로, 2022년에 최초로 서산 시민을 대상으로 수도정보서비스를 제공하기 시작했고 전국으로 확대할 계획이다.

출처: 한국수자원공사. https://www.kwater.or.kr/danbitoktok/kor/sub08_03_05.do

한국공항공사는 다양한 이해관계자와의 소통을 지속가능경영의 시작이라고 보고 있다. 〈표 7-6〉과 같이 임직원, 자회사, 협력사, 일반 국민 및 고객, 노조, 공항인근지역 주민, NGO, 정부부처, 국회, 지자체, 다른 공공기관 등 다양한 이해관계자들과 소통 채널(예. CEO 우체통, 직원 설명회·제안 및 공모전, 노사협의회, 협력사의 날, 시민참여혁신단)을 만들고, 이들의 의견을 주요 정책결정에 반영하기 위해 노력하고 있다. 예를 들어 지역주민과의 소음대책위원회나 지역주민간담회를 통해 공항 인근 지역의 소음문제에 대해 토론하고 대안을 함께 강구하고 있다. 또한 임직원들을 위해 온라인 CEO우체통을 개설하여 1:1로 다가가 직원들에게 큰 호응을 얻고 있으며, 아이디어 협의체, 신입직원과의 대화 등 다양한 소통 채널을 통해 한 가족이라는 느낌을 받도록 하고 있다. 이 외에도 고객시비스 증대를 위한 공항서비스 국민제안단, 카카오톡 챗봇 운영, 고객설문조사 등을 통해 서비스 향상에 주력하고 있다. 추진 활동에 대해서는 모니터링과 피드백을 실시하는 이외에 지속가능경영보고서 발간 과정에서 설문조사를 통해 관심 이슈들을 파악·공유하고 있다.

표 7-6 이해관계자와의 소통과 창출 가치(한국공항공사)

주요 이해관계자		주요 이슈	소통 채널		창출 가치
임직원	·모든 임직원 ·노동조합	·일과 삶의 균형 ·공정한 성과 보상체계 ·글로벌 인재양성 ·상생의 노사문화	·CEO 우체통 ·경영진-지사 멘토링 ·역 멘토링 ·계층별 소통워크숍 ·GWP 소통 게시판	·직원 설명회·제안 및 공모전 ·노사대표 핫라인 ·노사협의회 ·노사공동위원회 ·스타직원 양성 프로젝트 등	자긍심과 화합
공항가족	·자회사 ·항공사 ·임대업체 ·협력사 등	·동반성장 확대 ·공정사회 구현 ·항공사 육성 및 지원 ·협력업체 경쟁력 강화	·모-자회사 상생발전 워크숍 ·스카이윈 ·항공사 사장단 간담회 ·공항 활성화 간담회 ·구내업체 간담회	·상주고객VOC 위원회 ·협력사의 날 ·현장대리인 워크숍 ·감독자 간담회 등	상생과 협력
고객	·공항 이용객 ·일반 국민	·고객서비스 증대 ·최상의 공항안전 구현	·시민참여혁신단 ·공항서비스 국민제안단 ·카카오톡 플러스 친구 ·사이버 포털 ·KAC 고객만족센터	·고객설문조사 ·고객 제안 ·대국민 아이디어 공모전 ·기업성장응답센터 ·카카오톡 챗봇 운영 등	신속하고 편리한 서비스
지역사회	·지역 주민 ·공항인근지역 (소음대책지역 포함) ·NGO ·학계	·차별화된 사회공헌 프로그램 개발 ·일자리 창출 ·지방공항 활성화 ·소음대책지역의 주민복지 증진	·주민 설명회 ·소음대책위원회 ·지역 주민 간담회	·소음대책지역 소외계층 나눔 활동 ·주민의견 설문조사 등	지역사회의 발전
정부 및 유관 기관	·정부부처 ·국회 ·지자체 ·공공기관	·국정과제에 대한 공기업의 주도적 역할 ·지방공항 활성화 ·일자리 창출 ·저탄소 녹색공항 조성	·항공산업발전협의체 ·업무보고 및 부처 현안사항 협의 ·국정과제 이행	·정책 제언 ·현안 간담회 ·토론회 등	공익적·사회적 가치

출처: 2022 한국공항공사 지속가능경영보고서. p. 17

〈표 7-7〉은 2022년 국민연금공단 중대성평가 결과 보고 경계(범위) 및 주요 보고 내용을 나타낸 것이다. 공단은 내·외부 이해관계자들과의 간담회, 인터뷰, 설문조사 등을 거쳐 주요 이슈를 중요도에 따라 17개 분야 19개 토픽(이슈)으로 선별하여 우선순위를 정하고, 해당되는 이해관계자들에게 주요 내용을 지속가능경영보고서를 통해 보고하고 있다. 예를 들어 윤리·투명경영은 공단이 다뤄야 할 매우 중요한 이슈이며 그 중에서도 불공정행위 및 부정부패 방지가 윤리·준법경영 실천에 우선한다. 이렇듯 보고경계와 주요 보고내용을 적시함으로서 특정 이슈에 영향을 받는 이해관계자는 누구이며, 어떤 보고 내용을 담고 있는지 명확하게 전달한다. 공단에서 발생하는 모든 중요 이슈와 내용을 이해하고 오해의 소지를 없애며, 특정 이슈가 누구에게 더 중요한지를 재확인하는 과정이다.

표 7-7 2022년 국민연금공단 중대성평가 결과 보고경계 및 주요 보고내용

순위	토픽 분류	보고경계					주요보고내용	보고지면
		임직원	고객(가입자/수급자)	협력업체	일반국민	정부/유관기관		
1	리스크 관리	●	●	●	●	●	기금운용의 안정성 확보	66
2	안전과 건강	●	●	●	●	●	임직원 안전 및 보건 관리	44
3	윤리경영 및 투명경영	●	●	●	●	●	불공정 행위 및 부정부패 방지	55
4	윤리경영 및 투명경영	●	●	●	●	●	윤리 준법경영 실천	55
5	기금운용의 전문화	●	●	●	●	●	기금운용의 투명성 강화	60
6	정보보안관리	●	●		●	●	개인정보보호	47
7	안전과 건강	●	●	●	●		근로문화 및 임직원 웰빙	44
8	인권경영/인재경영	●	●	●	●		차별금지 및 다양성 존중	48
9	기후변화 영향관리	●		●		●	기후변화 리스크 대응	30
10	환경경영의 체계적 추진	●	●	●		●	친환경 경영시스템 구축	30
11	연금제도의 다양성	●	●		●		취약계층 연금가입자 확대와 노후소득보장 강화	39
12	기금운용의 전문화	●	●		●	●	책임투자 이행 확대 및 스튜어드십코드 이행 체계화	60
13	기후변화 영향관리	●			●	●	공공부문 온실가스·에너지 목표관리	35
14	환경경영의 체계적 추진	●		●		●	환경개선 활동	36
15	소통 채널	●	●		●	●	다양한 채널의 국민의견 반영	13
16	정보보안관리	●	●		●	●	ESG경영 정보공개 확대	47
17	연금제도의 다양성		●		●	●	양질의 일자리 창출	40
18	상생과 지역사회공헌		●	●		●	사회공헌활동 강화	41
19	상생과 지역사회공헌	●		●	●		협력사 동반성장 지원	42

출처: 국민연금공단 2022년 지속가능경영보고서. p. 19

2) 인재·윤리경영

ESG 성과의 공유와 확산은 내부적으로 직원들의 동기부여와 윤리적 조직문화 형성을 촉진하며, 외부적으로는 우수 인재를 유치하고 기업의 신뢰도를 높이는 효과를 가져온다. 이런 이유로 ESG 선도 공공기관들은 내부 구성원을 위한 조직문화 개혁, 인재경영, 인권경영 프로그램을 수립하는 등 일하기 좋은 기업문화를 조성하기 위해 가시적인 노력을 기울이고 있다. 예를 들어 인천항만공사는 2020년 처음으로 인재경영 추진체계를 수립하고, 인재육성 전략과 소통 강화를 위한 노사협의체계를 운영하며, 일하기 좋은 기업문화를 조성하고 있다. 청년이사회와 인권경영위원회를 통해 구성원들의 의견을 적극적으로 반영하고, 해운 빅데이터를 활용하여 사내벤처팀을 지원하며 혁신적인 조직문화를 조성하고 있다. 국민연금공단 또한 체계적인 인적자원 개발, 합리적인 평가 및 보상, 여성 차별금지 등의 인재경영 전략을 수립하여 시행하고 있다.

인권경영 프로그램은 조직 내부 직원뿐만 아니라 외부 고객과 협력사 직원 등 이해관계자의 권리를 보호하고 존중하는 방향으로 확대되고 있다. 이 같은 변화에 발맞춰 공공기관은 인권 보호를 위한 제도적 체계를 구축하고, 윤리적이고 지속가능한 조직문화 정착을 위해 노력하고 있다. 일례로 국민연금공단은 인권침해 리스크 ZERO 실현을 목표로 인권경영 거버넌스 체계를 구축하고, 신고자 보호 강화와 인권의식 내재화에 주력하고 있다. 하지만 인재경영과 인권경영이 강조되는 흐름에도 불구하고, 일부 기관에서는 내부 구성원의 권익 보호와 조직 윤리의 실천 사이에 괴리가 있다는 지적이 제기되고 있다. 공공기관 내에서 발생하는 갑질 사례는 이러한 윤리경영의 미흡함을 단적으로 보여주는 예로, 조직 내 윤리경영을 강화하기 위한 제도적 노력이 한층 더 요구되고 있다.

2018년 8월 국가인권위원회는 「공공기관 인권경영 매뉴얼」을 공표하고, 공공기관에 인권 이행계획서 제출을 의무화하며, 경영평가 윤리경영 항목에 인권경영 지표를 반영하였다. 동 매뉴얼은 ①인권경영 체계 구축(1단계), ②인권 영향 평가 실시(2단계), ③인권경영 사업 실행 및 결과 공개(3단계), ④구제 절차 마련(4단계) 등 네 단계로 구성되어 있으며, 공공기관의 운영과 사업 전반에 걸쳐 인권 보호 책임을 명확히 부여하고 있다(박혜연, 2018).

아울러 정부는 공공기관의 윤리경영 문화 확산을 위해 2021년 12월 13일 「윤리경영 표준모델」을 확정하였다(〈그림 7-7〉). 해당 모델은 윤리의식 확립, 관리체계 구축, 윤리위험 통제, 신고제도 운영, 모니터링 등 6대 핵심 요소와 10대 추진원칙을 통해 윤리경영 시스템 구축과 관리·감독 책임 강화를 목표로 한다. 당초 2023년 경영평가부터 윤리경영 실적 보고서를 반영할 계획이었으나, 정권 교체로 청렴도 평가를 완전히 대체하지는 못하였다. 향후 공공기관은 윤리·인권경영을 균형 있게 추진하고, 기관 특성에 맞는 실행 전략을 지속적으로 발전시켜 나갈 필요가 있다.

그림 7-7 공공기관 윤리경영 표준모델 체계도

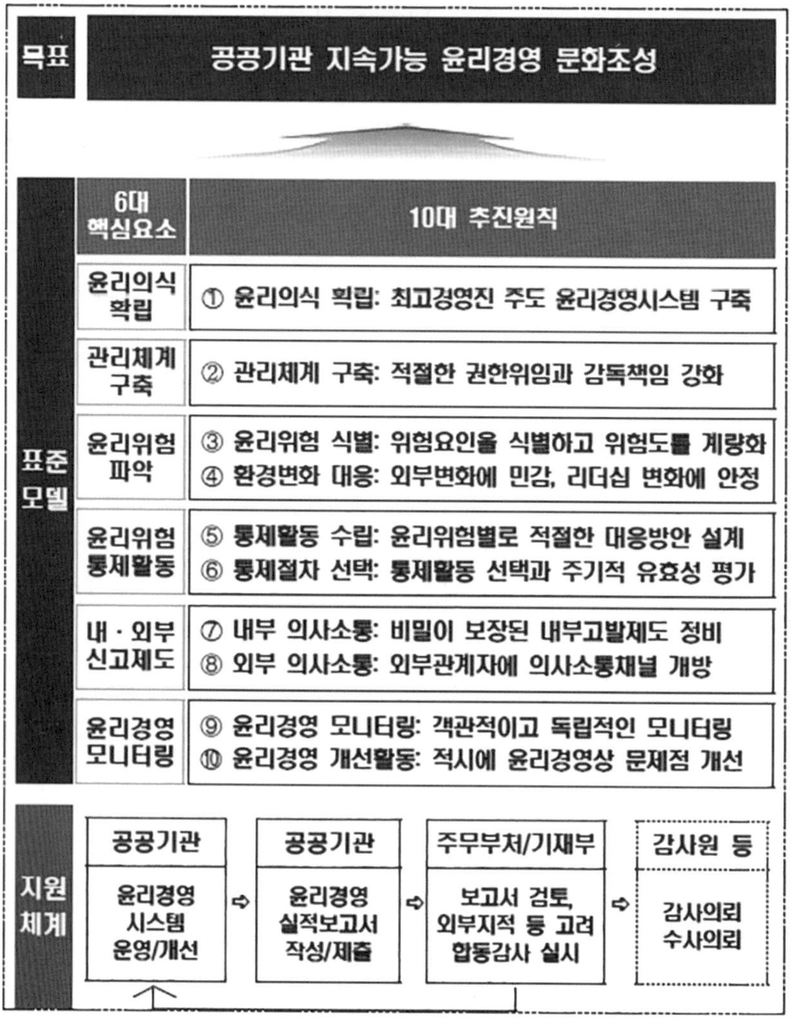

출처: 기획재정부 보도자료, 2021. 12. 13일.

윤리경영 평가 과정에서 한계도 드러났다. 예를 들어 2023년 3월 한국도로공사는 청렴윤리경영 문화 확산 공로로 국민권익위원회 표창을 받았으나, 직전 해인 2022년 경영평가를 앞두고 직원이 업체로부터 금품과 골프 접대를 받은 사실이 밝혀졌으며, 윤리경영 부문에서 2년 연속 'D등급'을 받은 상황이었다(김태수, 2022). 또한 2023년 1월에는 직원이 업무용 무전기를 사적으로 사용해 한 달간 100만 원이 넘는 통신비를 발생시킨 사례도 언론에 보도되었다.

이처럼 일부 공공기관의 비위 사례는 윤리경영 평가 체계의 신뢰성을 약화시킬 수 있다. 최근 윤리경영은 반부패·청렴을 넘어 직장 내 차별 금지, 인권 보호, 사내 복지, 상호 존중, 환경 보호 등으로 그 범위가 확대되고 있다. 윤리경영이 소홀할 경우 부패 리스크뿐 아니라, ESG 경영 자체가 비윤리적 행태를 은폐하는 수단으로 오인될 가능성도 존재한다. 따라서 공공기관은 윤리경영을 ESG 경영의 핵심 요소로 정착시키고, 실질적 개선 노력을 지속할 필요가 있다.

직원이 우선이다: 쇼바니의 성공 비결과 함디 울루카야의 경영 철학

미국 1위 요거트 기업이자 세계 그릭요거트 시장의 50% 이상을 점유하고 있는 쇼바니(Chobani)의 회장 함디 울루카야(Hamdi Ulukaya)는 "기업이 지역사회를 위해 기여하기 전에 먼저 직원부터 돌봐야 한다"고 강조한다. 그는 아무도 주목하지 않았던 아이다호주 트윈 폴스(Twin Falls)에 세계 최대 규모의 요거트 공장을 세우고, 아이다호 칼리지와 협약을 맺어 지역 주민들에게 직무 역량 교육 기회를 제공했다. 또한 근로자들에게 최저임금의 두 배를 지급하는 등 파격적 복지 정책을 시행했다.

일각에서는 이 같은 접근이 노동력 확보에 한계를 가져올 것이라 우려했지만, 울루카야 회장은 "의지가 있다면 해결책도 있다"고 믿었다. 실제로 교통이 불편하다는 지역 주민들의 목소리에 즉각 회사 버스를 제공했고, 2017년에는 출산한 직원에게 6주간 유급 육아휴직 제도를 도입했으며, 2021년에는 최저 시급을 15달러로 인상하였다. 그의 이러한 노력은 직원에 국한되지 않고, 약 1조 원 규모의 재산을 사회에 기부하는 등 지역사회 공헌으로 이어졌다. 그러나 그가 미국 최고의 요거트 회사를 일군 가장 결정적 이유는 바로 '직원'을 경영의 최우선 가치로 삼았기 때문이다.

책임 있는 공공기관을 만드는 과정도 이와 다르지 않다. 내부 직원들을 제대로 배려하지 않은 채 외부 사회공헌에만 집중하는 것은, 마치 자신의 가족은 돌보지 않으면서 타인을 돕겠다는 것과 다를 바 없다.

3) 경영공시, 홈페이지, 지속가능보고서를 통한 소통

① 경영공시

정부는 「공공기관의 운영에 관한 법률」 제11조에 따라 경영공시를 의무화하고 있다(국회예산정책처, 2024). 〈표 7-8〉은 공공기관 ESG 경영공시 항목 및 공시 시기를 나타낸 표이다. E(환경), S(사회), G(지배구조)로 중분류한 후 실제 측정·보고 항목은 세항목으로 나누었고, 세항목의 특성에 따라 보고 시기도 각각 다르게 하였다. 예를 들어 E(환경)의 세항목인 온실가스감축 실적은 3분기에, 에너지 사용량은 1분기에 보고하도록 하였다. G(지배구조) 분야에서는 이사회 회의록이나 개별 비상임이사 활동 내용, ESG 운영위원회가 새로운 공시 항목으로 포함되었다. 이사회의 회의록이 지나치게 간결하게 작성되어 중요한 의결 사항을 알 수 없거나, 비상임이사 구성원의 구색 맞추기는 여전한 문제로 남아 있다. 비록 ESG 경영공시가 이제 시작단계이긴 하지만 중요 의결

표 7-8 ESG 경영공시 항목 및 공시 시기

구분	중분류	공시항목	세항목	공시시기
ESG 운영	ESG 현황	ESG 경영현황		4분기
	E (환경)	대기환경	온실가스 감축 실적	3분기
			저공해 자동차 현황	2분기
		자연환경	에너지 사용량	1분기
			폐기물 발생량	1분기
			용수 사용량	1분기
		환경보호	환경법규 위반 현황	수시
			녹색 제품 구매 실적	3분기
	S (사회)	안전관리 및 정보보호	공공기관 안전관리등급	2분기
			안전경영책임보고서	1분기
			개인정보보호	2분기
		사회공헌 활동	봉사활동 실적	2분기
			기부 실적	2분기
		인권경영		2분기
		일·가정 양립 지원제도 운영현황	육아휴직 사용자 수	1분기
			출산·배우자출산휴가 사용자 수	1분기
			임신기·육아기 근무시간 단축제 사용자 수	1분기
			유연근무현황 및 성별 실시 인원 수	1분기
			가족돌봄휴가 사용자 수	1분기
			가족돌봄휴직 사용자 수	1분기
			직장어린이집 운영비	1분기
		동반성장 평가결과		2분기
		장애인 고용현황		2분기

<table>
<tr><th>구분</th><th>중분류</th><th>공시항목</th><th>세항목</th><th>공시시기</th></tr>
<tr><td rowspan="8">ESG 운영</td><td rowspan="3">S (사회)</td><td rowspan="3">구매 실적</td><td>혁신조달 구매 실적</td><td>2분기</td></tr>
<tr><td>중증장애인 생산품 구매 실적</td><td>2분기</td></tr>
<tr><td>중소기업 생산품 구매 실적</td><td>2분기</td></tr>
<tr><td rowspan="5">G (지배 구조)</td><td rowspan="3">이사회</td><td>이사회 회의록</td><td>수시</td></tr>
<tr><td>개별 비상임이사 활동내용</td><td>수시</td></tr>
<tr><td>ESG 운영위원회</td><td>1분기</td></tr>
<tr><td>자체 감사부서 현황</td><td></td><td>1분기</td></tr>
<tr><td>청렴도 평가결과</td><td></td><td>1분기</td></tr>
</table>

출처: 국회예산정책처 (2024). 「대한민국 공공기관」. p. 112.

사항을 이사회 의사록에 분명하게 적시하여 일반에게 공개하고, 이사회 구성 역시 성별의 다양성뿐 아니라 전문성과 독립성을 고려하여야 한다.

문제는 ESG 경영공시가 기존의 사회적 가치 지표와 크게 다르지 않아 국제기준에 부합하지 않는다는 점이다. 2023년 발효된 EU의 CSRD 지침에 따른 ESRS 공시기준, 2024년 발효된 미국 SEC의 기후공시 규정, 국제지속가능성기준위원회(ISSB)의 IFRS S1(일반)과 S2(기후) 등 글로벌 3대 공시 기준에 맞춰 지표의 수정이 필요하다. 물론 공시 의무화가 모든 기업과 공공기관에 당장 적용되는 것은 아니다. 우리나라의 경우 자산 2조 원 이상 코스피 상장사부터 단계적으로 ESG 공시 의무를 부과하여 2030년부터는 모든 코스피 상장사가 ESG 공시를 해야 한다(서진욱, 2023; 최창민, 2023).

한국 금융위원회는 국제지속가능성기준위원회(ISSB)의 ESG공시 의무화가 국내 산업 및 자본시장에 미칠 영향에 대응하기 위해 2023년 1월 회계기준원 내에 지속가능성기준위원회(KSSB)를 설립하고 국제기준에 부합하면서도 국내기업 환경을 고려한 공시기준을 검토하고 있다(최창민, 2023). KSSB에 의해 확정되고 의무화될 ESG 공시기준은 향후 공공기관 ESG 공시기준에도 영향을 줄 것이다. 자산 2조원 이상의 시장형 공기업부터 영향을 받겠지만 나머지 준시장형 공기업과 준정부기관도 ESG 의무공시의 영향권에 있는 만큼, 지금부터 국제기준에 비해 부족한 부분을 파악하여 데이터 수집·관리·통제 시스템 구축 등 역량을 키우는 데 주력해야 한다(서진욱, 2023).

ESG 공시를 포함한 전체 경영평가 결과는 누구나 쉽게 접근할 수 있도록 '공공기관 경영정보 공개시스템(알리오)'에 공개해야 한다. 현재는 개별 기관의 홈페이지를 방문해야만 해당 기관의 경영평가 결과를 확인할 수 있어 정보 접근성이 제한적이다. 이를 개선하여, 전체 경영평가 대상 기관의 평가 점수를 첫 화면에 일목요연하게 공개함으로써 접근성을 높인다. 공개 방식도 단순히 등급만 표기하는 것이 아니라, 해당 등급을 받은 주요 사유를 간결하게 설명하도록 한다. 또한 낮은 등급을 받은 기관은 등급 향상을 위한 개선 계획을, 높은 등급을 받은 기관은 등급 유지를 위한 추진 전략을 함께 제시하도록 함으로써 기관별 준비도를 높이고, 타 기관이 벤치마킹할 수 있는 학습 기회를 제공한다. 경영공시 자체만으로 ESG 친화적 기관이라 단정할 수는 없지만(Pucker, 2021), 성과를 투명하게 공개하는 것은 기관의 지속적인 개선과 책임성 강화를 위한 중요한 계기가 될 것이다.

② 홈페이지를 통한 소통

공공기관의 홈페이지는 임직원과 일반 국민들이 가장 쉽고 간편하게 ESG 경영 정보에 접근할 수 있는 창구이다. 개별 공공기관은 설립 목적이나 업무의 차이에 상관없이 기획재정부의 경영평가 기준에 맞는 ESG 활동을 보고하고 있기 때문에 분석의 표준을 확보할 수 있고, 공공기관 간 ESG 활동의 내용과 성과를 비교하기에 유용하다. 더구나 인터넷 이용률이 매우 높은 우리나라의 경우(2022년 기준 97%) 공공기관이 홈페이지를 통해 ESG를 알리고 참여를 유도하는 것은 저비용이면서도 매우 효과적인 방법이다. 이를 통해 기관의 사업과 가치를 이해관계자들에게 공유하고 확산할 수 있다.

우선 홈페이지에 기관의 설립 목적과 비전을 명확히 제시하고, 주요 사업, 전략 과제, ESG 활동 및 성과를 체계적으로 소개해야 한다. 기관의 설립 목적은 기관의 존재 이유를 밝히는 선언이며, 비전은 기관이 나아갈 방향을 제시한다. 하지만 우리나라의 공공기관을 비롯한 대부분의 기관 홈페이지에서는 첫 화면에 설립 목적과 비전을 명시하지 않는 경우가 많다. 이용자는 '회사소개' 탭을 클릭한 후 하위 메뉴를 찾아야 하는 불편을 겪는다. 설립 목적의 중요성을 고려할 때, 홈페이지 첫 화면에 이를 명확히 표시하고 관련 법령을 함께 제시하는 것이 바람직하다. 또한 주요 성과는 가능하면 수치로 제시해 누구나 쉽게 이해할 수 있게 해야 한다. ESG의 중요성이 점점 커지는 만큼, 첫 화면의 한 모서리에 ESG 성과를 강조하는 별도의 아이콘을 배치하는 것도 효과적인 방법이다. 이를 통해 ESG 관련 정보에 대한 접근성을 높이고 기관의 지속가능경영 노력을 보다 직관적으로 전달할 수 있다.

〈그림 7-8〉은 한국수력원자력 홈페이지의 ESG 경영 탭을 눌렀을

때 나타나는 메뉴이다. ESG 경영의 의미와 전략, 우수사례 및 홍보 영상을 제공하여 이해관계자들의 이해를 돕고 있다. 무엇보다 E(환경), S(사회), G(거버넌스) 각각의 하위 메뉴를 깔끔하게 정리하여, 방문자가 ESG의 세부 목표를 쉽게 파악할 수 있도록 했다.

그림 7-8 한국수력원자력 ESG 경영 메뉴

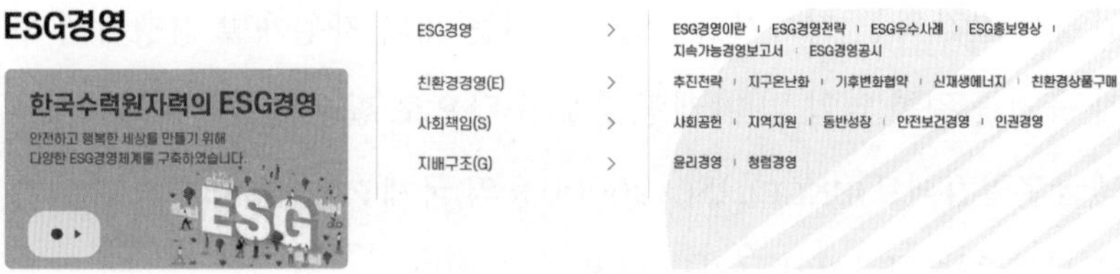

출처: 한국수력원자력 홈페이지. https://www.khnp.co.kr/main/index.do

③ 지속가능경영보고서(또는 ESG보고서)를 통한 소통

지속가능경영보고서는 기관의 미션과 비전, 전략적 이슈와 위험 요소, 사업 추진 전략, 리스크 관리, 거버넌스 시스템, ESG 경영 성과 등을 이해관계자들과 공유함으로써 기관 운영의 투명성을 제고하고 신뢰를 구축하는 중요한 의사소통 창구이다. 공공기관과 이해관계자는 경쟁 관계가 아닌 상호의존적인 관계이며, ESG 활동의 목적은 협력을 통해 극대화될 수 있다는 점을 적극적으로 알릴 필요가 있다. 지속가능경영보고서는 매년 혹은 격년으로 기관의 미션, 비전, 전략 체계를 외부 환경 변화나 서비스 수혜자인 국민의 수요에 맞게 조정하는 기회를 제공한다. 이를 통해 기관은 경영 활동 전반을 점검하고 필요한 수정을 가할 수 있다(안상아, 2014). 따라서 보고서를 정기적으로 발간하는 기관과 그렇지 않은 기관 간에는 ESG 활동의 규모와 질에서 차이가 발생할 수 있다.

정부는 2005년부터 공공기관에 지속가능경영보고서 발간을 권고해 왔다. 같은 해 8월, 한전이 국내 공기업 최초로 지속가능경영체제를 도입하고 보고서를 발간했으며, 이후 한국수자원공사와 함께 지금까지 매년 보고서를 발간하고 있다. 한국가스공사 또한 2006년부터 매년 보고서를 발간하고 있으며 그 내용 역시 풍부하다. 이들 자원공기업에서 발간하는 지속가능경영보고서는 해외 자원개발 경쟁에서 투자 유치를 위한 영업 및 마케팅 홍보 수단으로 활용될 뿐만 아니라, 유엔글로벌컴팩트(UNGC), ISO 26000등의 국제 기준을 준수하고 있음을 보여주는 책임성의 근거로 사용될 수 있다.

하지만 여전히 많은 공공기관이 지속가능경영보고서를 정기적으로 발간하지 않고 있다. 일부 기관(예: 중소벤처기업진흥공단)은 UNGC 10대 원칙 이행 보고서(Communication on Progress, CoP)만을 발간하고 있는데, 각 원칙당 1페이지씩 할애한 간결한 형식을 따르고 있어 지속가능경영보고서를 완전히 대체할 수는 없다. 따라서 보다 많은 공공기관이 지속가능경영보고서를 정기적으로 발간하여 ESG 경영의 투명성을 강화하고 신뢰를 확보해야 한다.

현재 공공기관들은 지속가능경영보고서의 내용과 경영활동 성과를 ESG 중심으로 개편하여 보고하고 있으며, 유엔지속가능발전목표(UN SDGs) 및 ISO 26000 기준과의 부합 여부를 면밀히 검토하면서 글로벌 추세에 적극 대응하고 있다. ESG를 고려하지 않고서는 투자를 유치하기 어려운 환경이 조성되었기 때문이다(박경서, 2018). 주식시장에 상장된 공기업인 한전은 지속가능경영보고서의 첫 페이지에 ESG 핵심 성과를 배치하고, 경영전략 바로 다음에 ESG 전략과 추진 과제

그림 7-9 한국지역난방공사 E, S, G 목표, 추진전략, 주요성과(2020-2021)

E (환경)	목표 (ESG+UN SDGs)	청정한 미래환경을 만드는 **한국지역난방공사** Related UN SDGs: 6, 7, 13
	추진전략	환경경영시스템 강화: 환경경영 목표 및 실적 점검체계 강화를 통한 환경리스크 관리체계 구현 탄소경영체제로의 전환: 2050년 Net Zero 달성을 위한 거버넌스 구축 및 사업 전 과정의 탄소경영 활동 내재화 친환경 R&D 강화: 신재생에너지 기술력 확보, 친환경·탄소저감 신기술 개발 기후변화 대응 활동 확대: 탄소 상쇄술 등 국민이 체감할 수 있는 상생형 온실가스 저감 사업 확대
	주요 성과	대기오염물질 감축량: **1,353**(톤/년) 대기오염물질 총량관리 우수사업장: **4년 연속 선정** 초미세먼지 배출량: **24.6%감축** 탄소경영 섹터 아너스상: **9회 수상**
S (사회)	목표 (ESG+UN SDGs)	모두가 행복한 **한국지역난방공사** Related UN SDGs: 1, 3, 5, 10, 11
	추진전략	지속가능한 일자리 창출: 양질의 민간일자리 창출 및 균등한 기회와 공정한 인사제도 확립 산업안전보건 책임 강화: ISO/KOSHA 인증, 건설 전과정 안전관리 등 공급망과 상생협력: 중소기업·협력업체 지원 강화, 공급망 ESG 경영 지원 사회적 책임 실현: 지역사회 공헌활동 내실화, 에너지복지 실행력 제고 및 정보보호 체계 강화
	주요 성과	노사관계 만족도 전년대비: **+7.5점 상승** 기획재정부 주관, 공공기관 안전관리등급제: **3년 연속 최고등급** 협력회사 금융 지원: **6,365백만원** 사회공헌 기부금: **3,287백만원**
G (지배구조)	목표 (ESG+UN SDGs)	모두가 신뢰할 수 있는 **한국지역난방공사** Related UN SDGs: 9, 10, 16
	추진전략	ESG위원회 운영: 중장기 경영전략·ESG경영 전략 심의·의결, 실행 현황·점검 관리 부패리스크 관리체계 강화: 인증 및 K-CP 가이드라인 도입 윤리경영 소통채널 강화: 내부통제 활성화 및 청렴 인센티브 강화 리스크 관리체계 개선: 분야별(재난안전·투자·재무·정보보안 등) 리스크 관리체계 구축
	주요 성과	ESG 경영의 전문성·효율성 제고: **ESG위원회 설치** 윤리경영 체계 지속강화: **ISO 37001 인증** 부패방지 시책평가 결과: **1등급** 국민권익위원회 청렴도조사: **2단계 상승**

출처: 한국지역난방공사 2020-2021 ESG보고서를 바탕으로 작성.

이행 현황을 제시하여 공사의 설립 목적과 ESG 전략 및 성과를 긴밀히 연계하고 있다. 국가철도공단, 대한무역투자진흥공사, 한국토지주택공사, 국민연금공단 또한 ESG를 기반으로 사회적 가치 창출 성과를 제시하고 있으며, 이를 다시 UN SDGs 및 ISO 26000과 연결하여 보고하고 있다. 〈그림 7-9〉는 한국지역난방공사의 2020/2021 ESG 보고서에서 E(환경), S(사회), G(거버넌스) 목표, 추진 전략, 주요 성과를 발췌한 자료이다. ESG 각 분야의 목표는 UN SDGs와 연계되며, 추진 전략은 ISO 26000과 연계하여 보고하고 있다.

정부는 2025년까지 총자산 2조 원 이상인 코스피 상장기업에 지속가능경영보고서 제출을 의무화할 계획이며, 2030년부터는 모든 코스피 상장기업이 이를 작성해야 한다. 또한 현재 자산 2조 원 이상 기업에만 적용되는 기업지배구조보고서 의무 공시 대상도 확대되어, 2026년부터는 모든 KOSPI 상장사가 공시 의무를 지게 된다(한상범 외, 2021).

하지만 지속가능경영보고서 발간의 유용성에 대한 논쟁은 여전히 이어지고 있다. 일부 연구자들은 보고서를 기업 활동에 대한 이해를 높이는 중요한 소통 수단으로 평가하는 반면(Andreini et al., 2014), 보고 내용이 조작되거나 중요한 정보가 누락되고 선별된 내용만 포함된다는 비판도 제기된다(Carmichael et al., 2023). 따라서 보고서를 발간하지 않는다고 해서 무책임한 기관이라 단정할 수 없고, 반대로 발간한다고 해서 반드시 책임 있는 기관이라 할 수도 없다(Fassin, 2008).

실제로 한국전력공사, 한국수자원공사, 한국가스공사 등 정기적으로 보고서를 발간하는 기관들은 대규모 자본력을 갖춘 공공기관들이다. 규모가 작은 기관에게 보고서 발간과 ESG 업무는 상당한 부담이 될 수 있으며, 오히려 본래 업무에 집중해야 할 시간과 자원을 분산시키는 요인이 될 수 있다.

2024년 한국회계기준원이 실시한 설문조사에 따르면, 기업들이 자발적으로 발간하는 지속가능경영보고서의 유용성은 10점 만점에 4점에 그쳤으며, 정보 이용자의 92%가 통일된 기준의 필요성을 지적했다(송준호, 2024). 보고서의 신뢰성과 비교 가능성을 높이기 위한 명확한 기준 마련이 시급함을 보여준다. 향후 지속가능경영보고서 보고기준 마련과 보고 의무화와 같은 제도 변화가 추진될 경우, 시장형 공기업이 그 영향을 가장 직접적으로 받을 가능성이 높다. 이러한 제도 변화에 대비하여 기관의 부담을 완화하면서도 보고서의 실효성을 높일 수 있는 적절한 대안 마련이 필요하다.

제8장

ESG 종말론과 공공기관의 대응[9]

ESG 종말론?

런던비즈니스스쿨의 알렉스 에드먼스(Alex Edmans) 교수는 2023년 논문 「ESG의 종말(The End of ESG)」에서 ESG의 중요성을 인정하면서도, ESG만이 만능 해결책은 아니며 모든 조직이 쉽게 실행할 수 있는 접근법도 아니라고 지적했다. ESG는 조직의 장기적인 경제적·사회적 가치 창출을 위한 전략이라는 면에서 매우 중요하지만, 관리역량·조직문화·혁신성 등 가치 창출을 위한 여러 전략들 중 하나라는 면에서 특별한 건 아니라고 보았다. 그럼에도 불구하고 비전문가들이 ESG 경영을 쉽게 할 수 있다는 착각, 즉 역량 과신(competence greenwashing)에 빠지지 말아야 한다고 경고하고 있다. 이러한 그의 통찰은 한국 공

9 이 장은 필자의 논문(김석은, 2025)을 바탕으로 일부 수정·보완하여 작성되었다.

공기관이 ESG 경영을 도입하고 확산하는 과정에서 직면하는 다양한 문제를 논의하고 해결 방안을 모색하는 데 중요한 시사점을 제공한다.

기후위기, 인권, 안전, 공정에 대한 공감대가 ESG로 수렴되어 공공기관 경영의 한 축으로 확산되고 있다는 점에선 중요하지만, 성공적인 ESG 경영은 전문성과 경험을 요구한다. ESG는 기후위기와 국제정세의 불확실성으로 인한 기업의 투자리스크를 최소화하려는 투자의 개념이므로, 공공기관의 공공성 가치와 충돌될 수 있기 때문이다. 문제는 E, S, G 어디에도 경제적 가치가 제시되어 있지 않아 국민경제 발전이라는 공공기관의 설립목적에도 충실할 수 없다. 정부의 영향이 강한 우리나라에서 정치적으로 독립성을 갖춘 지배구조의 확립이 어렵고, 서로 다른 서비스를 제공하는 공공기관에 표준화된 ESG 잣대로 평가하는 것 역시 문제다. 에드먼스 교수도 ESG 평가기관 간 평가점수의 불일치나, ESG가 정치적인 논쟁거리가 되는 것을 우려하고 있다.

ESG가 가진 문제점에도 불구하고 ESG는 기존의 CSR에서 다루지 않았던 지배구조의 독립성과 전문성을 중심에 두고 있다는 점에서 차별성을 가진다. 건전한 지배구조는 기후변화 등으로 인한 투자 리스크를 적절히 관리할 수 있는 기반을 마련하여, 투자자들에게 신뢰를 제공할 수 있다. 이러한 맥락에서, 지배구조의 개혁은 한국 공공기관에 있어 시급하고 핵심적인 정책의 우선순위로 인식되어야 한다. 기획재정부와 주무부처의 관리·감독 하에 주요 사업과 요금이 결정되는 구조에서, 낙하산 인사 및 채용 비리 등 부정부패 사건들은 지배구조의 독립성과 전문성 확보를 저해하는 주요 원인이 되고 있기 때문이다.

ESG 경영이 가져오는 외부효과(externalities)에 대한 관심과 연구도 확대될 필요가 있다. ESG 경영은 기업의 투자가치를 높이는 것을 넘어, 내부 구성원과 외부 이해관계자 모두에게 긍정적인 영향을 미칠 수 있기 때문이다. 직원들의 직무만족도와 조직에 대한 자긍심을 높이고, 이직률을 낮추며, 우수 인재를 유인하는 등 조직 내부의 긍정적 변화뿐 아니라, 외부적으로는 공공기관의 이미지 제고와 경쟁력 강화로 이어지는 효과도 기대할 수 있다. ESG 경영이 추구하는 비재무적 성과는 초기에는 비용으로 인식될 수 있으나, 장기적으로는 공공기관을 매력적인 고용주로 자리매김하게 만들고, 궁극적으로 조직의 지속가능성과 전략적 경쟁력을 높이는 핵심 동력으로 작용할 수 있다.

이러한 장점에도 불구하고 ESG를 선도하는 유럽 및 기타 선진국과 비교하면 한국은 여전히 화석연료 의존도가 높아, 글로벌 시장에서 한국 제품의 경쟁력이 상대적으로 저하될 가능성이 크다. 더욱이 ESG의 목적과 실천 방안에 대한 국제적 합의가 완전히 이루어지지 않은 상황에서, 국제 사회의 규제 압력은 앞으로 더욱 강화될 것으로 전망된다. 국제지속가능성기준위원회(ISSB)가 IFRS S2 기준을 통해 Scope 1(직접 배출)과 Scope 2(간접 배출) 공시를 의무화함에 따라, 2026년부터 자산 2조 원 이상인 코스피 상장사를 시작으로 단계적으로 ESG 공시 의무가 확대될 예정이다. 2026년 5월 시행 예정인 EU의 탄소국경조정제도(CBAM) 도입에 대비한 전략적 대응 역시 한국 기업과 공공기관 모두에게 시급한 과제로 떠오르고 있다.

기후 위기, 불안정한 국제 정세, 국가 간 무역 경쟁이 심화되는 가운데, ESG는 이제 국가 경쟁력을 결정짓는 핵심 척도로 자리매김하고 있다. 기업은 물론 공공기관 역시 이러한 변화에 적극적이고 체계적으로 대응할 필요가 있다. 기업과 달리 공공기관은 국정 목표, 정책사업, 요금 규제 등 다양한 정치적·제도적 제약 속에서 제한된 합리성

(bounded rationality)을 발휘해야 하기 때문이다.

따라서 한국 공공기관이 직면한 ESG 경영의 특수한 도전과제를 분석하고, ESG가 지닌 구조적 한계와 실행상의 어려움을 심층적으로 논의하며, ESG 경영의 실효성을 높이기 위한 전략적 개선 방안을 모색할 필요가 있다. ESG 핵심 요소 간의 목표 충돌, 우선순위 설정의 어려움, 높은 실행 비용 부담, ESG가 실질적 변화보다는 마케팅 수단으로 전락할 가능성에 대한 경계가 요구된다. 에드먼스 교수가 지적했듯 ESG는 분명히 중요한 개념이지만, 조직의 지속가능성을 보장하는 만능 해결책은 아니기 때문이다.

공공기관 ESG 정착과 확산의 당면 문제

공공기관의 ESG 정착과 확산 과정에서 직면하는 주요 과제에는 ESG 목표 설정의 모호성, ESG 경영에 대한 정치적 개입, 신뢰성 있는 ESG 평가 시스템의 부재, ESG 관리 역량 부족, 그리고 ESG 워싱의 위험성이 포함된다. 무엇보다도 ESG 경영의 궁극적인 목표를 명확히 설정하는 데 어려움이 있다. 이는 공공기관이 본질적으로 정치적 영향을 받는 조직이기 때문이며, 다양한 사업을 수행하는 특성상 글로벌 수준에서 인정받은 평가 기준이 확립되지 않은 상황에서 ESG 평가의 신뢰성을 확보하기 어렵기 때문이다. 또한 ESG 경영이 아직 초기 단계에 있어 전문적인 지식과 경험을 충분히 축적할 시간이 부족하며, 이로 인해 실질적인 성과보다 외형적인 성과에 집중하는 ESG 워싱의 위험이 존재한다. 이러한 문제들은 한국 공공기관이 ESG 경영에서 신뢰를 구축하고 실질적인 변화를 이루는 데 장애물이 될 수 있다. 따라서 이들 문제해결을 위한 구체적인 대응 방안 마련이 필수적이다.

1) ESG 목표 설정의 모호성

사회적 가치에서 ESG 경영체제로 전환된 현 시점에서도 여전히 사회적 책임, 지속가능성, 사회적 가치 등 나양한 용어들이 혼재되어 사용되고 있으며, E, S, G 간의 일관성 또한 부족하다. ESG가 E의 위기를 강조하고 있지만 실상은 E의 변화에 효과적으로 대처할 수 있는 G의 독립성과 전문성에 더 큰 초점이 맞춰져 있으며, 그만큼 S이슈는 CSR이나 사회적 가치와 비교했을 때 상대적으로 뒤처져 있다. 또한 E와 S는 이해관계자들을 대상으로 한 개념인 반면, G는 기본적으로 기관장이 주주들의 이익을 위해 기여하는 방법을 제시하는 것으로, ESG 경영이 사회나 환경문제의 개선보다는 기업 이익에 더 초점을 두고 있음을 시사한다(Edmans, 2023; Pucker & King, 2022). ESG의 확산에 직접적인 영향을 미친 유엔책임투자원칙(PRI)도 ESG를 투자의 가장 중요한 기준으로 삼고 있다는 점에서, E와 S, G 간의 충돌은 이미 예견되었다.[10]

투자수익률이라는 재무 성과를 강조하면서도 표면적으로 ESG에 '경제적 가치'가 빠져 있어, 국민경제 발전을 설립 목적으로 하는 공기업의 지향점과 상충된다. 이로 인해 ESG 경영이 경영 부실을 초래할

10 2006년 당시 12개국 20여명의 글로벌 투자자들에게서 시작한 PRI는 2022년 3월 세계 80여 개국 4,800여 투자자들에게서 서명을 받았고, 불과 1년만인 2023년 3월 현재 총 5,435개로 급증했다. 이들의 투자가치는 US$128.4조달러로 2021년에 비해 $7조달러 이상 늘었다(United Nations, 2024).

수 있다는 우려가 제기되어 왔다. ESG 투자로 인해 미국 청정에너지 관련 주식에 주로 투자하는 ETF의 수익률이 지난 11년간 -32%를 기록했으며(박경서, 2021), 우리나라 900여 개의 상장 기업을 분석한 결과에서도 ESG와 기대수익률 간의 관계는 일관되게 나타나지 않았다(이은정, 2022). 일부 연구에서는 공공기관의 ESG 활동이 재무 및 사회·환경 성과에 긍정적인 영향을 미쳤다고 주장하기도 했지만(손정연·이민아, 2024), 저자가 사용한 경영평가 결과를 ESG 평가를 위한 근거 데이터로 보기에는 한계가 있다.

Pucker와 King(2022)은 수천 건의 ESG 관련 선행연구를 검토한 결과, ESG 투자가 지속적인 수익을 창출한다는 명확한 증거는 부족하며, 환경이나 사회문제 해결에 직접적인 영향을 미쳤다는 근거 또한 미흡하다고 지적한다. ESG 펀드의 관리 비용은 일반적인 펀드보다 40% 이상 비싸며, 환경과 사회에 대한 영향을 측정하는 것이 현실적으로 어려워 ESG 투자와 환경·사회 간의 뚜렷한 관계를 입증하기 어렵다는 이유에서이다.

이처럼 ESG 투자에 대한 회의적 시각이 존재함에도 불구하고, 공공기관을 대상으로 한 ESG 경영 요구는 점차 확대되고 있다. 하지만 공공기관의 설립 목적과 일치하지 않는 ESG 활동은 임직원들에게 불필요한 업무 부담을 주고, 자원 낭비로 이어질 수 있다. 특히 환경문제와 직접적인 관련이 없는 기관들은 정부의 요구 기준을 충족시키는 데 어려움을 겪고 있다. ESG가 글로벌 트렌드라 할지라도, 각 공공기관의 핵심사업과 특성을 고려하지 않고 일률적으로 적용할 경우 자원의 비효율적 사용과 본래 사업의 정상적 추진에 차질을 빚을 수 있다는 우려가 제기된다(정효영·박정은, 2020).

2) 정치적 개입

에드먼스 교수는 ESG 경영이 정치적 이념에 휘둘려서는 안된다고 주장한다. ESG에 비판적인 입장은 환경문제에 무관심한 보수주의로 낙인찍히고, 반대로 ESG를 지지하면 치솟는 에너지 가격에도 현실을 외면하는 환경론자라는 비판을 받는다. 하지만 ESG를 둘러싼 이념적 논쟁에도 불구하고 변함없는 사실은, 공공기관은 근본적으로 정치적 산물이라는 점이다(김준기, 2001). 공공기관은 정부가 소유권자로서 관리·감독의 권한을 가지고 있기 때문에 정치적 영향력에서 자유로울 수 없고, 정부 외에도 투자자·지역사회·일반국민 등 수많은 이해관계자들의 요구에 둘러싸여 있다. 정권이 바뀔 때마다 국정 목표가 변경되며, 이에 따라 ESG 목표도 달라지고, 각종 정책 사업에 대한 요구로 인한 무리한 사업 추진, 정부의 요금 규제로 인해 쌓여가는 부채는 ESG 활동에 대한 명분을 위협하고 있다.

「공공기관의 운영에 관한 법률」 제정 이후 공공기관 경영평가는 기획재정부가 주관하며, ESG 평가 점수를 포함한 평가 결과는 대통령과 국회에 보고하도록 규정하고 있다. 이러한 변화는 공공기관 관리체계의 일원화를 지향하는 OECD 권고에 부합하는 조치로 볼 수 있다. 그러나 한국의 공공기관 관리 구조는 여전히 법적·제도적 형식과 운영 현실 사이에 괴리가 있다. 사업 감독 및 준정부기관의 경영관리 권한은 여전히 주무부처에 남아 있어, 실질적으로는 기획재정부와 주무부처가 공공기관을 이원적으로 관리·감독하는 구조가 지속되고 있기 때문이다(박석희, 2012).

OECD는 공공기관 소유·관리 권한이 주무부처별로 분산되기보다, 정부 내 단일 기관에 의해 일관되게 행사되는 것이 바람직하다고 권고해왔다. 이에 따라 한국 정부는 공공기관 운영위원회를 설치하고 관리체계 일원화를 시도하였으나, 실제로는 기획재정부와 주무부처 간 권한 분산과 협조 체제가 유지되고 있다. 다만 공공기관 임원 추천 및 임면권이 기획재정부 또는 공공기관 운영위원회에 집중되고, 경영평가 결과가 기관장 해임 건의, 성과급 지급, 차년도 평가 면제 등 인사·보상과 직결되면서, 과거에 비해 기획재정부의 지배·통제 권한이 상당히 강화된 것은 분명하다. 이로 인해 공공기관 운영에 있어 기획재정부의 영향력은 그 어느 기관보다 크다고 평가할 수 있다.[11]

기획재정부외에도 중소벤처기업부의 동반성장 평가, 국민권익위원회의 청렴도 평가, 감사원의 회계감사 및 직무감찰, 국회의 국정감사, 고용노동부의 지역균형인재 고용영향평가, 환경부와 국무조정실에서 시행하는 온실가스 감축 이행실적 평가 등 여러 감독기관과 자체 평가들이 있으며, 공공기관은 이들 평가들에 맞춰 ESG 활동을 설계하고 시행한다. 따라서 기관의 설립목적보다 각종 평가에서 유리한 고지를 점하는 것이 우선되기 때문에, 기관의 특성에 맞는 ESG 활동의 폭은 제한될 수밖에 없다. 기획재정부는 건전한 재무성과를 기대하고 있지만 요금은 동결해 주길 원하고, 중소벤처기업부는 중소기업까지 끌어안아주길 주문하고 있으며, 교육부와 고용노동부는 가급적 지역인재

11 「공공기관의 운영에 관한 법률」 제48조 제8항은 기획재정부장관이 경영실적 평가결과 경영실적이 부진한 공기업·준정부기관에 대하여 운영위원회의 심의·의결을 거쳐 공기업·준정부기관의 기관장·상임이사의 임명권자에게 그 해임을 건의하거나 요구할 수 있도록 규정하고 있다. 또한 경영평가결과가 부진한 기관에 대해 기획재정부 장관 또는 주무부처의 장은 경영개선계획을 당해 연도 9월까지 제출받아 그 이행상황을 점검하고 그 결과를 평가에 반영할 수 있다(국회예산정책처, 2024).

를 채용해 줄 것을 요구하고 있다.

공공기관은 국민 생활에 직·간접적으로 큰 영향을 미치기 때문에 정부의 관리·감독은 필수적이다. 그러나 지나치게 많은 관리·감독 기관의 존재는 공공기관이 본래 수행해야 할 핵심 사업 추진에 혼란과 비효율을 초래할 수 있다. ESG 경영의 효과적 실행 역시 일정 수준의 자율적 경영 환경이 보장될 때 가능하다. 공공기관의 자율성과 책임경영을 강화하기 위해서는 관리·감독 중심의 경영평가보다는, ESG를 포함한 주요 사업 수행 역량과 지배구조의 독립성·전문성을 평가하는 방향으로 경영평가 지표를 개편할 필요가 있다.

3) 신뢰성 있는 ESG 평가 시스템의 부재

현재 전 세계적으로 600개 이상의 ESG 평가 지표가 존재하며, 평가기관마다 서로 다른 ESG 등급과 지속가능성 점수를 제시하고 있다. Berg et al.(2020)의 연구에 따르면, 세계적으로 널리 사용되는 6대 ESG 평가기관(MSCI, Sustainalytics, Moody's, S&P Global, Refinitiv, FTSE Russell) 간 ESG 등급의 상관계수 평균은 0.54 수준에 불과한 것으로 나타났다(한상범 외, 2021, p.138 재인용). 이 결과는 동일 기업에 대해서도 평가기관별 ESG 등급이 크게 달라질 수 있음을 보여준다. 앞서 살펴본 바와 같이, 국내 ESG 평가기관들 또한 동일한 공공기관에 대해 상이한 평가등급을 부여하는 사례가 나타나고 있으며, 기획재정부의 공공기관 경영평가 결과와도 일관성이 떨어지는 문제가 지적되고 있다.

평가결과의 불일치는 ESG가 본래 추구하는 목표를 측정하기 위한 평가라기보다는 평가 대응에 초점이 맞춰져 있기 때문이다.[12] 2020년, 네덜란드 연기금 자산운용사(APG)는 한국전력이 베트남에 건설하려던 석탄발전소를 이유로 투자를 철회했다. 그러나 같은 해 한국전력은 환경(B+), 사회(A), 지배구조(A) 부문을 종합해 ESG 등급 A를 받았다. 매출 증가 대비 탄소배출 증가율이 낮았다는 이유에서였다. 국내 대기업 중 탄소배출량 1위 기업인 포스코 또한 2020년 기준 ESG 등급 A를 부여받았다(전혜원, 2021). 2022년에도 이러한 현상은 반복되었다. 예를 들어 한국지역난방공사는 경영평가에서 영업이익 하락으로 C등급을 받았음에도, 한국ESG기준원으로부터 ESG 최고 등급인 A+를 부여받았다. 안전사고가 빈발했던 한국철도공사 역시 경영평가에서는 최하위 등급(E)을 받았지만, 사단법인 두이에스지의 ESG 평가는 B+에 달했다.

〈그림 8-1〉에서 확인할 수 있듯이, ESG 경영이 국내외 공공기관과 기업 전반에 확산되고 있음에도 불구하고, 지난 30여 년간 글로벌 이산화탄소 배출량은 지속적으로 증가해왔다. ESG 경영 도입과 성과관리, 그리고 외부 평가가 확대되고 있음에도 불구하고, 정작 사회적·환경적 성과 개선이라는 ESG 본연의 목표는 달성되지 못하고 있음을 보

12 과학 기반 기후위기 관리 시스템인 SBTi(Science Based Targets initiative)는 기업이 지구 평균 기온 상승을 1.5°C 이하로 억제하기 위한 과학적 기준에 따라 온실가스 감축 목표를 설정하도록 유도하는 국제 민간 기구이다. 현재 글로벌 ESG 평가기관인 MSCI로부터 AAA 또는 AA 등급을 받은 11개 기업 중 8개 기업이 SBTi에 참여하고 있는 것으로 나타난다. 그러나 SBTi에 가입한 전 세계 1,245개 기업 중 한국 기업은 4곳에 불과해, 국제적 기준과는 상당한 격차를 보이고 있다. 이는 국내 기업들이 ESG 평가 대응과 정보공개 수준을 높이는 데는 적극적이지만, 정작 1.5°C 감축 목표와 같은 실질적 기후위기 대응에는 소극적인 모습을 보여주는 단적인 사례라 할 수 있다(서진석, 2021.3).

여주는 사례라 할 수 있다. 결국 평가와 현실 간 괴리는 ESG 경영 전반에 대한 근본적 회의와 비판을 불러일으키고 있다.

그림 8-1 글로벌 이산화탄소 배출 추세

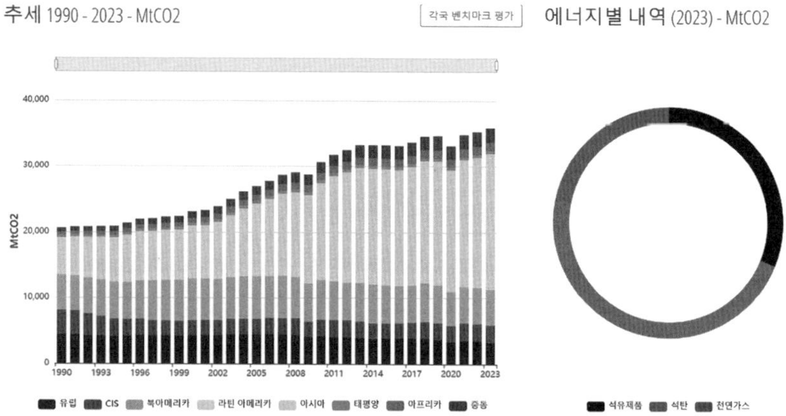

출처: 세계 에너지 및 기후통계-2024년 연감. CIS는 소비에트연방국가들. https://yearbook.enerdata.co.kr/co2/emissions-co2-data-from-fuel-combustion.html.

ESG 투자가 지속적인 수익을 창출하고 환경·사회 문제를 해결한다는 명확한 증거는 부족하며, 높은 관리 비용과 영향 측정의 어려움이 이를 입증하기 어렵게 만든다(Pucker & King, 2022). 더욱이 ESG 평가기관 간 등급 차이는 합의된 개념 없이 일률적인 기준을 적용한 결과로, 평가 결과의 불투명성은 기관 간 학습 효과를 저해하고 국민 신뢰를 떨어뜨린다. 심지어 ESG 평가 절차와 결과에 대해 규제가 필요하다는 의견도 있다(대한상공회의소, 2023). 투자와 무관한 공공기관과 대학들도 ESG 경영을 도입하며 지표 설정과 평가 결과에 집착하고 있다. 이러한 과도한 ESG 지표 설정과 평가는 정작 기관 본연의 가치 생산 활동을 저해할 수 있다.

정부는 2021년 12월, 지나치게 많은 평가지표로 인한 혼란을 방지하기 위해 관계 부처 합동으로 61개 항목의 K-ESG 지표를 만들었다(관계부처합동, 2021). 그러나 2022년 경영평가 개편에서는 과거의 '사회적 책임'으로 회귀하고 이를 ESG 지표라 부르고 있다. 또한 국제지속가능성기준위원회(ISSB)는 2023년 6월 IFRS S1(일반) 및 IFRS S2(기후관련) 지속가능성 공시기준을 최종 채택하면서, ESG 정보 공개에서 기후 위기 대응 능력보다는 재무중대성에 초점을 두었다(ESG경제, 2023). Scope 1(직접 배출)과 Scope 2(간접 배출)의 탄소 배출량 공개를 요구하면서도, 기업의 재무적 의사결정과 투자자 보호 관점에서 중요한 정보에 집중하도록 설계되었다. 재무와 비재무 요소를 통합적으로 고려하는 이중 중대성보다는 투자자 중심의 재무중대성을 우선시한 것이다. ESG의 핵심은 기후 변화 대응이 아니라 기업의 투자가치를 제대로 평가하는 데 있다는 주장(서진석, 2021. 5; Pucker & King, 2022)이 그래서 설득력을 얻는다. 결국 환경과 사회 이슈는 재무적 가치 평가를 위한 아름다운 포장지처럼 작용하는 셈이다.

4) ESG 관리역량 미비

에드먼스 교수의 지적처럼 ESG 경영은 누구나 할 수 있는 것이 아니라, 전문적인 능력과 체계화된 전략을 필요로 한다. ESG의 목표는 기관의 설립 목적 및 핵심 사업과 일치해야 하며, 이를 추진하기 위한 체계와 전담 조직, 전문 인력이 확보되어야 한다. 또한 ESG 경영의 장기적·단기적 효과를 측정하고 그 결과를 내외부 이해관계자들과 공유하여 사업의 정당성을 확보해야 한다. 그럼에도 불구하고 2022년 12월 기준 국내 약 4,000개의 공공기관을 대상으로 한 조사에서는 ESG 관리 역량 부족의 단면이 드러났다. ESG 전략을 수립한 기관은 단 90개(2.2%)에 불과하며, ESG 전담 조직을 구성한 기관은 97개, ESG 위원회를 설립한 기관은 87개, 지속가능경영보고서를 발간한 기관은 44개에 그쳤다. 대부분의 공공기관이 ESG의 중요성을 인식하고 있지만, ESG의 개념과 준비 방법에 대한 기본적인 이해가 부족하고, 기관의 특성에 맞는 ESG 성과 지표 개발에 어려움을 겪고 있었다(강철구 외, 2023).

현재 공공기관의 ESG 관리 역량 미비점은 다음과 같다. 첫째, 기관의 핵심사업과 연계된 추진 로드맵 없이 경영 평가 지표에 맞추다 보니 ESG 지표와 기관 설립 목적 간의 불일치가 발생한다(정효영 · 박정은, 2020). 둘째, ESG 책임자의 순환보직으로 인해 전문성 축적이 어렵고, 업무 인수인계가 원활하지 않다(김유현 외, 2018). 셋째, 네거티브 중심의 ESG 인센티브 체계가 임직원의 사기를 떨어뜨린다. 넷째, ESG 예산과 지출 내역이 공개되지 않아 기관별 투자 현황과 경영 성과 간의 관계를 파악하기 어렵다. 다섯째, ESG 임팩트 측정 및 지속가능성 보고서 공유가 미흡해 학습 효과가 낮다. 마지막으로, 공공기관 지배구조의 독립성 · 전문성 · 다양성 부족으로 투명성과 리스크 관리 능력이 미흡하다. 이러한 문제로 인해 ESG가 민간기업에 비해 공공기관에는 적합하지 않다는 지적이 제기되고 있다.

5) ESG 워싱

ESG의 핵심은 진정성이라고 하지만, 실상은 투자자들의 이해관계를 포장하는 수단처럼 보이기도 한다. 기업의 투자가치를 우선시하는 대형 투자자들의 계산적 접근, 대기업 총수들의 반복적인 일탈, 그리고 공공기관의 정치적 인사 관행은 ESG 확산 이후에도 여전히 변하지 않고 있다. 2023년 개정된 OECD 공기업 지배구조 가이드라인은 이사회 독립성과 전문성 강화를 강조했으나, 현실에서는 대선 캠프나 정치권 출신 인사들이 이사회와 감사직을 차지하면서 ESG가 추구하는 투명성과 공정성이 약화되고 있다. 김준기(2001)가 이미 20여 년 전에 지적했지만, 그 이후로도 공공기관은 여전히 고위 관료들의 권력 유지와 노후 보장의 수단으로 활용되는 구조적 문제를 해결하지 못하고 있다.

ESG 선진국들도 이러한 문제에서 자유롭지 않다. 주요 유럽 국가들은 ESG를 국가 간 거래의 표준으로 삼아 우리나라를 포함한 여러 국가에 동일한 기준을 요구하고 있다. 그러나 영국은 30년 만에 신규 탄광을 승인했고, 프랑스는 원자력 발전을 친환경 에너지로 분류하며 2035년까지 원전 6기를 건설하는 등 기존 정책을 뒤집었다(고재원, 2023). 독일에서는 폭스바겐과 아우디의 배기가스 조작 사건으로 인해 환경 기준치의 40배를 초과하는 디젤 배기가스를 우리도 한동안 마시고 살았으며, 일본은 2020년 10월 탄소중립 목표를 선언하고도 후쿠시마 오염수 방류를 강행했다. 환경보다는 비용을 고려한 결정으로 볼 수밖에 없다. 이러한 이중적 태도에 대해, 일각에서는 ESG를 국가 간 거래 기준으로 삼자는 선진국들의 요구가 경쟁국들의 성장 가능성을 차단하는 '사다리 걷어차기' 전략과 다름없다고 비판한다.

한편 2020년 글로벌 ESG 펀드의 가치는 1조 달러를 넘었지만, 그 투자처를 보면 ESG의 진정한 목적이 의심스럽다. 월스트리트저널에 따르면, 2019년 기준 10대 ESG 펀드 중 8개가 원유 및 가스 기업에 투자되었다(Otani, 2019). 또한 2024년 6월 Voxeurope과 European Investigative Collaborations 조사에 따르면, 전체 4,300개 ESG 펀드 중 약 25%(850억 유로, 한화 약 127조 원)가 석유, 패션, 자동차 등 화석연료 의존도가 높은 기업에 투자된 것으로 나타났다(Rinnovabili, 2024). 국내에서도 ESG 펀드는 대부분 삼성전자와 SK하이닉스 등 대기업에 투자되어 일반 펀드와 차이가 크지 않다. ESG 펀드가 화석연료 의존 기업에 대거 투자되고, 선진국들이 신재생에너지를 강조하면서도 실제로는 석탄 사용량이 증가하는 현실은(더나은미래, 2023b), ESG의 명분과 실행 간 괴리가 여전히 깊다는 사실을 보여준다.

공공기관 ESG 정착을 위한 제언

공공기관의 ESG 경영이 실질적으로 정착되기 위해서는 기관 설립 목적에 기반한 명확한 개념 정립과 운영 방향 설정이 선행되어야 한다. 이를 위해 정치적 개입을 최소화하고, 신뢰성 있는 ESG 평가체계를 마련하며, 투자 리스크를 관리하는 동시에 자원을 효율적으로 활용할 수 있는 전략적 ESG 경영이 요구된다(임종순, 2021). 아울러 ESG 워싱의 위험성을 경계하고, 기관의 고유 기능과 핵심 사업에 부합하는 실질적이고 지속 가능한 ESG 프로그램을 개발·시행하는 노력이 필요하다.

1) 공공기관의 설립 목적에 연계한 ESG 목표 설정

공공기관은 이윤 창출을 목표로 하는 기업과는 다르지만, 건전한 재정 상태가 확보될 때 비로소 ESG에 대한 실천 의지와 역량이 발휘될 수 있다(김현희·박광동, 2018). 오랫동안 지역경제 발전과 환경보호에 앞장섰던 팀버랜드(Timberland)는 재정 악화로 인해 미국 내 여러 공장을 폐쇄해야 했다. 반면, 친환경 의류판매 기업인 파타고니아는 연 매출 1조 원을 넘기고 2,800억 원 이상의 순이익을 기록하며, 1,000명의 근로자에게 1인당 약 2억 원의 수익을 창출하고 있다(King & Pucker, 2021). 그럼에도 불구하고, ESG와 재무성과 간의 관계를 특정 사례에 기반해 분석하거나 제각기 다른 변수로 측정하는 연구들 때문에, 일관된 결론을 도출하기 어려운 것이 현실이다. ESG가 재무성과와 양립할 수도 있고 그렇지 않을 수도 있으며, ESG 투자는 언제나 일정한 위험성을 내포하고 있다는 증거이기도 하다.

ESG는 공공기관 본래의 설립 목적에 충실하면서 경제적 목표를 달성하고 사회적 책임을 다하는 방식으로 운영될 때 비로소 의미가 있다. 이윤 창출 없이 지속되는 ESG 활동은 장기적으로 유지되기 어렵고, ESG를 고려하지 않은 이윤 창출은 불균형 발전과 윤리적 책임 회피로 이어질 가능성이 높다. 따라서 공공기관은 양질의 공공서비스를 합리적인 가격에 안정적으로 공급하는 본연의 역할을 충실히 수행하는 것이 중요하다. 정부의 과도한 정책 사업 요구나 인위적인 요금 규제를 지양하고, 시장의 수요와 공급에 맞춰 가격을 결정하면, 소비자의 만족도 증가, 재정건전성 유지, 수익 증대 및 일자리 창출로 이어질 수 있다. 이를 통해 기관은 보다 지속가능한 ESG 경영을 실현할 수 있는 여력을 확보할 수 있다.

공공기관이 설립 목적과 일치하는 ESG 목표를 수립하기 위해서는, 개별 공공기관 설립법 제1조의 설립 목적에 ESG 경영 목표를 포함하는 법적 근거가 마련되어야 한다. 가령 한국지역난방공사의 근거 법령인 「집단에너지사업법」 제1조가 "기후변화 대응과 국민 생활 편익 증진"을 명시하고 있듯이, 공공기관의 설립 목적이 ESG 목표와 자연스럽게 연결되어야 한다. ESG 경영에 대한 법적 근거가 마련되어야만 개별 ESG 프로그램의 성과가 기관의 설립목적 달성에 기여할 수 있기 때문이다.

기존 설립 목적이 변화하지 않으면 ESG 활동이 기관의 경영에 실질적으로 스며들기 어렵다. 따라서 ESG 경영을 위한 법제화가 우선적으로 추진되어야 한다. 「ESG기본법」을 새로 제정하기보다는 2022년에 부활된 「지속가능발전기본법」을 모델로 삼아, 개별 공공기관 설립법에 ESG 경영 목표를 추가하는 방안이 보다 현실적이다. 이를 통해 공공성과 수익성의 조화를 이루면서, ESG 프로그램이 기관 설립 목적에 기여하는 공동 가치 창출이 가능해질 것이다.

2) 정치 개입 최소화를 위한 제도적 장치 마련

정부에 의해 설립되고 법률에 따라 운영되는 공공기관의 특성상 정치적 영향력으로부터 완전히 자유롭기는 어렵다. 예컨대 기관장과 이사회의 선임 과정은 정치적 개입 수준을 가늠할 수 있는 대표적 지표로 기능해 왔다. 정권 교체 때마다 새로운 국정과제가 공공기관의 핵심사업에 반영되고, 전문성이 부족한 인사가 정치적 인맥을 통해 임명되는 사례가 반복적으로 발생해 온 것도 이러한 구조적 특성을 보여준다.

2023년 필자가 공공기관 ESG 담당자를 인터뷰한 결과, 한 응답자는 "이사회의 독립적 의사결정이나 임원 보수 문제는 사기업에나 해당되는 내용이며, 공공기관은 윤리·청렴·투명 경영에 더 집중해야 한다"고 밝혔다. 이는 공공기관 운영 방식이 민간기업과 본질적으로 다름을 보여주는 동시에, 공공기관 역시 독립성과 전문성을 갖춘 경영체계 확립이 필요함을 시사하는 대목이라 할 수 있다.

공공기관이 정치적 영향으로부터 완전히 자유로울 수는 없지만, 기관장과 이사회의 독립성·전문성·다양성을 최대한 보장할 수 있는 제도적 장치 마련이 필요하다. 이를 위해 ① 정치적 성향과 무관한 전문성을 갖춘 기관장 및 이사 임명, ② 기후변화 리스크 및 재무성과 관리 능력을 갖춘 전문경영인 체제 확립, ③ 인사 혁신을 통한 경영의 연속성 확보, ④ 내·외부 감사 시스템 확립 등을 통해 투명한 지배구조(G)를 정착시킬 필요가 있다. 건전한 지배구조가 마련되면, 안전한 근무환경 조성, 인재·윤리경영 시스템 구축, 지역사회 공헌 등 사회(S) 부문의 혁신이 자연스럽게 뒤따를 수 있으며, 친환경(E)·지속가능경영 역시 실질적으로 작동할 수 있다.

구체적으로 살펴보면, 첫째, 공공기관 이사회의 독립성 강화를 위해 한전의 사례가 참고될 수 있다. 한전은 이사회의 과반수를 비상임이사로 구성하고, 의장은 반드시 비상임이사 중에서 선출하도록 규정하고 있다. 또한 특정 안건과 이해관계가 있는 이사는 해당 안건의 의사결정에서 배제되며, 비상임이사의 기관과의 특수관계 여부를 엄격히 검토하는 방식을 도입하고 있다(한전, 2023).

둘째, 정치적 중립성이 강한 미국 공기업 TVA의 운영 방식도 주목할 필요가 있다. TVA는 요금 결정, 관리, 예산 운영 등에서 상당한 자율성을 보장받으며, 전기요금 역시 TVA 이사회에서 독자적으로 결정하도록 되어 있다. 9명의 이사는 대통령이 임명하되, 반드시 상원의 인준을 받아야 한다(TVA, 2024). 이러한 방식은 공공기관 운영에서 특정 정권의 영향을 최소화하고, 장기적·일관된 정책 운영을 가능하게 한다.

셋째, 2022년부터 시행된 노동이사제는 비상임이사로 임명된 근로자 대표 1명이 중요 의사결정에 참여하고 의결권을 행사한다는 점에서 지배구조 변화를 가져온 의미 있는 제도이다. 시행 3년을 맞이하는 2025년 현재, 노동이사가 현장의 상황을 이사회에 전달하고 근로자들의 목소리를 대변하는 긍정적 효과가 나타나고 있다. 그러나 「공공기관의 운영에 관한 법률」에 따라 노동이사는 1명만 임명 가능하여, 직원 대표로서 이사회 내 영향력은 제한적이라는 지적도 있다. 이런 이유로 일각에서는 노동이사를 단순히 '자리보전' 정도로 평가하기도 한다(장예림, 2025). 유럽 선진국들처럼 노동이사 수를 이사회의 3분의 1 수준으로 확대하거나, 노동이사 선출 과정의 공정성을 확보하려는 노력이 요구된다.

노동이사는 다양한 안건에 대해 전체 근로자들의 의견을 효과적으로 수렴·전달할 수 있는 역량을 갖추어 ESG 경영이 실질적으로 점검·관리될 수 있도록 해야 한다. 예컨대, 파타고니아는 이해관계자들과의 지속적 소통을 바탕으로 친환경 의류 생산과 견고한 수익 창출을 동시에 실현하고 있다(Martin & Reeves, 2022). 이러한 사례는 공공기관도 ESG 목표 수립과 운영 과정에서 내부 구성원 및 외부 이해관계자들의 의견을 적극 반영하는 구조를 마련할 필요가 있음을 시사한다.

3) 신뢰성 있는 ESG 평가체계 확립

"측정할 수 없다면 개선할 수 없다"(If you can't measure it, you can't improve it)는 피터 드러커(Peter Drucker)의 말처럼, 성과의 측정은 무엇을 성취했는지, 목표 달성 여부와 그 수준, 미달성 시 원인 파악 등 핵심적인 정보를 제공한다. 성과 측정 결과는 목표 재설정, 사업 규모 조정, 예산 배분 등 주요 의사결정의 근거가 되며, 자원의 효율적 활용을 가능하게 한다. ESG 경영 또한 예외가 아니다. ESG 경영 전반에 대한 데이터를 체계적으로 수집·활용하고, 이를 기반으로 의사결정의 질을 제고하는 근거기반 관리(evidence-based management) 체계 확립은 공공부문의 ESG 경영 고도화를 위한 핵심 과제라 할 수 있다(Pfeffer & Sutton, 2006).

ESG 성과를 측정하기 위해서는 환경·사회·경제 각 분야의 경영활동이 실제로 어떤 임팩트를 창출했는지를 평가하는 것이 필수적이다. 여기서 임팩트란 단순한 산출(output)이 아니라, 가령 온실가스 감축이 시민 건강 개선이나 삶의 질 향상 등 장기적·구조적 변화를 유발하는지를 평가하는 개념이다. 이미 다수의 공공기관은 핵심 ESG 이슈 도출을 위해 이중중대성 평가를 적극 도입하고 있다. 사회·환경적 변화가 조직에 미치는 영향(outside-in)뿐 아니라, 조직이 사회·환경에 미치는 영향(inside-out)까지 종합적으로 고려함으로써, ESG 성과관리의 적절성과 실효성을 높이는 출발점이 되고 있다. 나아가 ESG 이슈의 중요성이 시간에 따라 변화할 수 있다는 '동적중대성(dynamic materiality)' 관점에서 접근할 때, 공공기관의 ESG 전략은 보다 지속가능하고 탄력적인 체계로 진화할 수 있다.

ESG 임팩트 측정은 정부가 마련한 K-ESG 지표를 개별 기관의 중대성 이슈와 특성에 맞게 조정·활용하는 방식으로 구체화할 수 있다. 기관별 역할과 성격에 따라 수익활동이 주가 되는 공기업의 경우 재무성과의 비중을 높이고, 공공성이 강조되는 기관은 사회적·환경적 가치 등 비재무성과의 가중치를 확대하는 차별화 전략이 요구된다. 예컨대 자산 2조 원 이상의 시장형 공기업은 글로벌 3대 ESG 공시기준(ESRS, ISSB, SEC)에 대한 대응이 시급한 만큼 재무성과 중심의 지표 확대가 필요하다. 반면, 자산규모가 적은 기관은 글로벌 ESG 규제 변화에 단계적으로 대응하면서 ESG 지표를 정비해 나가는 접근이 적절하다. 또한 소규모 기관의 현실을 감안하여 공공기관 경영평가에서 ESG 반영 비율을 조정하거나, 기관별 자율성과 책무성을 균형 있게 반영하는 방안도 검토할 필요가 있다.

차별화된 ESG 평가를 위해서는 개별 공공기관의 설립법과 「공공기관의 운영에 관한 법률」을 개정하여 ESG 경영 목표를 법적으로 명확히 규정하고, 기존의 자산규모·인력수 중심의 기관 분류 기준을 넘어 설립 목적과 운영 특성을 반영한 평가 체계를 우선 구축할 필요가 있다. 더불어 ESG 평가기관의 신뢰성과 투명성을 높이기 위해서, 2023년 5월 금융위원회가 제정하고 동년 9월부터 시행한 「ESG 평가기관 가이던스」의 조속한 법제화가 필요하다. 이를 위해서는 ①평가기관의 자격을 제도적으로 관리하기 위해 등록제나 인허가제 도입, ②평가 기준과 방법을 공개하도록 의무화해 평가의 객관성 확보, ③평가대상과의 이해충돌을 방지하기 위한 규정 마련, ④부실 평가 등에 대해 금융당국이 제재할 수 있도록 감독 권한 부여, ⑤평가 결과에 대한 이의제기 절차를 도입해 수용성 제고, ⑥국제 기준과의 정합성을 고려한 제도 설계를 통해 글로벌 신뢰도를 확보하는 등 여섯 가지 방향에서의 법제화를 고려할 수 있다.

4) 전략적 ESG 경영

ESG라는 환경적 변화는 투명한 경영을 통해 투자 리스크를 줄이고, 자원을 효율적으로 활용하여 기대하는 목표를 달성할 수 있도록 전략적으로 접근해야 한다. 이를 위해 공공기관은 내부 역량과 외부 환경을 면밀히 분석하여 기관의 설립 목적과 연계된 경제·사회·환경·지배구조의 문제를 발굴하고 해결하는 과정을 거쳐야 한다(김태영·이동엽, 2019; Chandler, 2017).

공공기관의 ESG 경영은 경쟁우위 확보를 위한 수단이 아니라, 국민경제 발전과 사회적 가치 창출을 위한 정책적 도구로 접근해야 한다. ESG 경영을 통해 얻을 수 있는 친환경 공정과 서비스 전달, 인적자원 개발과 인권 보호, 투명한 의사결정 등의 사회·환경적 임팩트는 투자 리스크 감소, 자원 낭비 절감, 규제 대응 강화, 브랜드 가치 창출 등의 재무적 성과와 연결될 수 있도록 전략적으로 설계되어야 한다. 기관의 비전과 미션, 핵심 역량에 부합하는 ESG 경영을 실행할 때, 자원과 역량을 활용하여 임팩트를 극대화할 수 있는 기회를 더욱 확보할 수 있기 때문이다.

김유현 외(2018)는 〈그림 8-2〉을 통해 전략적 ESG 경영 방법의 예시로 전력산업 공기업(갑)과 주택산업 공기업(을)의 사례를 제시하고 있다. 전력관련 기관인 (갑)은 주거복지사업보다는 에너지복지 사업에 더 효과적으로 대응할 수 있어, 에너지복지 확대에 드는 한계비용이 주택관련 기관인 (을)보다 낮다(〈그림 8-2〉의 (다)). 반면, 주택관련 기관인 (을)은 에너지복지 사업보다는 주거복지 사업에 더 효과적으로 대응할 수 있어, 주거복지 사업에 드는 한계비용이 (갑)보다 낮다(〈그림 8-2〉의 (나)). 이처럼 ESG 경영은 동일한 비용으로 더 높은 사회적 성과

그림 8-2 전략적 ESG 경영의 예시

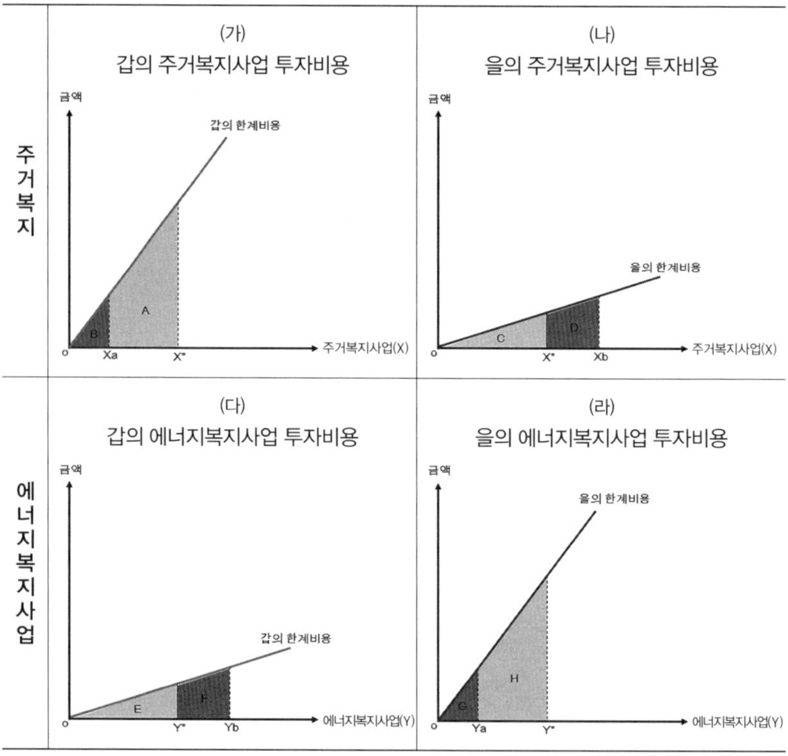

주: (갑)은 전력산업 공기업, (을)은 주택산업 공기업.
출처: 김유현 외. (2018), p.149.

를 창출할 수 있도록 전략적으로 설계되어야 하며, 각 공공기관이 자신의 역할과 강점을 활용하여 ESG 전략을 최적화할 때 가장 큰 사회적·경제적 효과를 달성할 수 있다.

공공기관은 정부와 민간의 중간적 역할을 수행하며, 사회가 필요로 하는 공공재를 공급하기 위해 설립된 기관으로서 정부로부터 행정적·재정적 지원을 받는 동시에 엄격한 관리·통제를 받는다. 공공기관은 일반 기업과 마찬가지로 자신이 속한 사업 영역에서 최소한의 경제적 이익을 추구해야 할 책임이 있으며, 지속적인 적자는 기관의 존속을 위협하는 요인이 된다. 따라서 경제적 책임은 공공기관 운영의 최소한의 생존 요건이라 할 수 있다.

5) ESG워싱의 함정에 빠지지 마라

ESG를 도입하지 않으면 무책임하고 경영 능력이 부족한 기관으로 간주되는 분위기가 확산되고 있는 현상은, 마치 인어공주를 흑인으로 캐스팅하는 것이 정치적으로 올바른 것처럼 여겨지는 블랙워싱(blackwashing)과 유사하다. 그러나 지금까지의 ESG 연구가 주로 투자와 회계 분야에 집중되어 왔음을 보면(박재현 외, 2022), 에너지 공기업이나 금융 공공기관과 같이 투자유치와 환경 문제에 민감해야 하는 기관을 제외하면, 대부분의 공공기관은 ESG와의 직접적인 관련성이 낮다.

따라서 나머지 공공기관은 각 기관의 설립목적과 관리능력을 고려하여 ESG를 점진적으로 도입하고 적용하는 것이 바람직하다. 기후위기 대응보다 재무중대성에 중점을 둔 국제지속가능성기준위원회

(ISSB)의 공시기준에서 나타나듯이, 국제사회도 ESG의 비재무적 측면만을 고집하지 않고 보다 현실적인 접근 방식을 채택하고 있다. 이러한 점을 고려할 때, 공공기관도 ESG를 무리하게 강제하기보다는 기관의 특성에 맞는 적용 방법을 모색해야 한다.

2021년 유엔기후변화협약에서는 석탄 발전의 단계적 '퇴출' 대신 '감축'으로 목표를 낮췄고, 온실가스 감축목표에도 합의점을 찾지 못했다. 네덜란드는 2023년 3월 친환경 정책에 반대하는 신생 우익 포퓰리즘 정당이 압승했으며, 이는 질소배출 감축 정책을 추진해온 정부에 대한 반발의 결과였다. 네덜란드는 미국에 이은 세계 2위 농축산품 수출국으로 질소오염이 가장 큰 문제였다. 따라서 EU의 규정을 지키려면 2030년까지 질소배출량을 절반으로 줄여야 했으며, 이는 곧 가축 사육 두수를 3분의 1로 감축해야 하는 생존권의 문제와 직결되었다(최만영, 2023). 결국 친환경을 부르짖던 네덜란드도 먹고사는 문제가 걸리면 환경은 우선순위에서 밀려난다.

ESG의 도입과 적용에는 유연성이 필요하다. 환경문제의 심각성을 처음으로 전 세계에 알린 레이첼 카슨조차 살충제 사용 자체를 반대한 것이 아니라, 무차별적 공중살포 대신 천적 곤충 활용, 선택적 지역 방제, 생물학적 방제 등의 대안을 제시했다(카슨/김은령 역, 1962). 유명한 환경운동가인 마이클 셸렌버거는 무차별적 고래잡이를 멈추게 한 것은 그린피스가 아니라 기술과 경제발전 덕분이라고 주장한다. 유전개발로 등유가 보급되면서 고래기름을 조명으로 쓸 필요가 없어졌기 때문이다. 바다거북과 코끼리를 살린 것 역시 플라스틱이 거북껍질과 상아를 대체했기 때문이라고 주장한다(셸렌버거/노정태 역, 2023). 바츨라프 스밀도 획기적인 기술 발전이 요원한 상태에서 신재생에너지로의 전환은 느릴 수밖에 없으므로, 거창한 에너지 전환보다 현실적으로 실천할 수 있는 일에 집중해야 한다고 주장한다(스밀/강주헌 역, 2021). 이러한 견해들은 에드먼스 교수의 주장과도 일맥상통한다. ESG는 매우 중요하지만 조직의 여러 전략 중 하나일 뿐, 이에 매몰될 필요는 없다.

6) 공공기관만이 아닌 모두가 룰메이커가 되라

정부는 공공기관이 국가균형발전의 룰메이커가 될 것을 주문하고 있지만, 공공기관 혼자만으로는 이 역할을 충분히 수행하기에 한계가 있다. 국가균형발전은 장기적이고 복합적인 과제이므로, 공공기관만이 아니라 대기업, 지역사회, 국민 모두가 룰메이커로 참여해야 한다. 예컨대 대기업이 지역으로 내려와 채용을 확대하지 않는 상황에서, 공공기관의 지역인재 채용정책만으로는 실질적인 효과를 거두기 어렵다. 청년들이 공공기관 취업만을 선호하는 것도 아니며, 대기업은 자회사 및 협력사와의 광범위한 네트워크를 통해 더 큰 경제적 파급효과를 낼 수 있다.

대한상공회의소가 청년 구직자 300명을 대상으로 실시한 조사(강신윤, 2023)에 따르면, 청년들이 선호하는 직장은 대기업(64.3%), 공공부문(44.0%), 중견기업(36.0%) 순으로 나타났다. 청년들이 수도권으로 몰리는 가장 큰 이유도 대기업 취업 기회 때문이다. 이는 피상적인 개인적 선호의 문제가 아니라, 구조적인 처우 차이와 고용 안정성에 따른 현실적 판단의 결과이다. 대기업 본사가 혁신도시로 이전하면 청년 인구 유출을 방지할 뿐만 아니라, 도시 인프라 조성에도 긍정적인 영향을 미칠 수 있다.

정부는 「국가균형발전특별법」과 「보조금관리에 관한 법률」에 따라 2023년 1월 개정된 행정규칙 「지방자치단체의 지방투자기업 유치에 대한 국가의 재정자금 지원기준」을 더욱 확대하고 절차를 간소화해야 한다. 특히 동법 제14조에서 "하나의 기업에 지원하는 국비 총합은 100억 원(상생형 지역 일자리 기업은 150억 원)을 초과할 수 없다"고 규정한 부분은 기업의 규모와 지역 발전 효과를 고려하여 유연하게 조정할 필요가 있다. 지자체는 공공기관과 대기업의 ESG 프로젝트와 관련하여 인허가, 입지 선정, 주민 수요 파악 등의 행정적 지원을 강화해야 한다. 울산시가 협업 폐플라스틱 재활용 사업을 성공적으로 추진할 수 있었던 것도 신속한 인허가와 부지 제공 등 적극적인 행정 지원 덕분이었다.

투자자들은 ESG 펀드 투자처로 지역에 진출한 대기업을 우선적으로 고려하고, 지역사회 개발 프로젝트, 신재생에너지 기술, 사회 프로젝트에 대한 임팩트 투자를 확대해야 한다. 국내에도 '동그라미 재단'이나 '소풍벤처스'와 같은 임팩트 투자 재단이 존재하지만, 그 규모는 아직 제한적이다. ESG 평가에서는 대기업의 사회적 책임 이행 여부를 반영하여, 투자 수익만을 기준으로 삼기보다 지역사회 기여도를 평가하는 방식으로 나아가는 것이 필요하다.

지역 주민과 국민 역시 ESG에 적극적으로 참여해야 한다. 전기·수도·가스를 절약하는 것에서부터 공공기관의 중대성 평가에 적극 참여하고, 한국수자원공사의 국민참여혁신 프로그램에 아이디어를 제공하는 등 실천적인 노력이 필요하다. 지속가능성은 단기간에 완성되는 것이 아니라, 점진적으로 이루어지는 과정이다. 기업이 친환경 제품과 서비스를 제공할 때, 소비자도 친환경 제품을 구매하고 지속가능한 방식으로 사용해야 한다(Challagalla & Dalsace, 2022). 지역 발전도 마찬가지이다. 지역 거주자가 열등감을 가질 필요는 없으며, 지역의 장점을 발견하고 지역감정과 텃세를 없애는 등 사회적 변화를 모색해야 한다. 유명 외국 브랜드 커피를 소비하는 대신 지역 카페를 이용하는 것도 지역 경제 활성화에 기여하는 실천적 방법이다.

ESG와 지속가능성은 공공기관만의 책임이 아니다. 한국의 공공기관처럼 권한이 제한적이고 정권의 변화에 따라 정책이 쉽게 변경되고 흔들리는 환경에서는 더욱 그렇다. 공공기관, 대기업, 대학, 비영리조직, 지역사회가 협력하는 거버넌스 모델이 필요하다. 지역인재 채용은 공공기관에만 부담을 지울 것이 아니라, 대학과 협력하여 기업이 원하는 인재상을 반영한 커리큘럼을 개발하고, 구직자의 선호도를 고려한 방식으로 추진해야 한다. 지역사회공헌 활동은 공공기관, 대기업, 비영리조직이 협력하여 지역 주민의 수요에 맞게 설계하고 운영해야 효과를 극대화할 수 있다. 집합적 임팩트(collective impact)는 단독으로 이루어지는 것이 아니라, 다양한 이해관계자들이 협력할 때 실현될 수 있다.

제9장

공공기관의 책임 있는 ESG 경영을 위하여

전통적으로 국가의 역할이 강한 우리나라에서 공공기관의 사회적 책임 경영은 CSR에서 ESG에 이르기까지 자발적이라기보다 정부 주도의 강제적인 방식으로 추진되어 왔다. 정부는 국제적으로 통용되는 CSR과 ESG 개념을 경영평가 요소에 반영하여 공공기관의 이행을 실질적으로 의무화했고, 공공기관들은 다른 기관의 사례를 모방하는 방식으로 대응해 왔다. 그러나 이를 단지 제도의 수동적 수용으로만 볼 수는 없다. 필자가 면담한 20여 개 공공기관의 ESG 담당자들은 ESG 경영을 '하면 좋은 것'이자 공공기관으로서 당연히 실천해야 할 규범으로 인식하고 있었다. 물론 공공기관의 부채 문제, 채용 비리, 각종 부패 사건 등은 여전히 논란의 대상이지만, 그간 공공기관이 수행해 온 다양한 사회적 책임 활동은 환경 개선, 작업 현장 안전 강화, 경영진 및 이사회 전문성 제고 등에 실질적으로 기여해 왔다.

그럼에도 불구하고 ESG 경영의 정착 과정에는 여전히 많은 논란이 존재한다. ESG, CSR, 지속가능성과 같은 유사 개념들이 명확히 구분되지 않은 채 혼용되면서, 공공기관 내에서 실행 전략의 일관성과 방향성이 약화되고 있다. ESG 개념을 확산시킨 블랙록은 찬반 양측으로부터 비판을 받으며 더 이상 ESG라는 용어를 사용하지 않겠다고 선언했고, 결국 넷제로자산운용자연합(NZAM)에서 탈퇴했다. 세계적인 투자 자문사 모닝스타(Morningstar) 역시 1,200개 이상의 ESG 펀드에서 'ESG' 명칭을 삭제하기로 결정했다(Pucker & King, 2022). 친환경 정책의 이면에 감춰진 환경 파괴, 사회적 양극화의 심화, 기후변화와 국제정세 불안에 따른 에너지 위기, 화석연료 및 원자력 산업과 연결된 기업과 정치권의 저항 등도 ESG의 추진 동력을 약화시키고 있다.

무엇보다 정부가 14개 공공기관을 재무위험기관으로 지정하고 부채 감축 관리에 초점을 두고 있는 상황에서, 비재무성과에 중점을 둔 ESG에 얼마나 많은 투자와 노력을 기울일 수 있을지는 불확실하다. 경제적 가치와 사회적 가치의 충돌을 둘러싼 Friedman-Mackey 논쟁도 여전히 계속되고 있다. 여기에 더하여, 최근 전 세계 에너지 가격 상승에 따른 물가 상승이 각국 정부의 친환경 정책에 있다는 이른바 '그린플레이션(Green Inflation)' 주장이 확산되면서, 국내외 재계 단체를 중심으로 반발이 거세지고 있다. 우리나라 금융위원회는 지속가능성 공시 의무화 로드맵을 2025년 1월 현재까지 확정하지 않고 있다. 노르웨이 국부펀드를 비롯한 글로벌 투자자 그룹이 공시 의무화 도입을 요구하고 있음에도 불구하고, EU 27개 회원국 중 12개국만이 법제화를 완료한 점, 미국 증권거래위원회(SEC)의 기후공시 도입이 소송으로 보류된 점, 그리고 트럼프 정부 재출범으로 인해 정책의 불확실성이 커지고 있는 점 등이 그 배경으로 작용하고 있다(이신형, 2024.12).

ESG라는 용어가 처음 등장한 것은 2004년 유엔 보고서 「Who Cares Wins」에서였다. 이 보고서의 부제(Connecting Financial Markets to a Changing World)가 시사하듯이, ESG는 태생부터 환경과 사회보다 기업의 건전한 재무 상태를 지향했으며, 이를 위한 전문적인 지배구조 구축에 중점을 두었다. 현재도 ESG 경영 성과를 측정할 때 단일중대성(재무중대성)과 이중중대성 중 어떤 기준을 적용할 것인지에 대한 논쟁이 지속되고 있다. 더욱이 트럼프 대통령은 취임식에서 발표한 4대 국정 목표를 통해 미국 연안에서의 석유 시추 허용, 전기차 의무화 철회 등 그린뉴딜 정책을 폐기할 것이라고 공언했으며, 다양성 정책 또한 철회하겠다고 밝혔다. 글로벌 대기업들도 이에 동조하는 움직임을 보이고 있다. 페이스북의 모기업인 메타, 아마존, 맥도날드 등은 모두 자사의 다양성 정책을 폐기했다.

ESG 경영의 핵심적인 문제는 기업이 환경과 사회에 미치는 영향보다, 환경과 사회가 기업의 재무성과에 미치는 영향을 평가하는 데 초점이 맞춰져 있다는 점이다(〈그림 9-1〉). 세계 최대 ESG 평가기관인 MSCI의 등급 산출 방식만 봐도, 기업의 ESG 활동 자체를 평가하기보다 주주 가치의 지속가능성에 초점을 맞추고 있다. 실제로 투자자들은 ESG 그 자체보다는 투자 수익에 더 관심을 두고 있으며, 많은 기업이 ESG를 강조하는 것도 환경적·사회적 책임을 다하기 위한 것이라기보다는 정부 규제를 선제적으로 회피하려는 전략적 선택으로 이해되고 있다(Simpson et al., 2021). 맥도날드에 대한 등급 산출 사례는 ESG 평가 방식의 문제점을 극명하게 보여준다. 맥도날드의 온실가스 배출량은 포르투갈이나 헝가리의 전체배출량과 맞먹지만, MSCI는 2021년 ESG 평가에서 고기 패티 조리 시 발생하는 온실가스 배출의 가중치를 5%에서 0%로 조정했다. 반면, 맥도날드가 실시한 유럽에서의 리사이클링 노력을 긍정적으로 평가하며 ESG 등급을 상향 조정했다. 그러나 맥도날드가 영국과 프랑스에 리사이클링 빈을 설치한 것은 자발적인 환경보호 노력 때문이 아니라 해당 국가의 규제에 따른 조치였다 (Bloomberg Originals, 2021).

그림 9-1 이중중대성의 불균형

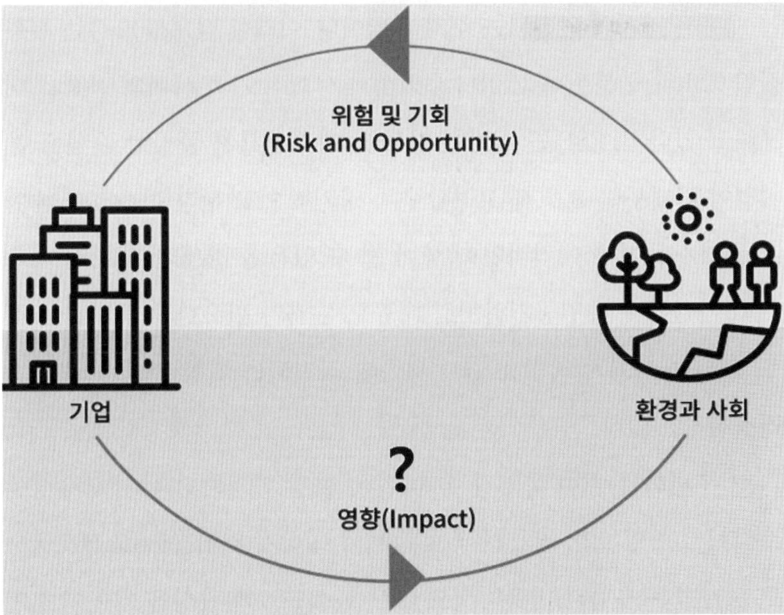

출처: 법무법인[유]지평. https://www.jipyong.com/kr/board/news_view.php?seq=13647를 바탕으로 수정

공공기관은 일반 기업과 달리 기관 활동이 환경과 사회에 미치는 영향 자체가 핵심적인 평가 요소가 되어야 한다. 기업의 ESG 경영이 주주 가치를 중심으로 평가되는 것과 달리, 공공기관은 국민의 복지와

공익 실현을 최우선의 목표로 하기 때문이다. 따라서 공공기관의 지속가능성 평가는 환경 보호, 사회적 형평성, 지역사회 기여 등 공공적 가치 실현에 초점을 두어야 하며, 재무 리스크 관리뿐 아니라 실질적인 사회·환경적 책임을 수행하는 방향으로 이루어져야 한다. ESG 원칙이 형식적인 적용에 그친다면 공공기관의 공공성을 훼손하고 정책 전반에 대한 신뢰를 저하시킬 수 있다.

ESG는 겉으로는 비재무적 요소를 강조하는 듯하지만 궁극적으로는 재무적 가치와 연결되는 투자 개념이다. 이러한 점에서 ESG는 전통적인 CSR과 구분된다. CSR이 수익성과 사회적 가치 사이의 긴장을 내포하고 있다면, ESG는 이러한 갈등을 해소하고자 등장한 개념으로, 기업이 비재무적 요소를 고려할수록 장기적으로 투자 리스크를 줄이고 투자자들에게 매력적인 대상이 될 수 있음을 강조한다. 이런 이유로 대기업이나 자원공기업처럼 대규모 투자가 필요한 공공기관의 경우, ESG는 사회적 책임을 넘어 생존과 직결되는 핵심 관리 도구로 자리매김하고 있다.

기후변화로 인한 폭염과 홍수 같은 환경 위기는 ESG의 중요성을 부각시키고 있지만, 최근의 국제 정세와 에너지 위기는 ESG 선도국으로 평가받는 유럽과 미국마저도 다시 화석연료에 관심을 기울이게 만들고 있다. 이는 기업과 공공기관 모두에게 위기 대응 능력과 리스크 관리 체계의 중요성을 다시 한번 상기시키는 계기가 되고 있다. 현재 ESG 담론은 'E'의 위기를 강조하면서도, 실제로는 이를 관리할 'G'에 초점을 맞추고 있으며, 그 결과 'S' 영역은 상대적으로 소외되고 있다. 그렇다면 ESG는 공공기관의 사회적 책임을 강화할 새로운 가치인가, 아니면 시대적 흐름에 따라 지나가는 일시적 유행에 불과한가?

ESG의 유용성에 대한 근본적인 질문에도 불구하고 ESG의 종말은 오지 않을 것이다. 설령 ESG라는 용어가 더 이상 쓰이지 않더라도 환경·사회·지배구조의 지속가능성 문제는 여전히 경영의 핵심 화두로 남을 것이다. 에드먼스 교수 또한 ESG의 종말을 논하기보다는 실천가능한 방안을 모색하고 있다. 그는 ESG의 다양성 정책으로 인해 능력 있는 백인이 채용과정에서 탈락될 수 있고, ESG 펀드가 반드시 높은 성과를 보장하지 않으며, 다양성이 보장된 이사회가 항상 우수한 경영성과로 이어지는 것은 아니라고 말하며 ESG의 한계와 실행상의 어려움을 지적하고 있다. 그의 통찰은 ESG의 실효성을 높이기 위해 보다 정교한 개선 방안이 필요하다는 점을 시사하며, ESG가 일시적인 유행이 아니라 지속적으로 논의되고 발전해야 할 개념임을 강조하고 있다.

우리나라 공공기관이 직면한 ESG 경영의 핵심 과제는 외형적 지표를 관리하는 수준을 넘어, 조직 내부의 구조적 문제를 해결하는 데 있다. 오너리스크와 같은 고질적 문제를 해소하고, 기후변화에 따른 재난·재해 대응 역량을 높이며, 재무성과 개선과 인사 혁신을 아우르는 전문 경영체제의 구축은 공공기관 거버넌스(G)의 핵심 과제라 할 수 있다. 투명하고 책임 있는 지배구조가 정착되면, 안전한 근무 환경 조성, 인재 육성과 인권경영 시스템 구축, 지역사회 공헌 등 사회(S) 영역의 혁신은 자연스러운 결과로 이어질 가능성이 높다. 이처럼 G와 S 영역이 안정적으로 작동할 때에야 친환경(E)·지속가능 경영으로의 전환이 가능해진다. 결국 공공기관 ESG 경영의 핵심은 각 영역(E·S·G)이 별개로 운영되는 것이 아니라, 지배구조(G)를 기반으로 사회(S)와 환경(E) 영역이 유기적으로 연결되고 확장되는 선순환 구조를 만들어 내는 데 있다.

학자들과 전문가들은 CSR, CSV, 사회적 가치, 지속가능경영, ESG의 개념을 각기 정의하고 차이점을 설명하지만, 필자는 이 모든 개념이 본질적으로 동일한 방향을 가리킨다고 본다. 결국 이는 경제·사회·환경 분야에서 윤리적으로 행동하는 지속가능한 경영을 의미하며, 양질의 제품과 서비스를 합리적인 가격에 제공하고, 근로자의 안전과 복지를 고려하며, 개인의 이익을 넘어 모두가 함께 성장할 수 있는 경영을 실천하는 것이다. 친환경 원료를 지역사회에서 조달하고, 친환경 설비를 통해 생산·공급하는 방식까지 포함하는 상식적이고도 책임 있는 경영을 말한다.

한국의 공공기관은 서구에 비해 상대적으로 짧은 ESG 역사를 가지고 있으며, 정치적 속성과 목표의 이중성(공공성·수익성), 사업의 다양성이라는 특징을 지닌다. 이러한 특성은 공공기관 ESG 추진에 있어 보다 정교하고 전략적인 접근 방식을 요구한다. 우선 기관 설립 목적과 ESG 목표를 연계하고 내부 역량을 체계적으로 강화하며, ESG 워싱의 위험을 최소화하기 위한 점진적 접근이 필요하다. 이를 위해 2022년 7월 5일부터 시행된 「지속가능발전기본법」을 상위 법체계로 삼아, 「공공기관의 운영에 관한 법률」 및 개별 공공기관 설립법에 ESG 요소를 명시적으로 포함하도록 규정하는 방안도 고려할 수 있다.

정부는 환경부 소관의 「지속가능발전법」을 국무조정실 소관의 「지속가능발전기본법」으로 개정하여, "경제·사회·환경의 균형과 조화를 통해 지속가능한 경제성장, 포용적 사회, 기후·환경 위기 극복을 추구하여 현재 세대는 물론 미래 세대가 보다 나은 삶을 누릴 수 있도록 하고, 국가와 지방, 나아가 인류 사회의 지속가능발전을 실현"하는 것을 정책적 목표로 설정하였다. 아울러 기존 「저탄소 녹색성장기본법」을

2021년 9월 「기후위기 대응을 위한 탄소중립·녹색성장 기본법(탄소중립기본법)」으로 전면 개정하면서, 기후위기 대응과 탄소중립 사회로의 전환을 위한 입법적 기반도 마련하였다.

ESG 경영의 기본 전략과 추진 계획을 총괄하는 기구는 대통령 직속 자문기구인 「국가지속가능발전위원회」가 담당하며, 공공기관 운영위원회가 실무적 집행을 담당한다. 대외경제정책연구원(2021)이 제안한 「국가ESG위원회」 신설 방안은 ESG의 장기적 전망이 불확실한 현 시점에서 보다 신중한 검토가 요구된다. ESG의 개념, 목표, 측정 및 평가 방식에 대한 논란은 ESG 종말론까지 거론되는 배경이 되고 있으며, AI 시대의 본격적 도래는 ESG 펀드의 투자 매력도 저하 가능성을 더욱 높이고 있다. 무엇보다 AI 데이터센터 운영을 위한 전력 수요가 기존 대비 최대 10배까지 증가할 것으로 전망되는 상황에서, 저밀도 친환경 에너지나 대체 연료의 실효성에 대한 의문도 지속적으로 제기될 것으로 예상된다.[13]

공공기관 운영위원회는 공공기관의 ESG 성과를 평가하고 개선할 수 있도록, 「공공기관의 운영에 관한 법률」의 개정과 개별 공공기관 설립법 개정, 국내외 공시 기준에 부합하는 ESG 성과지표(KPI)와 이행 기준을 포함한 표준 지침서 개발, 그리고 공공기관의 특성에 맞는 맞춤형 ESG 전략 마련을 위한 가이드라인을 제공한다. 공공기관의 특성상 ESG를 표준화하기는 어렵지만, 에너지·통신·기술 등 특정 분야에서 민간 부문보다 높은 평가를 받고 있는 선도적인 공공기관들의 ESG

13 국제에너지기구(IEA)에 따르면 기존 데이터센터는 5-10MW(메가와트) 정도의 소규모 전력을 필요로 하는 데 반해, 하이퍼스케일 AI 데이터센터엔 100MW 이상의 전력을 필요로 한다. 자동차 약 35만~40만 대의 연간 전력 수요와 맞먹는다(김현경, 2024).

전략을 벤치마킹하는 것도 좋은 방법이 될 수 있다(한동숙, 2024). 그 외에도 법제화의 타당성을 평가할 수 있는 성과 보고 체계 구축 및 정기적인 국회 보고 등 입법 과정에서 실질적인 변화를 촉진하고, 법제화 이후 지속 가능한 발전을 보장할 수 있는 실행 방안을 마련한다면 공공기관 ESG의 지속가능성을 강화할 수 있는 토대를 마련할 수 있을 것이다.

ESG는 일시적 트렌드가 아니라 거스를 수 없는 구조적 변화에 대응하는 새로운 경영 패러다임이다. 한국 공공기관의 ESG는 형식적인 지표 충족이나 외부 평가 대응 수준을 넘어, 조직 내부의 가치관과 운영 원리에 깊숙이 스며들어야 실질적 효과를 기대할 수 있다. 공공기관 ESG가 성공하기 위해서는 본연의 공공성과 사회적 가치 실현이라는 미션을 중심에 두되, 이를 조직 운영과 사업 전반에 구체적으로 연결하는 노력이 필수적이다. ESG를 둘러싼 논쟁과 한계, 그리고 AI 시대라는 기술적 환경 변화 속에서도 ESG의 본질은 변하지 않는다. 바로 '사람과 사회, 환경을 배려하는 책임 있는 경영'이다. 향후 공공기관의 ESG 추진 전략은 거창한 수사가 아니라, 작은 변화의 축적과 조직 문화의 전환, 그리고 실행 가능성과 지속가능성 사이의 균형에서 출발해야 할 것이다.

부록

부록 1 사회적 책임과 ESG 관련 주요 이니셔티브 및 협약 일지

연도	주요 내용
1953년	• 하워드 보웬 「기업인의 사회적 책임」 출간.
1962년	• 레이첼 카슨 「침묵의 봄」 출간.
1970년	• 첫 지구의 날 행사 개최. 인류 역사상 가장 많은 2천만 명 이상 참가.
1972년	• 로마클럽 「성장의 한계」 출간. • 스톡홀름 유엔인간환경회의(UNCHE). 유엔산하 환경전문기구인 유엔환경계획(UNEP) 설립.
1976년	• OECD 다국적기업 가이드라인. 법적 구속력은 없으나 환경·인권·부패 등의 분야에서 기업 활동의 지속가능발전 추구. 이후 총 7차례 개정. 2011년 인권에 관한 장 추가, 2023년 6월 재개정.
1987년	• 세계환경개발기구 「브런트란트보고서」 출간. '우리 공동의 미래' 슬로건 채택.
1988년	• 기후변화에 관한 정부간 협의체(IPCC) 설립. 기후변화에 대한 과학적 연구를 평가하고 정책 결정자들에게 객관적인 정보를 제공하는 유엔 산하 기관. 1988년 세계기상기구(WMO)와 유엔환경계획(UNEP)에 의해 공동 설립되었으며, 기후변화의 원인, 영향, 적응 및 완화 방안에 대한 종합적인 보고서를 주기적으로 발간. 독자적인 연구를 수행하지 않지만, 전 세계 과학자들의 연구 결과를 종합하여 기후변화 대응을 위한 근거 기반 정책 수립에 기여.
1992년	• 유엔환경·개발회의(UNCED), 일명 리우지구정상회의로 '환경과 개발에 관한 리우 선언'과, 환경보전 행동계획으로 '아젠다 21'을 채택하고 유엔지속가능발전위원회를 설치. • 154개국 유엔기후변화협약(UNFCCC) 체결, 선진국과 개도국이 '공동의 그러나 차별화된 책임'에 따라 각자의 능력에 맞게 온실가스를 감축할 것을 약속. 의결기구로 유엔기후변화협약 당사국총회(Conference of the Parties: COP) 결성. 1997년 교토의정서는 UNFCCC의 첫 실행 사례.
1995년	• 사회투자포럼재단 설립. \$639 billion 자산 규모의 첫 지속가능투자목록 발표. 2020년 \$17.1 trillion으로 확대됐으나, 2022년 \$8.4 trillion으로 축소(구체적 ESG 기준 제시하지 않은 투자자 제외 때문).

연도	주요 내용
1997년	• 192개국 교토의정서 채택 2005년부터 실행. 1992년 리우협약의 수정안으로 이산화탄소를 비롯한 여섯 종류의 온실가스 배출량을 1990년 수준보다 적어도 5.2% 이하로 감축. 탈퇴국(미국 2001년, 캐나다 2011년, 일본과 러시아 2012년), 호주는 비준 거부. 중국, 인도는 개발도상국으로 온실가스 감축 의무 없음. • 비영리조직인 국제보고기준(GRI) 발족. 기업 및 조직이 경제·환경·사회적 영향을 체계적으로 공개할 수 있도록 지원하는 글로벌 지속가능성 보고 기준. 1997년 GRI 지표 개발. 현재 세계에서 가장 널리 사용되는 지속가능성 보고 지침 중 하나. GRI는 보편적 기준, 부문별 기준, 주제별 기준으로 구성되며, ESG 활동을 투명하게 공개하고 이해관계자들에게 신뢰성 있는 정보를 제공하는 데 활용됨.
2000년	• 유엔글로벌컴팩트(UNGC). 전 세계 민간 기업들에게 지속가능하고 사회적으로 책임 있는 행동을 할 것을 권고했으며, 그 실행 결과를 유엔에 보고하도록 촉구. 170개국 13,000 조직 참여. KPMG 회계법인에 따르면 2022년 현재 세계 250개 가장 큰 기업의 78%가 참여. • 유엔새천년개발목표(MDGs) 채택. 2015년까지 세계의 빈곤·불평등을 반으로 줄이고 환경의 지속가능성과 글로벌 파트너십 구축 등 총 8가지 목표 수립. • 탄소정보공개프로젝트(CDP) 결성. 기업과 기관의 온실가스 배출량, 기후변화 대응 전략, 수자원·산림자원 관리 등을 평가하고 공개하는 글로벌 비영리조직. 2000년 영국에서 설립되었으며, 투자자와 이해관계자들에게 기업의 환경 리스크 및 지속가능성 정보를 제공하는 것을 목표. 매년 기업과 도시의 환경 관련 데이터를 수집·평가하며, 이를 기반으로 환경 투명성이 높은 기업을 선정하여 보고서를 발간. 2023년 현재 $136 trillion 상당 자산 규모의 투자자들을 대변. • 김대중 정부 대통령 자문기구로 '지속가능발전위원회' 설치.
2002년	• 남아공 요하네스버그 세계지속가능발전정상회의(WSSD). 지속가능성의 3요소인 환경·경제·사회의 골격을 갖춘 일명 Rio+10 요하네스버그 선언문 채택.
2003년	• 한국 기업 지속가능경영보고서 발간 시작. • 노무현 정부 지역균형발전을 위해 수도권 소재 115개 공공기관 지방이전 추진.
2004년	• 유엔 보고서 「Who Cares Wins」에서 처음 ESG라는 용어 사용. • 「국가균형발전특별법」 통과.

연도	주요 내용
2005년	• EU 탄소배출권거래제(ETS) 시행. 2030년까지 1990년 대비 배출량 55% 감축 목표. 2022년 12월 개편으로 62%로 감축 목표 상향 조정. 적용 품목 점진적 확대. 2027년부터 ETS II 명칭으로 도로교통과 빌딩에도 탄소배출권 적용. • 노무현 정부 6월 5일 환경의 날 '함께 가는 선진 녹색한국'이라는 국가지속가능발전 비전 선언. 경제·사회·환경이 균형 있게 발전하는 선진 국가 건설 목표. • 한국전력공사 우리나라 최초로 유엔글로벌컴팩트 가입. • 한국 공공기관 지속가능경영보고서 발간 시작.
2006년	• 유엔책임투자원칙(UN PRI). 70명의 투자 및 환경전문가들이 2006년 4월 뉴욕증권거래소에서 발표한 6개 투자원칙. 투자결정에 있어 ESG 고려하도록 금융기관과 투자자들에게 권고하는 글로벌 이니셔티브. 적극적 주주권 행사, 공시 강화 등의 원칙을 제시하며, 현재 수천 개의 글로벌 자산운용사, 연기금, 보험사 등이 서명기관으로 참여. 이를 통해 장기적인 금융 안정성과 지속가능한 경제성장을 지원.
2007년	• 2000년 유엔글로벌컴팩트 회의 연장선상에서 기업뿐 아니라 정부와 모든 공공기관도 사회적으로 책임 있는 행동을 할 것을 권고. • 다수의 대기업들 기후공시위원회(CDSB)결성. 기업의 환경 정보 공시를 표준화하고 촉진하기 위한 국제적인 협의체. 기업들이 기후변화와 기타 환경 데이터를 연차 보고서와 같은 주요 기업 보고서에 포함할 수 있도록 돕는 프레임워크 제공. 2017년 기후 관련 재무 정보 공시 협의체 권고안에 영향을 줌. • 「공공기관의 운영에 관한 법률」 제정. 제48조에 의거 공기업·준정부기관의 경영실적을 매년 평가.
2008년	• 이명박 정부 광복 60주년 기념 '저탄소 녹색성장' 비전 제시
2009년	• 한국기업지배구조원-한국거래소와 더불어 사회책임투자(SRI) 지수개발 • 국민연금을 시작으로 공공기관 유엔책임투자원칙 가입 시작
2010년	• 아나톨 칼레츠키 「자본주의 4.0」 출간. 신자유주의 경제에 대한 반성으로 시장과 정부의 균형, 금융규제 강화, 기업의 사회적 책임성 강조. • 국제표준화기구 ISO26000 발표. CSR에서 "C"를 생략하고 SR(사회적 책임)이라는 용어를 공식 채택. 기업뿐 아니라 정부, 시민단체 등 모든 조직이 사회적으로 책임 있는 행동을 하도록 하는 종합적인 국제 표준 가이드라인. • G20 서울 정상회의 비즈니스 서밋. 12명의 정상들과 34개국 120명의 글로벌 CEO 참여. 녹색성장, CSR 등을 논의하고 논의 결과를 정상회의에 정책 제안서로 제출.

연도	주요 내용
2011년	• 유엔인권위원회 – 인권경영가이드라인인 유엔 기업과 인권이행지침 (UNGPs) 승인. 2021년 12월 UNGPs 10주년을 맞이하여 지난 10년간의 성과와 도전과제를 검토하고 '기업 및 인권의 향후 10년 로드맵'이라는 이름으로 확대된 인권 보호·존중·구제책 발표. • 지속가능회계기준위원회(SASB)설립. 개별산업 특성과 관련된 ESG 영향을 고려한 회계기준 설립. 주요 목적은 기업과 투자자 간의 의사소통을 개선하고, 투자 의사결정에 도움이 되는 정보 제공. • 월가 점령 시위(9월17일–11월15일). 뉴욕에서 시작하여 미국 대도시와 캐나다, 한국 등으로 번짐. '우리는 가난한 99%다'라는 구호 아래 빈부격차와 경제적 불평등을 발생시킨 대기업의 횡포에 저항한 시위. • 한국 공공기관 사회공헌지표 개발, 2012년 경영평가부터 적용.
2012년	• 유엔지속가능발전회의(UN CSD). 리우회의(1992) 등 주요 지속가능발전회의 합의사항의 이행상황 점검. Rio+20 정상선언문이 채택되고 지속가능발전목표 설정과 '녹색경제', '지속가능발전을 위한 세계기구' 신설에 합의.
2013년	• 박근혜 정부 – 창조경제 생태계 조성이라는 슬로건 아래 5대 국정목표를 세우고 '쾌적하고 지속가능한 환경조성'을 '안전과 통합의 사회'라는 국정목표 중 하나의 실천 과제로 정함. 온실가스 감축 등 기후변화 대응, 신재생에너지 보급 확대 및 산업 육성, 환경 서비스 품질 수준 제고 등 세부 목표 수립. • 2013년「혁신도시 조성 및 발전에 관한 특별법」제정을 통해 지방이전 공공기관의 지역인재 채용 권고.
2014년	• RE(Renewable Energy)100 이니셔티브 시작. 2003년 영국에서 설립된 기후그룹(The Climate Group)의 이니셔티브 중의 하나. 연간 100기가와트시(GWh) 이상의 전기를 쓰는 기업에 2050년까지 풍력·태양광·지열 등 100% 재생에너지를 사용하는 것을 목표. 이를 어길시 거래 중단. • EU – 비재무보고지침(NFRD)을 채택하고 500인 이상 기업들이 비재무적 정보(환경, 인권, 사회적 책임, 반부패 활동 등)를 보고하도록 의무화. 2018년 유럽 28개국이 NFRD지침을 자국법에 법률화하여 강제. 이로 인해 많은 유럽 기업들이 보다 적극적으로 ESG 요소를 경영에 반영하고, 이를 보고서에 반영.

연도	주요 내용
2015년	• 유엔글로벌컴팩트에서 2000년에 채택되고 2015년도에 종료된 새천년개발목표를 지속가능발전목표(SDGs)로 발전시킴. 17개 영역 169개 세부목표, 232개 진행지수로 대체. 2016–2030년까지 추진. • 파리협약. 1997년 교토의정서를 계승하여 지구 평균온도 상승폭을 산업화 이전 대비 2°C 이하로 유지하고, 더 나아가 1.5°C 이하로 제한. • 금융안정위원회(FSB) – G20 권고로 마이클 블룸버그를 위원장으로 하는 기후변화 관련 재무정보 공개 협의체(TCFD) 설립.
2016년	• ShareAction재단 Workforce Disclosure Initiative 발표. 직장내 건강, 안전, 리스크 관리의 가치와 질 측정. • 한국 공공기관 – '사회공헌'에서 '사회적 책임'이란 용어로 전환.
2017년	• 기후변화 관련 재무정보 공개 협의체(TCFD)의 권고안 발표. 기후변화와 관련한 거버넌스, 전략, 리스크 관리, 지표·목표의 4대 영역 11개 세부 지표 설정. 기업들로 하여금 자발적 공시 유도. • 자산관리사인 State Street Global Advisors가 이사회 의장이나 멤버로 여성이 없는 경우 인정하지 않을 것임을 미국, 영국, 호주의 600개 회사에 천명. • 공공기관 경영평가 제도를 개편하여 '사회적 가치' 용어를 도입하고 배점을 공기업의 경우 30–35점에서 40–45점으로, 준정부기관의 경우 45–50점에서 58–63점까지 대폭 확대. 2018년 경영평가부터 적용. • 2013년 제정된 「혁신도시 조성 및 발전에 관한 특별법」을 개정하여 지방이전 공공기관의 지역인재 채용을 권고사항에서 의무 사항으로 전환.
2019년	• 181개 미국 주요 대기업 CEO들이 참석한 대기업협의체인 비즈니스라운드테이블에서 '이해관계자 자본주의' 모델 제시. 주주나 경영자만의 이익이 아닌 모든 이해관계자에게 유익한 자본주의. 직원, 고객, 공급자, 이해관계자, 지역사회에 봉사하는 기업의 상 제시. 인권 존중이 공급망에 스며들어야 함을 강조.
2020년	• 세계 최대 자산운용사인 블랙록(BlackRock) CEO 래리 핑크의 서한. ESG를 투자의 기준으로 삼겠다고 선언. 수익의 25% 이상이 발전용 석탄에서 발생하는 기업에 대한 직접 투자를 중단하겠다고 선언하면서 피투자기관들에게 저탄소경영으로의 전환 촉구. ESG 확산의 시작(1월). • 유러피안그린딜(European Green Deal) – 2050년까지 온실가스 배출량제로 달성과 EU를 공정하고 현대적이며 경쟁력 있는 경제로 만들기 위한 신성장정책 패키지. 2021년 EU는 유럽기후법안을 통과시켜 온실가스 배출량을 2030년까지 1990년에 비해 55% 이하로 낮출 것을 결의.

연도	주요 내용
2020년	• EU의 녹색분류체계(택소노미) 규정: 기후변화 완화, 기후변화 적응, 수자원 및 해양자원의 지속가능한 이용, 순환경제로의 전환, 오염방지 및 관리, 생물다양성과 생태계 보호 등 6가지 환경목표를 제시. 경제활동이 택소노미에 포함되려면 6가지 환경 목표 중 하나 이상의 목표에 상당한 기여를 하면서 다른 목표에 중대한 피해를 주지 않아야 하며, 최소한의 사회적 안전조치 준수. 2023년 1월부터 시행된 보완위임법률에 따라 원자력과 천연가스도 특정 조건하에 택소노미에 포함되었으며, 이는 투자자들에게 지속가능한 투자 기준 제공. • 「한국판 뉴딜 종합 계획」발표. 2025년까지 디지털뉴딜, 안전망 강화와 함께 그린뉴딜 제시. 동년 10월 탄소중립목표 선언. 2050년까지 탄소중립위해 탄소중립 추진기반 구축, 도시·공간·생활 인프라 녹색전환, 저탄소·분산형 에너지 확산, 녹색산업혁신생태계 구축 등 4대 영역 12개 실행과제 제시.
2021년	• OECD 글로벌 법인세 최저세율 15%, 2023년부터 적용 합의, 130개국 서명. 몇몇 글로벌 대기업이 법인세율이 낮은 나라에 법인을 두어 세금을 회피하는 것을 방지하려는 취지. 하지만 미국을 포함한 다수의 국가에서 국내법으로 비준하지 않고 있음. • 유럽위원회(European Commission) EU 탄소 감축 입법 패키지 「핏 포 55(Fit for 55)」발의. 1990년 대비 55% 탄소 감축이 목표. EU의 탄소중립(2050 Net Zero) 목표를 달성하기 위한 핵심 정책. 탄소 무료배출권 단계적 폐지, 탄소국경제도(CBAM) 도입, 내연기관 자동차 퇴출 및 전기차 확대, 사회적 기후기금 조성, 재생에너지 확대 등이 주요 골자. • 한국 정부 2021년 2월 세계 최초로 「수소경제 육성 및 수소 안전관리에 관한 법률」 일명 '수소법'을 시행하고 '수소경제 선도국가'를 목표로 생산·활용·유통 등 전 주기에 걸친 수소생태계 조성 계획 수립. • 한국 정부 ESG 인프라 확충방안 발표. 주요 목표는 ESG 정보공개 의무화, 그린택소노미 마련, 탄소중립 지원, 환경산업 지원강화, ESG 정보공개 가이드라인 제정으로 ESG 보고서 작성 지원.
2021년	• 산업통상자원부 주최 관계부처합동 K-ESG가이드라인 발표. 정보공시(5개), 환경(17개), 사회(22개), 지배구조(17개) 총 61개 지표 설정. • 5월 29일 탄소중립위원회 출범. 2022년 3월 25일 명칭에 '녹색성장' 추가. 「기후위기 대응을 위한 탄소중립·녹색성장 기본법 (22.3.25.)」 제15조에 의거 '2050 탄소중립 녹색성장 위원회'설치.

연도	주요 내용
2022년	• 「중대재해처벌법」시행. 2021년 1월 8일 제정되어 22년 1월 27일부터 상시근로자 50인 이상 사업장 대상. 24년 1월 27일부터 50인 미만 5명 이상 사업장에도 적용. • 산업통상자원부 2023년 공급망 실사 대응을 위한 K-ESG 가이드라인 발표. EU 등 주요국의 공급망 실사 법제화와 글로벌 ESG 이니셔티브 확산에 대응. 기초진단(12개 범주, 25개 항목), 심화진단(18개 범주, 60개 항목), 추가진단(6개 항목) 및 8개 업무별 절차로 구성. 대기업 및 글로벌 이니셔티브에서 사용하는 진단·실사 지표를 분석하여 국내 중소·중견기업이 공급망 실사에 대응할 수 있도록 설계. • 문재인 대통령 '아부다비 지속가능성주간 2022' 개막식 기조연설. 수소경제로의 도약 선언. 2030년까지 메탄 30% 감축, 2050년까지 그레이수소를 블루수소와 그린수소로 100% 전환, 석탄발전 전면 폐지, 재생에너지 70%까지 확대 등의 계획을 마련하고 추진하겠다고 선언(1월). • 윤석열 정부 기획재정부 재무성과 관리 배점 10점에서 20점으로 두 배 확대, 사회적 가치 구현 배점 25점에서 15점으로 10점 하향, 혁신 가점 5점 부여를 골자로 하는 공공기관 경영평가 지표 개편안 제시. 2023년 평가에서부터 적용.
2023년	• EU 기업지속가능성보고지침(CSRD) 발효. CSRD에 근거 유럽 재무 보고자문그룹(EFRAG) 2023년 7월 31일 유럽형 지속가능성 보고기준(ESRS) 채택. ESRS 기준에 따라 2025년까지 EU의 약 50,000개 기업 ESG 보고서 발간 의무화. • 2023 세계경제포럼(다보스포럼). '분열된 세계에서의 협력'이란 주제로 기후변화에 대응하기 위한 글로벌 협력 강조. 2023 글로벌 리스크 보고서 10대 장기 리스크 중 상위 3개가 '기후대응 실패'로 블루카본, 해양테크 등 자연기반솔루션(NBS)에 대한 관심 집중. • 유럽의회 내 최대 의원그룹인 유럽국민당(EPP) – EU의 탄소 감축 입법 패키지「핏 포 55」개정 요구. 2023년 3월 말 E-퓨얼을 사용하는 차량에 대해 일정 조건 하에 2035년 이후에도 판매를 허용하는 예외 조항을 포함시키기로 합의. 이로써 E-퓨얼을 사용하는 내연기관차는 2035년 이후에도 제한적으로 판매 가능하지만 제도적 틀은 미비. • 금융위원회 – 5월「ESG 평가기관 가이던스」 제정하여 9월 1일부터 시행. 한국ESG기준원, 한국ESG연구소, 서스틴베스트 등 주요 ESG 평가기관 3곳이 자율규제 형태로 마련한 모범규준으로, 내부통제 체계 구축, 이해충돌 방지, 평가체계 공개 등 총 6장 21개 조문으로 구성. 금융위원회는 한국거래소, 자본시장연구원과 함께 'ESG 평가기관 협의체'를 구성하여 이행 현황을 정기적으로 분석·공개하고 있으며, 2025년부터는 법제화 여부 검토 계획. • EU 탄소국경제도(CBAM) 시행. 철강·알루미늄·비료·전기·시멘트·수소제품 등 EU로 수출하는 6개 탄소집약 품목 10월부터 EU에 탄소배출량 보고 의무, 2026년 1월 1일부터 탄소세 부과.

연도	주요 내용
2023년	• 국제지속가능성기준위원회(ISSB) IFRS S1, S2 공시기준 발표: * S1(일반적 지속가능성 관련 재무정보 공시 요구안) – TCFD 권고안을 기반으로 거버넌스, 전략, 위험 관리, 지표 및 목표에 대한 정보 공시. 지속가능성 관련 위험·기회가 재무제표에 미치는 현재 및 예상 영향에 대한 정보 포함 의무화. * S2(기후 관련 재무정보 공시요구안) – 기후 관련 위험 및 기회에 대한 구체적인 공시 요구. 핵심은 온실가스 배출량(Scope 1, 2, 3) 공시 의무화. * Scope 1과 2 배출량 공시는 2025년부터, Scope 3 배출량 공시는 2026년부터 의무화. • OECD 다국적기업 가이드라인 재개정. 기후변화 및 생물다양성 목표 달성을 위한 환경 목표 수립, 진출한 국가의 현지 인력고용·기술 전수·데이터의 공유 등 진출국의 혁신에 기여, 기업에 대한 위험기반 실사·이해관계자 참여·ESG 공시·부패실사 확대 권고 등 추가(6월). • ESG 투자 미국정치의 주요 이슈로 부상. 공무원 연금의 ESG 관련 사업에 투자에 찬반 분열. 미국 공화당 의원들의 ESG 반대. • 유엔기후변화협약 당사국총회(COP28) (11/30–12/12). 일부 부유국들이 기후변화로 심한 타격을 입은 국가를 지원하기 위해 재해보상기금 설립에 합의. 아랍에미레이트, 독일이 각각 1억불, 영국 6천만파운드 지원을 약속한 반면 미국은 1,750만불에 그쳐.
2024년	• 세계경제포럼(다보스포럼). 1월 15–19일까지 '신뢰 재건'이라는 주제로 개최. 60개국 정상과 경제·기술 분야 주요 인사 참석. 글로벌 안보, 경제성장, AI, 기후변화 등 주요 이슈 논의. 또한 '기후, 자연, 에너지 전략'을 제시하며 온실가스 감축과 재생에너지 전환의 필요성 강조. 글로벌 복원력과 안보 구축을 위한 협력 방안에 주목. • 미국 증권거래위원회(SEC) 기후 공시기준 최종 확정 및 발표(3월 6일). 미국 내 상장기업들은 온실가스 배출량(Scope 1 및 Scope 2)과 기후변화가 기업 재무에 미치는 영향을 공시해야 하며, 특정 기업은 기후 관련 리스크 관리 및 거버넌스 정보도 공개해야 함. 다만 공급망 전체에서 발생하는 간접 배출량(Scope 3) 공시는 기업 부담을 고려해 최종 규정에서 제외. 상장 대기업의 경우 2026년부터 적용될 예정. • 3.21일 벨기에 브뤼셀에서 열린 원자력정상회의. 2023년 UAE의 제28차 유엔기후변화협약 당사국총회(COP28) 이행을 위한 회의(COP28에서는 2050년까지 탄소중립을 위해 원자력 3배 확대 선언). '탈원전'에서 '친원전'으로의 정책 전환. 화석연료 사용 감축, 에너지 안보 강화, 기후 대응을 위한 원자력 에너지의 역할 논의. EU 집행위원장은 원전을 "청정 에너지를 얻는 가장 저렴한 방법 중 하나"로 언급. 참가국들은 기존 원자로의 수명 연장 지원과 새로운 원자력 발전소 건설, 소형모듈원자로(SMR) 기술 혁신 등을 강조하는 공동성명 발표.

연도	주요 내용
2024년	• EU 기업지속가능성 실사지침(CSDDD) 7월 25일 발효. 유럽 기업의 경우 직원수 1000명 이상, 연간 매출액이 4억 5천만 유로 이상이 적용 대상이고, 역외기업(한국 등)의 경우 EU 내 매출액이 4억 5천만 유로 이상이 적용대상으로 국내 대기업과 공기업이 영향을 받음. CSDDD에 따라 해당 기업과 공공기관들은 공급망내 인권·환경 관련 부정적인 영향요인을 자체평가하고 완화하거나 제거해야 하는 공급망 실사지침. • 기업들이 EU 기업지속가능성보고지침(CSRD)에 따라 공시를 하면 CSDDD 결과 공시를 면제. • 유럽증권시장위원회(ESMA) – ESG 펀드에 화석연료기업 편입 길을 열기 위해 ESG 라벨링 규정 수정 고려. • 유엔기후변화협약 당사국총회(COP29) 아제르바이잔 바쿠 개최(11-11일-24일). 2035년까지 미국, EU 등 20여 개 선진국들이 개도국 기후변화 대응 위해 최소 연 421조 원 부담 합의. 한국·중국은 부담 의무 제외. 개별국가나 기업이 외국에서 온실가스 감축 실적을 UN으로부터 인정받는 국제적 탄소배출권 거래 합의. • 국제공공부문회계기준위원회(IPSASB) – 10월 31일, 공공부문에서의 기후 관련 공시 초안(SRS ED1) 공개. 2025년 2월 28일까지 이해관계자들로부터 의견을 수렴하여 2025년 하반기에 최종 기준을 확정할 계획. 공공기관이 운영 과정에서 직면하는 기후 관련 위험과 기회, 그리고 일반 목적 재무정보 이용자들에게 유용한 기후 관련 공공정책 프로그램 및 성과 공시 요구.

부록 2 2020 세계경제포럼(WEF) 이해관계자 관점의 지속가능성 공시 제안

1. 거버넌스

주제	거버넌스: 핵심 지표 및 공시 사항
거버넌스 목적	**설정 목적** 기업이 표방하는 목적은 경제·환경·사회 문제에 대한 해결책을 제시하는 수단을 표현한 것. 기업의 목적은 주주를 포함한 모든 이해관계자의 가치를 창출해야 함.
거버넌스 기구의 질	**최고 거버넌스 기구와 그 위원회의 구성** 경제적, 환경적, 사회적 주제와 관련된 전문성; 임원 또는 비임원 여부; 독립성; 지배기구내 재임기간; 각 개인의 다른 중요한 직책과 업무의 수와 업무의 성격; 성별; 과소 대표된 사회 집단의 참여; 이해관계자 대표성
이해관계자 참여	**이해관계자에게 영향을 미치는 중요한 문제** 주요 이해관계자와 회사에 중요한 주제 목록, 주제가 어떻게 식별되었고 어떻게 이해관계자들이 참여(소통)했는지
윤리적 행동	**반부패** 1. 조직의 반부패 정책 및 절차 대한 교육을 받은 거버넌스 기구 구성원, 직원, 비즈니스 파트너의 지역별로 세분화된 총 비율 a) 올해 확인되었지만 이전 연도와 관련이 있는 부패 사건의 총 수와 성격 b) 올해 발생하고 확인된 부패 사건의 총 수와 성격 **윤리적 조언 및 신고 보호 메커니즘** 1. 윤리적이고 합법적인 행동 및 조직의 청렴성에 조언을 구하는 방법 2. 비윤리적이거나 불법적인 행위, 조직 청렴성 결여에 대한 우려 사항을 신고하는 방법
위험과 기회의 관리	**위험과 기회를 비즈니스 프로세스에 통합** 회사가 직면한 주요 중요 리스크와 기회를 명확히 식별하고 공개; 이는 일반적인 산업 분야의 리스크가 아닌 회사 고유의 리스크와 기회를 말함. 이러한 공개에는 1. 해당 리스크에 대한 회사의 수용범위 2. 시간이 지남에 따라 리스크와 기회의 변화 3. 그 변화에 대한 회사의 대응 방식이 포함되어야 함. 또한 이러한 기회와 리스크는 경제적, 환경적, 사회적 이슈를 포괄해야 하며, 기후변화 및 데이터 관리(데이터 스튜어드십)와 같은 중요 사안도 통합되어야 함.

2. 지구(환경)

주제	환경: 핵심 지표 및 공시 사항
기후 변화	**온실가스 배출량** Scope 1 및 2 모든 온실 가스 배출량; 적절한 경우 Scope 3 온실가스 배출량 중 공급망 단계(Upstream)및 소비자 사용 이후 단계(Downstream)의 배출량을 추정 보고. **TCFD 실행** TCFD의 권고사항 완전 실행; 필요하다면 완전 실행을 위한 최대 3년의 일정을 공시; 파리협약의 목표와 일치하는 배출 목표를 설정했거나 설정하기로 약속했는지 공개
자연 손실	**토지 이용 및 생태적 민감성** 보호 지역 및 주요 생물다양성 지역이나 인접 지역의 소유, 임차, 또는 관리하는 부지의 수와 면적을 보고
물 가용성	**물 부족 지역의 물 소비 및 취수** 취수 및 소비된 물의 양; 이 중 물 부족이 심한 지역에 해당하는 비율; 전체 가치 사슬(공급망 및 소비단계 포함)에 대해서도 동일한 정보 추정 및 보고

3. 인간(사회)

주제	사회: 핵심 지표 및 공시 사항
존엄성과 평등	**다양성과 포용성** 연령, 성별 및 기타 다양성 지표 그룹별 직원 비율 **급여 평등** 여성 대 남성, 소수민족 대 다수민족, 그 외 관련 있는 기타 평등 영역에 대해 주요 운영 지역별로 직원 직급 마다 기본급 및 보수의 비율 **임금수준** 지역 최저임금 대비 성별 신입사원 표준임금 비율; CEO를 제외한 모든 직원의 연간 총 보수 중앙값 대비 CEO 연간 총 보수의 비율 **아동, 강제 노동의 사고위험** 아동 노동, 강제, 또는 의무노동 관련 중대한 리스크가 있는 운영 및 공급업체에 대한 설명 제공

주제	사회: 핵심 지표 및 공시 사항
건강과 웰빙	**건강과 안전** 산재 사망자 수 및 비율; 중대한 산재 부상; 기록 가능한 업무 관련 부상; 산재 부상의 주요 유형; 작업시간 수; 비업무 의료 보건 서비스의 이용 지원 방법과 범위
교육	**평균 교육 시간 및 교육 투자 비용** 성별 및 직원 직급별 직원 1인당 평균 교육 시간; 정규직 직원 1인당 평균 교육 및 역량 개발 투자 비용

4. 번영(경제)

주제	경제: 핵심 지표 및 공시 사항
고용 및 부 창출	**고용 인원수 및 고용률** 1. 연령별, 성별, 기타 다양성과 지역 지표별 신규 채용 총 인원 및 비율 2. 연령별, 성별, 기타 다양성과 지역 지표별 퇴직 총 인원 및 비율 **경제적 기여** 1. 직접적인 경제적 가치 창출 및 분배(수익, 운영비용, 직원급여 및 복리 후생, 이자 배당, 세금, 지역 사회 투자 등) 2. 정부로부터 받은 재정지원 **금융투자기여** 1. 총 자본적 지출에서 감가상각을 차감한 금액 2. 자사주 매입 금액과 배당금 지급액의 합계
더 나은 제품 및 서비스의 혁신	총 연구 개발비
지역사회 및 사회적 활력	**총 세금 납부액** 회사가 부담한 총 글로벌 세금(법인세, 재산세, 공제 불가능한 부가가치세(VAT) 및 기타 판매세, 고용주 부담 급여세 및 기타 회사가 실제로 비용으로 부담하는 세금

출처: 한국경영학회. (2023). p.245-7를 World Economic Forum(2020)을 바탕으로 수정.

부록 3 K-ESG 기본 진단항목 체계

영역	범주	분류번호	진단 항목
정보공시 (P) (5개 문항)	정보공시 형식	P-1-1	ESG 정보공시 방식
		P-1-2	ESG 정보공시 주기
		P-1-3	ESG 정보공시 범위
	정보공시 내용	P-2-1	ESG 핵심이슈 및 KPI
	정보공시 검증	P-3-1	ESG 정보공시 검증
환경 (E) (17개 문항)	환경경영 목표	E-1-1	환경경영 목표 수립
		E-1-2	환경경영 추진체계
	원부자재	E-2-1	원부자재 사용량
		E-2-2	재생 원부자재 비율
	온실가스	E-3-1	온실가스 배출량(Scope 1 & Scope 2)
		E-3-2	온실가스 배출량(Scope 3)
		E-3-3	온실가스 배출량 검증
	에너지	E-4-1	에너지 사용량
		E-4-2	재생에너지 사용 비율
	용수	E-5-1	용수 사용량
		E-5-2	재사용 용수 비율
	폐기물	E-6-1	폐기물 배출량
		E-6-2	폐기물 재활용 비율
	오염물질	E-7-1	대기오염물질 배출량
		E-7-2	수질오염물질 배출량
	환경 법/규제 위반	E-8-1	환경 법/규제 위반
	환경 라벨링	E-9-1	친환경 인증 제품 및 서비스 비율

영역	범주	분류번호	진단 항목
사회 (S) (22개 문항)	목표	S-1-1	목표 수립 및 공시
	노동	S-2-1	신규 채용 및 고용 유지
		S-2-2	정규직 비율
		S-2-3	자발적 이직률
		S-2-4	교육훈련비
		S-2-5	복리후생비
		S-2-6	결사의 자유 보장
	다양성 및 양성평등	S-3-1	여성 구성원 비율
		S-3-2	여성 급여 비율(평균 급여액 대비)
		S-3-3	장애인 고용률
	산업안전	S-4-1	안전보건 추진체계
		S-4-2	산업재해율
	인권	S-5-1	인권정책 수립
		S-5-2	인권 리스크 평가
	동반성장	S-6-1	협력사 ESG 경영
		S-6-2	협력사 ESG 지원
		S-6-3	협력사 ESG 협약사항
	지역사회	S-7-1	전략적 사회공헌
		S-7-2	구성원 봉사참여
	정보보호	S-8-1	정보보호 시스템 구축
		S-8-2	개인정보 침해 및 구제
	사회 법/규제 위반	S-9-1	사회 법/규제 위반

영역	범주	분류번호	진단 항목
지배구조 (G) (17개 문항)	이사회 구성	G-1-1	이사회 내 ESG 안건 상정
		G-1-2	사외이사 비율
		G-1-3	대표이사 이사회 의장 분리
		G-1-4	이사회 성별 다양성
		G-1-5	사외이사 전문성
	이사회 활동	G-2-1	전체 이시 출석률
		G-2-2	사내이사 출석률
		G-2-3	이사회 산하 위원회
		G-2-4	이사회 안건 처리
	주주권리	G-3-1	주주총회 소집 공고
		G-3-2	주주총회 개최일
		G-3-3	집중/전자/서면 투표제
		G-3-4	배당정책 및 이행
	윤리경영	G-4-1	윤리규범 위반사항 공시
	감사기구	G-5-1	내부감사부서 설치
		G-5-2	감사기구 전문성(감사기구 내 회계/재무 전문가)
	지배구조 법/규제 위반	G-6-1	지배구조 법/규제 위반
4개 영역, 27개 범주, 61개 기본 진단 항목			

출처: 관계부처합동(2021). K-ESG가이드라인 v1.0. pp. 26-28.

부록 4 ESG 관련 주요 기관과 웹주소

기관	웹주소
공공기관 경영정보 공개시스템(알리오)	https://www.alio.go.kr/
공공기관 알리오플러스	https://www.alioplus.go.kr
기업사회공헌연구소	https://csrri.com/
기후변화행동연구소	https://climateaction.re.kr/
녹색경제신문	https://www.greened.kr/
대한민국사회공헌재단	http://www.kwith.org
대한상공회의소 ESG 경영센터	https://esg.korcham.net/
두이에스지(DoESG)	https://www.doesg.kr/
더나은미래	https://futurechosun.com/
LAB2050	https://www.lab2050.org/home
LifeIn	https://www.lifein.news/
사회성과인센티브	http://www.socialincentive.org/
사회적가치연구원	https://www.cses.re.kr/
사회혁신연구소	https://www.si-lab.kr/
서스틴베스트(SUSTINVEST)	https://sustincast.sustinvest.com/
Enerdata(세계에너지 및 기후통계)	https://yearbook.enerdata.co.kr/
이로운넷	https://www.eroun.net/
ESG IMPACT	https://esgimpact.co.kr/main/
ESG KOREA MEWS	https://esgkoreanews.com/
임팩트온(IMPACT ON)	https://www.impacton.net/
지속가능경영연구소	http://sustainlab.co.kr/
지속가능저널	https://sjournal.kr/

기관	웹주소
SK사회공헌	https://www.sk.co.kr/ko/together/together.jsp
UN글로벌컴팩트 네트워크코리아	http://unglobalcompact.kr/
ESG경제	https://www.esgeconomy.com/
이에스지모네타(ESG Moneta)	http://esgmoneta.co.kr/eng/
한국거래소 ESG포털	http://esg.krx.co.kr/
한국공공기관연구원	http://www.maip.kr/
한국사회공헌협회	https://kscas.org/
한국사회복지협의회 복지넷	https://www.bokji.net/
한국사회책임투자포럼	https://kosif.org/
한국RE100협의체	https://www.k-re100.or.kr/
한국SR전략연구소(KOSRI)	https://kosri.com/
한국ESG기준원	http://www.cgs.or.kr/main/main.jsp
한국ESG연구소	http://www.kesgresearch.com/
한국ESG위원회	https://www.koreaesgcommittee.com/
한국ESG평가원·ESG경제연구소	http://k-esgrating.com/
한국ESG학회	http://kesga.org/default/
한국조세재정연구원 공공기관연구센터	https://www.kipf.re.kr/soe/
한국지속가능성연구원	https://ksikr.com/
한국표준협회	https://ksa.or.kr/ksa_kr/index.do
As You Sow	https://www.asyousow.org/
Bloomberg ESG Solutions	https://www.bloomberg.com/explore/esg
Boston College Center for Corporate Citizenship	https://ccc.bc.edu/

기관	웹주소
Business and Human Rights Resource Center	https://www.business-humanrights.org/en
Business Ethics	https://business-ethics.com/
Business for Social Responsibility	https://www.globalresiliencepartnership.org/partner/bsr-business-for-social-responsibiliy/
Business in the Community	https://www.bitc.org.uk/
Business Roundtable	https://www.businessroundtable.org/
CDP(Carbon Disclosure Project)	https://www.cdp.net/en
Caux Round Table	https://www.cauxroundtable.org/
Climate Action 100+	https://www.climateaction100.org/
Corporate Research Project	https://www.corp-research.org/
CSR Europe	https://www.csreurope.org/
CSRwire	https://www.csrwire.com/
DJSI(S&P Dow Jones Indices)	https://www.spglobal.com/
Ecosystem Map	https://servicedesigntools.org/tools/ecosystem-map
EcoVadis	https://ecovadis.com/
EMES International Research Network	https://emes.net/
ESG and External Reporting	https://www.sustainablebizconsulting.com/services/esg-reporting
European Foundation Center	https://www.efc.be/
FTSE4Good index series	https://www.ftserussell.com/products/indices/ftse4good
Global Impact Investing Network	https://thegiin.org/

기관	웹주소
Global Reporting Initiative(GRI)	https://www.globalreporting.org/
GlobeScan & SustainAbility	https://globescan.com/
Harvard Law School Forum on Corporate Governance and Financial Regulation	https://corpgov.law.harvard.edu/
Impact Reporting and Investment Standards (IRIS)	https://iris.thegiin.org/
International Carbon Action Partnership (ICAP)	https://icapcarbonaction.com/
Intergovernmental Panel on Climate Change	https://www.ipcc.ch/
International Public Sector Accounting Standards (IPSASB)	https://www.ipsasb.org/about-ipsasb
ISO 26000	https://www.iso.org/iso-26000-social-responsibility.html
ISS ESG	https://www.issgovernance.com/esg/
International Sustainability Standards Board (ISSB)	https://www.ifrs.org/groups/international-sustainability-standards-board/
London Benchmarking Group(LBG)	https://www.csisolutions.co.za/lbg-model.php
Morgan Stanley Capital International (MSCI)	https://www.msci.com/
OECD Corporate Governance	http://www.oecd.org/corporate/
RE100 (Climate Group)	https://www.there100.org/
Science Based Targets (SBT)	https://sciencebasedtargets.org/
Stanford Rock Center for Corporate Governance	https://law.stanford.edu/arthur-and-toni-rembe-rock-center-for-corporate-governance/

기관	웹주소
Sustainability Accounting Standards Board (SASB)	https://sasb.ifrs.org/
Sustainalytics	https://www.sustainalytics.com/
Task Force on Climate–related Financial Disclosures(TCFD)	https://www.sustainablebizconsulting.com/services/tcfd–reporting
The Climate Group	https://www.theclimategroup.org/
The Thomson Reuters ESG Scores	https://solutions.refinitiv.com/esg–data/
UN Climate Change(UNFCCC)	https://unfccc.int/
UN Environment Programme	https://www.unenvironment.org/
UN Global Compacts	https://www.unglobalcompact.org/
UN PRI	https://www.unpri.org/
World Bank Environmental and Social Policies	https://www.worldbank.org/en/projects–operations/environmental–and–social–policies
World Business Council for Sustainable Development	https://www.wbcsd.org/
World Economic Forum	https://www.weforum.org/

참고문헌

국내문헌

강원 · 정무권. (2020). ESG활동의 효과와 기업의 재무적 특성. 한국증권학회, 49(5), 681-707.

강철구 · 전소영 · 강충호. (2023). 경기도 ESG 행정체계 구축 방안 연구. 경기연구원.

국가인권인위원회. (2011). 기업과 인권 이행지침: 유엔 '보호, 존중, 구제' 프레임워크의 실행.

국민권익위원회. (2024). 2024년도 공공기관 종합청렴도 평가기본계획.

국민연금공단. (2023). 2022년 지속가능경영보고서.

국토교통부. (2019). 대한민국 국가지도집 I.

국회예산정책처. (2024). 2024 대한민국 공공기관.

관계부처합동. (2020). 한국판 뉴딜」종합계획: 선도국가로 도약하는 대한민국으로 대전환.

관계부처합동. (2021. 12). K-ESG 가이드라인 v1.0.

희망제작소. (2019). 공공기관 사회적 가치 안내서.

기획재정부. (2009). 2009년도 공공기관 경영평가편람.

기획재정부. (2015). 대한민국 신재생에너지 산업 육성 전략. 기획재정부 경제정책국.

기획재정부. (2022). 2022년도 공공기관 경영평가편람 수정.

김규판. (2021). 일본의 2050 탄소중립과 그린성장전략. 세종: 대외경제정책연구원.

김다은 · 김유신. (2023). 세계경제포럼(WEF) Global Risk 2023 주요내용 및 시사점. KISTEP브리프58. 세종: 한국과학기술기획평가원.

김석은. (2020). 공공기관의 전략적 사회책임 활동을 위한 조건 탐색. 입법과 정책, 12(2), 231-261.

김석은. (2024). 공공기관 ESG의 신제도주의적 분석. 정부학연구, 30(1), 117-147.

김석은. (2025). ESG 위기론과 공공기관의 지속가능성 전략. 입법과 정책, 17(1), 143-170.

김선명. (2007). 신제도주의 이론과 행정에의 적응성: 역사적 제도주의를 중심으로. 한독사회과학논총, 17(1), 211-239.

김선희. (2020). 신제도주의와 정책분석. 서울: 윤성사.

김용훈 · 김정훈 · 김태훈. (2021). 공공기관 안전관리등급제 개선방안에 관한 연구. 한국안전학회지, 36(6), 80-86.

김유현 · 김석은. (2022). 공공기관 이전에 따른 비수도권 인재채용 효과 분석. 한국행정학보, 56(2), 247-274.

김유현 · 홍다연 · 김석은. (2018). 공공기관의 전략적 사회책임 활동이 경제적 성과에 미친 영향. 한국행정학보, 52(2), 143-164.

김유현. (2021). 지역의 경제 · 생활여건이 청년인구 이동에 미치는 영향. 한국행정학보, 55(2): 337-367.

김준기. (2001). 김대중정부의 공기업 민영화정책에 대한 평가. 행정논총,

39(1), 83-111.

김정홍. (2022). 혁신도시의 성과와 향후 과제. I-KIET 산업경제이슈, 제144호, 1-12.

김진욱. (2021). ESG공시와 평가 기관 등급 불일치의 함수. 동아비즈니스리뷰, 332(1). https://dbr.donga.com/article/view/1206/article_no/10231/ac/author

김태영·이동엽. (2019). 조직혁신 없는 공유가치 창출은 불가능. 동아비즈니스리뷰, 265(2). https://dbr.donga.com/article/view/1201/article_no/8980/ac/magazine

김철. (2015). 공공기관 경영평가의 비판적 검토: 제도개선 및 평가지표 메타평가를 중심으로. 사회공공연구원.

김현희·박광동. (2018). 공공기관의 사회적 가치 강화를 위한 관련 법제 개선방안 연구. 한국법제연구원.

남영숙 외. (2011). 기업의 사회적 책임(CSR)의 글로벌 트렌드와 지역별 동향 연구. 외교통상부 연구용역 결과보고서.

대한상공회의소. (2023). 국내 ESG 평가사에 대한 의견조사. 대한상공회의소.

대한상공회의소. (2024). EU 수출기업을 위한 공급망 실사 지침 GUIDE BOOK. 대한상공회의소.

라영재. (2012). 공공기관의 사회적 책임과 공정사회. 한국조세재정연구원 재정포럼, 8-28.

박경서. (2021). ESG경영과 투자의 지속가능성을 위한 논의. 기업지배구조 리뷰, 한국기업지배구조원.

박석희. (2012). 해외 공공기관 관리기구 연구. 국회예산정책처 연구용역보고서.

박정원·박수경. (2021). 보건의료 연구개발 정책의 변동과정 연구: 역사적 제도주의 관점. 정책분석평가학회보, 1(2), 145-175.

박재현·한향원·김나라. (2022). 국내 ESG 연구동향 탐색: 2012~2021년 진행된 국내 학술연구 중심으로. 벤처창업연구, 17(1), 191-211.
박진·허경선. (2013). 공공기관 부채의 원인과 대책. 한국조세재정연구원.
방민석·김정해. (2003). 대기업규제정책에 대한 신제도주의적 분석: 정책변화의 경로의존성을 중심으로. 한국행정학보, 37(4), 233-259.
백경민. (2013). 한국 기업내 사회적 책임 전담 부서의 설치. 조사연구, 14(3), 191-211.
백인규. ESG 관통하는 언어, TCFD 보고서. 「ESG is…」 2022. 4. 11. https://story.s-oil.com/2022/04/12/esg-관통하는-언어-tcfd-보고서/
사회적가치연구원. (2021). ESG Handbook Basic. 연구보고서.
산업통상자원부. (2024). ESG 공급망 지원센터. https://www.esgsupport.or.kr/sub_about/guideline.php
손정연·이민아. (2024). 공공기관의 ESG 활동이 조직성과에 미치는 영향: 정치적 통제의 조절효과를 중심으로. 행정논총, 62(3), 17-198.
송호근 외. (2023). ESG시대의 지속가능경영, 기업시민. 플랜비디자인.
신호창. (2014). 마케팅 PR 전략과 사례. 커뮤니케이션북스.
안상아. (2013). 국내외 거래소 및 글로벌 지수 제공업체의 SRI 지수 운영 현황. Corporate Governance Service 2호, p.11.
안상아. (2014). 국내 공공기관의지속가능경영보고서 발간 현황 분석. 기업지배구조리뷰, 69: 74-97.
오영민·하세정. (2015). 공공기관 부채관리의 이해: 공공기관 부채에 대한 실증분석을 중심으로. 한국행정연구, 24(2), 65-95.
유훈·배용수·이원희. (2010). 공기업론. 법문사.
윤언철·유규창. (2017). 제도적 동형화가 몰입형 인사시스템에 미치는 영향: CSR 활동 추진의 매개효과를 중심으로. 윤리경영연구, 17(2), 15-38.
이원희 외. (2015). 공공기관 지방이전 효과성 분석. 한국조세재정연구원.
이은정. (2022). ESG와 기대수익률. ESG 리뷰, 4(105), 30-49.
임경순. (1996). 레이철 카슨의 침묵의 봄 (1962) 출현의 역사적 배경 및 그 영향. 의사학, 5(2), 99-109.

임도빈. (2008). 역대 대통령 국정철학의 변화: 한국행정 60년의 회고와 과제. 행정논총, 46(1), 211-251.

임종순. (2021). 한국가스공사 ESG 경영의 발자취. 한국가스공사.

장우진 · 김영학. (2010). 대한지적공사의 사회적책임활동, 사회적기업과의 연계 가능성에 관한 시론. 한국지적학회지, 26, 123-144.

장지인 · 곽채기 · 신완선 · 오철호. (2013). 공공기관 경영평가제도의 변천과정 연구(II). 한국조세재정연구원.

전국경제인연합회. (2023). 주요 기업의 사회적 가치 보고서. 전국경제인연합회.

정연승 · 김창수. (2023). 공공기관의 ESG 활동과 국민연금공단 ESG 투자의 효과성에 관한 연구. 대한경영학회지, 36(12), 2053-2076.

정효영 · 박정은. (2020). 4차 산업혁명 시대의 공기업의 공유가치창출 전략: 수자원공사 사례를 중심으로. 한국경영학회지, 24(1), 7-35.

주성수. (2000). 시민사회와 제3섹터. 서울: 한양대학교출판부.

최규진. (2023). 재난 불평등과 건강: 코로나19 팬데믹을 되짚어 보며. 참여연대.

최광해. (2013). 공공기관 부채문제의 현황과 향후 대책. 기획재정부 공공정책국.

최지연. (2022). 중대재해처벌법의 공공부문 적용에 관한 법제 연구. 세종: 한국법제연구원.

최현정. (2021). 기후변화와 COVID-19 팬데믹 위기의 연계성에 대한 이해와 시사점. 아산정책연구원 이슈브리프.

탁현우. (2019). 사회책임 논의의 필요성과 정책방향. ISSUE PAPER. 서울: 한국행정연구원.

하연섭. (2006). 신제도주의의 이론적 진화와 정책연구. 행정논총, 44(2), 217-246.

하태수. (2001). 제도변화의 형태: 역사적 신제도주의를 중심으로. 행정논총, 39(3), 113-137.

한국공항공사. (2023). 2022 한국공항공사 지속가능경영보고서.

한국거래소. (2021). ESG 정보 공개 가이던스.

한국경영학회. (2023). 이해관계자 중심 경영: 이해관계자 자본주의 시대의 ESG 경영. 서울: 박영사.

한국ESG기준원. (2024). ESG 평가 방법론.

한국RE100협의체. (2023). 글로벌 RE100 가입현황.

한국사회책임 투자포럼. (2024a). TCFD 도입배경 및 개요. https://kosif.org/tcfd/?pageid=3&vid=1&mod=document&uid=90

한국사회책임 투자포럼. (2024b). TCFD 권고안 주요 내용. https://kosif.org/tcfd/?pageid=3&vid=1&mod=document&uid=99

한국수자원공사. ESG 경영 지표. https://www.kwater.or.kr/water/sub02/total01Page.do?

한국에너지공단. (2024). 배출가스거래제도.

한국전력공사. (2021). 2020 지속가능경영보고서.

한국전력공사. (2023). 2022년 기업지배구조 보고서.

한국지역난방공사. (2022). 2020-2021 한국지역난방공사 ESG보고서.

한국행정연구원. (2021). 문재인 정부 5년의 공공부문 부패인식 변화. DATA BRIEF. 겨울호.

한동숙. (2024). 공공기관 E.S.G. 현황과 전망. 세종: 한국법제연구원 이슈페이퍼 24-18-3.

한상범 외. (2021). 글로벌 ESG 동향 및 국가의 전략적 역할. 세종: 대외경제정책연구원.

환경부. (2014). 박근혜 정부의 녹색성장 정책 방향. 환경부 녹색성장위원회.

허경선. (2015). 해외 주요국의 공공기관 이사회 운영과 시사점. 조세재정 Brief. 세종: 한국조세재정연구원.

허경선. (2020). 공공기관의 사회적 가치에 대한 소고. 세종: 한국조세재정연구원.

행정안전부. (2017). 2017년도 지방공기업 경영평가 편람.

Delbeke, J., & Vis, P. (2016). 유럽연합 기후 정책 해설. 유럽연합.

국외문헌 번역본

레이첼 카슨 저. 김은령 역. (1962). 침묵의 봄. 서울: 에코리브르.

마이클 셸렌버거 저. 노정태 역. (2023). 지구를 위한다는 착각. 서울: 부키.

매트 리들리 저. 이한음 역. (2023). 혁신에 대한 모든 것. 서울: 청림출판.

바츨라프 스밀 저. 강주헌 역. 2021. 숫자는 어떻게 진실을 말하는가. 김영사.

윌리엄 맥어스킬 저. 전미영 역. (2016). 냉정한 이타주의자: 세상을 바꾸는 건 열정이 아닌 냉정이다. 서울: 부키.

아나톨 칼레츠키 저. 위선주 역. (2011). 자본주의 4.0: 신자유주의를 대체할 경제 패러다임. 서울: 컬쳐앤스토리.

보도자료

교육부. (2024. 9. 23). 47개 공공기관, 2024년 인적자원개발 우수기관으로 인증. 보도자료.

기획재정부. (2020. 1. 15). 사회적 가치 실현을 위한 공공부문의 추진전략. 보도자료.

__________. (2021. 12. 13). 공공기관 윤리경영 표준모델 확정: 핵심위험 맞춤형 통제방안 등으로 공공기관 윤리문화 강화 추진. 보도자료.

__________. (2022. 10. 6). 2022년도 공공기관 경영평가편람(수정). 보도자료.

__________. (2023. 6. 16). 공공기관 경영평가 결과, 재무성과 따라 '희비' 엇갈렸다. 보도자료.

법무법인 세종. https://www.shinkim.com/kor/media/newsletter/

법무법인[유]지평. https://www.jipyong.com/kr/board/news_view.

php?seq=13647
법무법인 화우 (2024. 8). EU, 기업 지속가능성 실사지침(CSDDD) 발효.
삼송그룹. (2024. 8. 12). 2024년 국내 공공기관 ESG 경영체계 도입 현황.
청와대. (2019. 7. 9). 공정경제 성과 보고회의 관련 서면 브리핑. 대한민국 정부. https://www.korea.kr/news/blueHouseView.do?newsId=148862568
탄소중립녹색성장위원회. (2024. 9. 12). 탄소중립을 위한 에너지 전환 - 재생에너지(RE)와 무탄소에너지(CFE). www.2050cnc.go.kr
한국사회책임투자포럼. (2022. 11. 29). RE100 기술기준(Technical Criteria) 개정 안내. www.kosit.org
한국RE100협의체. (2023. 9). 글로벌RE100 가입현황. RE100정보플랫폼. https://www.k-re100.or.kr/bbs/board.php?bo_table=sub2_2_1&page=3
KIM & CHANG. (2024. 4. 15). 국내외 기후공시 기준 및 정책 동향. https://www.kimchang.com/ko/insights/detail.kc?sch_section=4&idx=29410
KOTRA. (2023). EU 탄소국경조정제(CBAM) Q&A. KOTRA, 자료 23-074.
PWC. (2024). EU 기업지속가능성보고지침 주요 내용. https://www.pwc.com/kr/ko/services/sustainability-platform/csrd_202301.html

관련 법률

국가균형발전특별법. 법률 제14599호, 2017. 3. 21., 일부개정.
공공기관의 운영에 관한 법률. 법률 제14461호, 2016. 12.27., 일부개정.
공공기관의 혁신에 관한 지침. 기획재정부 일부개정 2020. 12. 29.
수소경제 육성 및 수소 안전관리에 관한 법률. 법률 제18889호, 2022. 6. 10., 일부개정.
정부투자기관관리기본법. 법률 제3690호, 1983. 12. 31., 제정.
중대재해 처벌 등에 관한 법률. 법률 제17907호, 2021. 1. 26., 제정.

지방자치단체의 지방투자기업 유치에 대한 국가의 재정자금 지원기준. 산업통상자원부고시 제2022-196호, 2022. 11. 29., 일부개정.
지속가능발전 기본법. 법률 제18708호, 2022. 1. 4., 제정.
혁신도시 조성 및 발전에 관한 특별법. 법률 제19430호, 2023. 6. 9., 타법개정.
Dodge v. Ford Motor Company, 170 NW 668(Michigan 1919).

신문기사 및 인터넷

가스신문. [사설] 동력잃은 수소충전인프라. 2024. 8. 16. https://www.gasnews.com/news/articleView.html?idxno=116461
강신윤. 청년 10명 중 6명, 대기업 취업 원해… 중소기업 "업무량 대비 낮은 처우" 원인. 영남경제. 2023. 5. 30. http://www.ynenews.kr
고재원. 탈원전 버튼 누른 독일… 프랑스·영국은 "원전 확대." 동아사이언스. 2023. 4. 17. https://v.daum.net/v/20230417153013172
경기도. 공공RE100. https://www.gg.go.kr/ggre100/01.html.2025
권인택. 블랙록, 반ESG 비판에도 불구하고 '지속 가능한 투자' 강화. 탄소중립투데이. 2024. 7. 17. https://www.net-zero.kr/news/articleView.html?idxno=1291
공공기관 경영정보 공개시스템(ALIO: 알리오). https://www.alio.go.kr/
김란영. 공공기관, 사회적 가치 실현 어떻게 해야 하나. 참여와 혁신. 2019. 1. 11. http://www.laborplus.co.kr/news/articleView.html?idxno=21153
김민석. ESG의 종말. 더나은미래. 2023. 3. 31. https://futurechosun.com/archives/74462#:~:text=ESG%20
김민정. K-RE100 참여율은 1%대, 활성화 방안은? 임팩트온. 2021. 10. 6. https://www.impacton.net/news/articleView.html?idxno=2633
김상지. 가스안전공사 충청북도 지역사회공헌 프로젝트. 에너지경제신문. 2016. 4. 1. https://m.ekn.kr/view.php?key=210449
김연지. EPP, '35년부터 내연기관 신차 판매금지 'EU 규제' 개정 추진. 2024.

7.3. ESG경제. https://www.esgeconomy.com/news/articleView.html?idxno=6991
김태수. 윤리경영' 2년연속 'D등급' 한국도로공사. "아직도 정신 못차렸나?". 금품수수에 골프 접대까지. 데일리시사. 2022. 6. 14. http://www.dailysisa.com/news/articleView.html?idxno=44973
김현경. 미국 데이터센터 전력 수요, '28년까지 3배 증가. ESG경제. 2024. 12. 23. https://www.esgeconomy.com/news/articleView.html?idxno=9356
김효진. 기업과 인권 이행지침 올해 10주년, UNGPs 8가지 '로드맵'은? IMPACT ON. 2021. 12. 7. https://www.impacton.net/news/articleView.html?idxno=3026
더나은미래a. ESG의 종말. (3월 31일). https://futurechosun.com/archives/74462#:~:text=ESG
더나은미래b. "전 세계 화석연료 비중 82%… 기후위기에도 석탄 사용 증가." (6월 27일). https://futurechosun.com/archives/77488
두이에스지. ESG 평가지표. https://www.doesg.kr/?page_id=490
박광범. '재무위험' 14개 공공기관 빚 57조 줄인다. 머니투데이. 2024. 9. 3. https://news.mt.co.kr/mtview.php?no=2024090222244071279#:~:text=
박소영. 선진국 탈퇴 도미노?… 교토의정서 존폐 위기. 머니투데이. 2011. 12. 13. https://news.mt.co.kr/mtview.php?no=2011121317228250161
박혜연. 공기업들 '인권경영' 본격화… 35곳 중 7곳이 '2단계' 인권 영향 점검 돌입. 더나은 미래. 2018. 12. 18. https://futurechosun.com/archives/38199
서진석. ESG: 블랙록 서한, 다시 보자. Beyond CSR. 2021. 1. 13. https://m.blog.naver.com/campsis/222206564761
서진석. ESG로 잃는 것은? Beyond CSR. 2021. 3. 9. https://blog.naver.

com/campsis/222268960420
서진석a. 거버넌스 & 여성 이사 참여. Beyond CSR. 2021. 4. 1. https://blog.naver.com/campsis/222295439284
서진석b. ESG-경영성과 상관관계 있는가? Beyond CSR. 2021. 4. 7. https://blog.naver.com/campsis/222301926809
서진석. ESG는 유행인가? Beyond CSR. 2021. 5. 19. https://blog.naver.com/campsis/222357098589
서진욱. ESG, 기회와 위기 함께 달고 다시 왔다… '게임체인저' 시대 대비해야. 머니투데이. 2023. 7. 20. https://news.mt.co.kr/mtview.php?no=2023071911410275806
세계 에너지 및 기후통계-2024년 연감. CIS는 소비에트연방국가들. https://yearbook.enerdata.co.kr/co2/emissions-co2-data-from-fuel-combustion.html
손덕호. 文대통령 '2050년까지 재생에너지 70%로 확대…UAE와 수소 협력'. 조선비즈. 2022. 1. 17. https://biz.chosun.com/policy/politics/2022/01/17/VMG3HEHLYBDSJDBH3LUOMMH64Q/
송준호. ESG 공시 의무화, "스코프3 포함하여, 사업보고서에 2년 내 공시" IMPACT ON. 2024. 8. 21. https://www.impacton.net/news/articleView.html?idxno=12379
신한금융지주. https://m.blog.naver.com/cat9609/222990977605
안승현. 노동이사제, 본격 시행… 한전 등 노동이사 1명 의무 선임. 파이낸셜뉴스. 2022. 8. 4. https://www.fnnews.com/news/202208041559264324.
우태희. 'RE100' 글로벌 vs 한국형. 파이낸셜뉴스. 2022. 6. 23. https://www.fnnews.com/news/202206231759387867
유승권. 지속가능경영/ESG의 역사(1). Balanced CSR & ESG. 2022. 3. 6. https://mryoopm.tistory.com/2596544
윤지아. ESG 채권시장 현황 및 전망. 자본시장포커스. 2020. 10. 12. https://

www.kcmi.re.kr/flexer/view?fid=24015&fgu=002001&fty=004003

이신형a. 미국 펜실베니아주 탄소가격제 도입… 미국 내 시행 11개주로 늘어. ESG경제. 2022. 4. 26. https://www.esgeconomy.com/news/articleView.html?idxno=2097

이신형b. 래리 핑크 블랙록 회장, 2022년 주주서한 발송… "이해관계자가 자본주의의 힘". ESG경제. 2022. 1. 19. https://www.esgeconomy.com/news/articleView.html?idxno=1791

이신형. "ISSB 기준, 금융중대성 채택해 "기후공시 소홀" 우려 제기." ESG경제. 2023. 7. 6. http://www.esgeconomy.com/news/articleView.html?idxno=4059

이신형. IPSASB, 공공부문 기후공시기준 초안 공개. ESG경제. 2024. 11. 5. https://www.esgeconomy.com/news/articleView.html?idxno=8630

이신형. ESG공시 하란건지 말란건지… 금융위, 로드맵 내년 상반기로 또 미뤄. ESG경제. 2024. 12. 30. https://www.esgeconomy.com/news/articleView.html?idxno=9425

이용경. (2023). [판결] '중대재해처벌법 위반' 첫 실형… 한국제강 대표, 징역 1년 법정구속. 법률신문. 2023. 4. 26. https://www.lawtimes.co.kr/news/187129?serial=187129&kind=AA&key=

이재용. 한전, 경영위기 극복 벼랑 끝 '특단 자구대책' 내놨다. 일렉트릭파워저널. 2023. 11. 9. https://www.epj.co.kr/news/articleView.html?idxno=33269

이진백. 공공기관 ESG시대 개막… "ESG에서 공공기관 미래 찾는다." LifeIn. 2022. 8. 14. https://www.lifein.news/news/articleView.html?idxno=14487

이진원. 블랙록 래리 핑크 회장, "ESG 용어 쓰지 않겠다". 2023. 6. 27. ESG경제. http://www.esgeconomy.com/news/articleView.html?idxno=3982

이태우. 지속 가능 투자의 증가와 금융회사의 ESG 전략. 코스콤뉴스룸. 2022. 7. 30. https://newsroom.koscom.co.kr/31538

장예림. 우리나라 '1기 노동이사제' 마무리…역할 부재에 실효성 의문 지적. 아시아투데이. 2025. 1. 13. https://www.asiatoday.co.kr/kn/view.php?key=20250113010006456

장지훈. 경영평가 대전환, 공기업들 '사회적가치' 내걸고 체질개선 나섰다. 더나은미래, 2019. 6. 27. https://futurechosun.com/archives/42175

전혜원. ESG는 사기일 가능성이 높다, 왜냐하면…. 시사IN. 2021. 8. 24. https://www.sisain.co.kr/news/articleView.html?idxno=45355

정상훈. 전경련 "탄소세 부과 시 추가 세금부담 최대 36.3조 원" 뉴스1. 2021. 3. 31. https://www.news1.kr/industry/general-industry/4258652

정윤희. "원전 크기 3분의 1, 석탄 · 석유 200만배 에너지 밀도…SMR, AI 전력 해결사" 헤럴드경제. 2024. 11. 13. https://biz.heraldcorp.com/article/3494033.

정한교. 가장 안정적인 전력체계의 배반! RE100 달성 위해 한전 '집중 구조'에서 탈피해야. 인더스트리 뉴스. 2023. 2. 2. https://www.industrynews.co.kr/news/articleView.html?idxno=48695

채예빈. 2026년까지 지속가능성 공시 의무화해야 韓기업 · 경제 살릴 수 있다. 더나은미래. 2024. 9. 23. https://www.futurechosun.com/archives/100968

채예빈. COP29부터 트럼프 재선까지…ESG 정책, 갈림길에 서다 [2024년 ESG 7대 뉴스]. 더나은미래. 2024. 12. 27. https://www.futurechosun.com/archives/111258

최만영. 에코 백래시. 경향신문. 2023. 3. 17. https://m.khan.co.kr/opinion/yeojeok/article/202303172012005

최창민. IFRS 기후 관련 공시기준의 제정 동향. Legal Times. 2023. 3. 2. https://www.legaltimes.co.kr/news/articleView.html?idxno=71246#:~:text=

한국가스공사 홈페이지. https://www.kogas.or.kr/site/koGas/1050901020000

한국거래소(KRX). ESG포털. https://esg.krx.co.kr/contents/02/02020000/ESG02020000.jsp

한국무역협회. OECD도 글로벌 법인세 최저세율 15% 합의…130개국 서명. 2021. 7. 2.

한국수력원자력 홈페이지. https://www.khnp.co.kr/main/index.do

한국장애인고용공단. (2024). 장애인 고용의무제도. Retrieved from. https://www.kead.or.kr/emplyobsys/cntntsPage.do?menuId=MENU0648

행정안전부. (2024). 스마트 희망 빛 사업. 대한민국 정책브리핑. https://www.korea.kr/news/customizedNewsView.do?newsId=148938571

Bloomberg Originals. ESG Ratings Are Not What They Seem. 2021. 12. 16. https://www.youtube.com/watch?v=ZAvlKdbCdOY

ESGPRO. https://esgpro.co.uk/what-are-carbon-reporting-scopes/

GS 칼텍스. https://gscaltexmediahub.com/energy/energy-column/efuel-application-cases-industry/

JTBC 뉴스. '환경 파괴해 놓고'… 가이아나 대통령, BBC와 언쟁 화제. 2024. 4. 1. https://www.youtube.com/watch?v=-YYjXPHJ_qE

KBS 뉴스. 38개국 "원전 부활" 선언… 러시아는 웃고 있다. 2024. 3. 25. https://www.youtube.com/watch?v=Tg_2Bor6VVo

Rinnovabili. Sustainable funds: 25% of ESG investment goes to large polluters. 2024. 6. 26. https://www.rinnovabili.net/business/esg/sustainable-funds-25-of-esg-investment-goes-to-large-polluters/

SBS 뉴스. 감축 대신 '수출'…트럼프 '미국'은 탈퇴? 2024. 11. 9. https://www.youtube.com/watch?v=Eo4YjbKtyjA

SK이노베이션 미디어룸. https://media.skens.com/901

국외문헌

Aguinis, H., & Glavas, A. (2012). What we know and don't know about corporate social responsibility: Review and research agenda. *Journal of Management*, 38(4), 932-968.

American Society for Quality. (2020). *What is ISO26000-Guidance on social quality*. https://asq.org/quality-resources/iso-26000

Andreini, D., Pedeliento, G., & Signori, S. (2014). CSR and service quality in nonprofit organizations: The case of a performing arts association. *International Journal of Nonprofit and Voluntary Sector Marketing*, 19, 127-142.

Auerswald, P. (2009). Creating social value. *Stanford Social Innovation Review*, Spring, 51-55.

Bae, J. H. & Kim, H. W. (ed). (2021). *Impacts of the RE100 initiative on major Korean export industries*. Sejong: KDI School of Public Policy and Management.

Berg, F., J. F. Koelbel, and R. Rigobon. (2019). *Aggregate confusion: The divergence of ESG ratings*. MIT Sloan School Working Paper. 5822-19.

Bhatt, P. (2021) A new era for corporate philanthropy. *Stanford Social Innovation Review*, 19(1), 1-3.

Bode, C., Singh, J., & Rogan, M. (2015). Corporate social initiatives and employee retention. *Organization Science*, 26(6), 1702-1720.

Bolton, S. C., Kim, R. C., & O'Gorman, K. D. (2011). Corporate social responsibility as a dynamic internal organizational process: A case study. *Journal of Business Ethics*, 101, 61-74.

Bowen, H. R. (1953). *Social responsibilities of the businessman*. New York: Haper & Row.

Bozeman, B. (2002). Public-value failure: When efficient markets may not do. *Public Administration Review*, 62(2), 145-161.

Brieger, S.A., Anderer, S., Fröhlich, A., Bäro, A., & Meynhardt, T. (2020). Too much of a good thing? On the relationship between CSR and employee work addiction. *Journal of Business Ethics*, 166, 311-329.

Bryson, J. M. (2018). *Strategic planning for public and nonprofit organizations: A guide to strengthening and sustaining organizational achievement(5th Ed.)*. New York: Wiley.

Campbell, J. L. (2007). Why would corporations behave in socially responsible ways? An institutional theory of corporate social responsibility. *Academy of Management Review*, 32(3), 946-967.

Carbon Disclosure Project. (2018). How 100% renewable electricity is fast becoming the new normal. https://www.cdp.net/en/articles/companies/how-100-renewable-electricity-is-fast-becoming-the-new-normal.

Carmichael, D., Soonawalla, K., & Stroehle, J. (2023). Sustainability assurance as greenwashing. *Stanford Social Innovation Review*, 21(1), 34-39.

Carroll, A. B. (1999). Corporate social responsibility: Evolution of a definitional construct. *Business & Society*, 38(3): 268-295.

Carroll, A. B., & Buchholtz, A. K. (2014). *Business and society: Ethics, sustainability, and stakeholder management (9th Ed)*. Stamford, CT: Cengage Learning.

Challagalla, G., & Dalsace, F. (2022). Moving the needle on sustainability: You can't just get the product right-you may need to change consumer behavior, too. *Harvard Business Review*, 100(6), 130-137.

Chandler, D. (2017). *Strategic social responsibility: Sustainable value creation (4th ed.)*. London: Sage.

Chapple, W., & Moon, J. (2005). Corporate social responsibility(CSR) in

Asia: A seven-country study of CSR web site reporting. *Business and Society*, 44(4), 415-441.

Chen, H. L., Hu, Y. C., Lee, M. Y., Yen, G. F. (2020). Importance of employee care in corporate social responsibility: An AHP-based study from the perspective of corporate commitment. *Sustainability*, 12, 1-15.

Davis, K. (1960). Can business afford to ignore social responsibilities? *California Management Review*, 2(3), 70-76.

DiMaggio, P. J. & Powell, W. W. (1983). The iron cage revisited: Institutional isomorphism and collective rationality in organizational field. *American Sociological Review*, 48, 147-160.

Donaldson, T., & Dunfee, T. W. (1999). *Ties that bind: A social contracts approach to business ethics*. Harvard Business School Press.

Edmans, A. (2023). The end of ESG. *Financial Management*, 52, 3-17. https://doi.org/10.1111/fima.12413.

European Commission. (2021). *Fit for 55: Delivering the EU's 2030 Climate Target on the Way to Climate Neutrality*. Retrieved from https://ec.europa.eu/commission/presscorner/detail/en/IP_21_3541.

Farooq, O., Rupp, D.E., & Farooq, A. (2017). The multiple pathways through which internal and external corporate social responsibility influence organizational identification and multifoci outcomes: The moderating role of cultural and social orientations. *Academy of Management Journal*, 60(3), 954-985.

Fassin, Y. (2008). SMEs and the fallacy of formalizing CSR. *Business Ethics: A European Review*, 17(4), 364-378.

Frederick, W. C. (1960). The growing concern over business responsibility. *California Management Review*, 2(4), 54-61.

Freeman, R. E. (1984). *Strategic management: A stakeholder approach*. Marshfield, MA: Pitman.

Freeman, R. E., & Philips, A. (2002). Stakeholder theory: A libertarian defense. *Business Ethics Quarterly*, 12(3), 331-349.

Friedman M. (1970). The social responsibility of business is to increase its profits. *New York Times*, September 13, pp. 122-126.

Fuzi, A., Gryszkiewicz, L., & Sikora, D. (2018). Why taking a step back from social impact assessment can lead to better results. *Stanford Social Innovation Review*, https://ssir.org/articles/entry/why_taking_a_step_back_from_social_impact_assessment_can_lead_to_better_res#:~:text=

Gond, J-P., Akremi, A.E., Swaen, V., & Babu, N. (2017). The psychological microfoundation of corporate social responsibility: A person-centric systematic review. *Journal of Organizational Behavior*, 38, 225-246.

Greening, D. W., & Turban, D. B. (2000). Corporate social performance as a competitive advantages in attracting a quality workforce. *Business and Society*, 39(3), 254-280.

GRI. (2024). *GRI 2: General Disclosures 2021*. Amsterdam: The Netherlands.

Heitmann, K., Roza, L., Boiardi, P., & Serneels, S. Summer. (2020). The rise of the corporate social investor. *Stanford Social Innovation Review*, 18(3), 42-49.

History.com Staff, (2009). Henry Ford. https://www.history.com/topics/inventions/henry-ford.

INSBee. *지속가능경영/ESG의 역사(4)*. https://insbee.co.kr/30/?bmode=view&idx=11052178

International Carbon Action Partnership (ICAP), *Emissions Trading Worldwide: ICAP Status Report 2024*.

Kania, J., & Kramer, M. (2011). Collective impact. *Stanford Social Innovation Review*, 9(1), 33-41.

Keith, Suter. 1999. "Fair Warning?: The Club of Rome Revisited." https://www.abc.net.au/science/slab/rome/

King, A. A., & Pucker, K. P. (2021). The dangerous allure of win-win strategies. *Stanford Social Innovation Review*, 19(1), 35-39.

Kramer, M. R., & Pfitzer, M. W. (2022). The essential link between ESG targets & financial performance. *Harvard Business Review*, 100(5), 128-137.

Mackey, J., & Sisodia, R. (2014). *Conscious capitalism: Liberating the heroic spirit of business*. Boston, MA: Harvard Business Review Press.

Martin, R. L., & Reeves, M. (2022). Strategy in a hyperpolitical world. *Harvard Business Review*, 100(6), 47-52.

McDonough, W., & Braungart, M. (2002). *Cradle to cradle: Remaking the way we make things*. New York: North Point Press.

Meyer, J. W., & Rowan, B. (1977). Institutionalized organizations: Formal structure as myth and ceremony. *American Journal of Sociology*, 83(2), 340-363.

Moon, J. (2002). Corporate social responsibility: An overview. In *the international directory of corporate philanthropy*, edited by C. Hartley, 3-14, New York: Europa Publications.

Mulgan, G. (2010). Measuring social value. *Stanford Social Innovation Review*, 8(3), 33-43.

North, D. C. (1990). *Institutions, institutional change and economic performance*. New York: Cambridge University Press.

Latkin, N., & Scheubel, V. (2011). *Corporate community involvement*. London: Greenleaf Publishing.

Lee, J. M. Silent spring is now noisy summer. *New York Times* (July 22, 1962).

Lutkevich, B. (2023). ESG vs. CSR vs. Sustainability: What's the Difference? *Tech Target*. https://www.techtarget.com/whatis/feature/ESG-vs-CSR-vs-sustainability-Whats-the-difference

OECD. (2023). OECD *Guidelines for Multinational Enterprises on Responsible Business Conduct*. OECD Publishing, Paris. https://doi.org/10.1787/81f92357-en

Otani, A. ESG funds enjoy record inflows, still back big oil and gas. *The Wall Street Journal*. (November 11, 2019). https://www.wsj.com/articles/top-esg-funds-are-all-still-invested-in-oil-and-gas-companies-11573468200

Our World in Data, *Which countries have a carbon emissions trading system?, 2024*. Retrieved from https://ourworldindata.org/grapher/carbon-emissions-trading-system

Pfeffer, J., & Sutton, R. I. (2006). Evidence-based management. *Harvard Business Review*, 84(1), 62-74.

Porter, M. E., & Kramer, M. (2006). Strategy & society: The link between competitive advantage and corporate social responsibility. *Harvard Business Review*, 84, 78-93.

Porter, M. E., & Kramer, M. (2011). Creating shared value. *Harvard Business Review*, 89(1/2), 1-17.

Prahalad, C. K. & Hamel, G. (1990). The core competence of the corporation. *Harvard Business Review*, 68(3), 79-91.

Pucker, K. P. (2021). Overselling sustainability reporting. *Harvard Business Review*, 99(3), 134-143.

Pucker, K. P., & King, A. (2022). ESG investing Isn't designed to save the planet. *Harvard Business Review*, 100(4), 134-143.

Ramanna, K., & Kaplan, R. S. (2021). *How to fix ESG reporting*. BSG Working Paper Series. BSG-WP-2021/043.

Simmons, Matthew R. (2000). *Revisiting the limits to growth: Could the Club of Rome have been correct after all?* Mud City Press.

Simpson, C., Rathi, A, & Kishan, S. (2021). *The ESG Mirage*. Bloomberg.

Soundararajan, V., Jamali, D., & Spence, L.J. (2018). Small business social responsibility: A critical multilevel review, synthesis and research agenda. *International Journal of Management Reviews*, 20, 934-956.

TCFD. (2017). *Recommendations of the Task Force on Climate-related Financial Disclosures: Final Report*.

Tennessee Valley Authority(TVA), https://www.encyclopedia.com/economics/encyclopedias-almanacs-transcripts-and-maps/tennessee-valley-authority-tva

The Climate Group. (2025). RE100 Members. https://www.there100.org/re100-members

The Global Compact. (2004). *Who cares wins: Connecting financial markets to a changing world*. United Nations and Swiss Federal Department of Foreign Affairs.

Thelen, K. (2009). Institutional change in advanced political economies. *British Journal of Industrial Relations*, 47(3), 471-498.

Tsai, M.T., & Huang., C. C (2008). The relationship among ethical climate types, facets of job satisfaction, and the three components of organizational commitment: A study of nurses in Taiwan. *Journal of Business Ethics*, 80, 565-581.

Turker, Duygu. (2009). Measuring corporate social responsibility: A scale development study. *Journal of Business Ethics*, 85, 411-427.

UN PRI. (2024). A legal framework for impact: Summary report.

UN Sustainable Development. (1992). Agenda 21.

UN. (1992). United Nations Framework Convention on Climate Change. *2007 United Nations Global Compact, The Ten Principles*. https://www.unglobalcompact.org/what-is-gc/mission/principles

United Nations. (2025). *UN Global Compact*. https://unglobalcompact.org/

World Economic Forum. (2020). *Measuring stakeholder capitalism: Towards common metrics and consistent reporting of sustainable value creation*. White Paper.

김석은 미국 조지아대학교에서 행정학 박사학위를 취득한 후, 20년 넘게 행정학 분야의 연구와 교육에 매진해 왔다. 대표적인 국제 학술지 *Public Administration Review*에 게재한 논문으로 미국행정학회로부터 Louis Brownlow Award를 수상했으며, 한양대학교에서는 연구우수교수와 강의우수교수로 선정된 바 있다. 주요 연구 관심사는 공공기관의 사회적 책임, 비영리조직의 성장과 역할, 행정조직 내 인간행태, 조직 내 환경 디자인의 영향 등이다. 현재 한양대학교 행정학과 교수로 재직 중이며, 학생들을 가르치고 그들에게서 배우는 과정을 삶의 보람으로 여기고 있다.

공공기관의 사회적 책임
: CSR에서 ESG까지

펴낸날 2025년 8월 25일 초판 1쇄
지은이 김석은 ● **펴낸이** 이기정
펴낸곳 한양대학교출판부 ● **출판등록** 제4-7호(1972.2.29)
주소 서울 성동구 왕십리로 222 ● **전화** 02.2220.1432-4 ● **팩스** 02.2220.1435
홈페이지 press.hanyang.ac.kr ● **이메일** presshy@hanyang.ac.kr
본문디자인·편집 김민지 ● **표지** 안광일 ● **인쇄** 미르P&P

ISBN 978.89.7218.845.2 (93350)